JN428634

BIG DATA ANALYSIS

한번에 끝내는

빅데이터 분석 및 인공지능 기초

도서출판 홍릉

저자소개

정은미 국립안동대학교 교수

현) 국립안동대학교 SW융합교육원 강의전담교수
전) 부산대학교 정보컴퓨터공학과 강의전담교수
전) 경북대학교, 부산대학교, 안동대학교 강사
전) 안동제일컴퓨터학원 원장
전) 안동멀티컴퓨터학원 원장

한번에 끝내는

빅데이터 분석 및 인공지능 기초

인　쇄: 2023년 8월 25일 초판 1쇄
발　행: 2023년 8월 31일 초판 1쇄

저　자: 정은미
발행인: 송 준
발행처: 도서출판 홍릉
주　소: 01093 서울시 강북구 인수봉로 50길 10
등　록: 1976년 10월 21일 제5-66호

전　화: 02-999-2274~5, 903-7037
팩　스: 02-905-6729
e-mail: hongpub@hongpub.co.kr
http://www.hongpub.co.kr
ISBN: 979-11-5600-129-4(93000)

정　가: 28,000원

낙장 및 파본은 구입처나 본사에서 교환하여 드립니다.
판권 소유에 위배되는 사항(인쇄, 복제, 제본)은 법에 저촉됩니다.

저자와의 협의하에 인지는 생략합니다.

BIG DATA ANALYSIS

한번에 끝내는

빅데이터 분석 및 인공지능 기초

정은미 지음

도서출판 홍릉

머리말

이 책은 인공지능과 데이터 분석의 매혹적인 세계로 여러분을 안내하는 안내서입니다. 현대 사회에서 데이터는 이제 무시할 수 없는 중요한 자원이 되어가고 있습니다. 이에 따라 데이터를 효과적으로 다루고 분석하는 능력은 개인부터 기업까지 다양한 분야에서 꼭 필요한 기술이 되고 있습니다.

1장에서는 첫걸음을 내딛어 파이썬 프로그래밍의 기초를 습득할 수 있습니다. 파이썬은 인공지능 및 데이터 분석 분야에서 널리 사용되는 언어로, 그 간결한 문법과 다양한 라이브러리로 데이터를 다루고 분석하는 데 아주 유용합니다. 이 장에서는 파이썬의 기본 문법부터 시작하여 컬렉션 자료형, 제어문, 함수까지 다양한 주제를 다루게 됩니다.

2장에서는 빅데이터 분석을 위한 필수 라이브러리에 대한 내용으로 구성되어 있습니다. 모듈과 패키지의 개념부터 시작하여, 넘파이와 판다스라는 강력한 라이브러리를 활용하는 방법에 대해 기술하였습니다. 데이터를 효과적으로 다루고 처리하는 기술은 데이터 분석가나 엔지니어에게 있어서 중요한 역량 중 하나입니다.

3장에서는 실제 프로젝트들로 구성하였습니다. 코로나19 데이터와 지하철 승하차 인원 데이터를 활용하여 실제 데이터 분석 프로젝트를 경험할 수 있습니다. 이를 통해 데이터를 수집하고 정제하며, 그 결과를 시각화하고 해석하는 과정을 체험하게 될 것입니다.

4장에서는 머신러닝에 대한 이해와 실제 적용 방법에 대해 구성하였습니다. Scikit-learn 라이브러리를 활용하여 데이터 전처리, 지도학습 및 비지도학습을 다루는 방법을 알아보게 됩니다. 예측 모델을 만들고 훈련시키는 과정을 통해 데이터의 패턴을 발견하고 예측하는 기술을 습득할 것입니다.

그리고 각 장의 끝에 연습문제와 중간중간 퀴즈를 넣어 배운 내용을 학생 스스로 공부할 수 있도록 구성하였습니다.

이 책은 프로그래밍 경험이 없는 초보자부터 데이터 분석에 관심이 있는 모든 분들을 위한 것입니다. 저자는 여러분이 이 책을 통해 데이터의 매력적인 세계에 한 걸음 더 가까이 다가갈 수 있기를 바랍니다.

끝으로 이 책이 나오기까지 디자인과 편집에 도움을 주신 도서출판 홍릉 여러분께 감사드리고, 항상 힘이 되어준 저의 가족에게도 감사의 마음을 전합니다. 이 책이 데이터분석과 인공지능의 첫 걸음을 딛는 학생들에게 조금이라도 도움이 되기를 진심으로 기원합니다.

2023. 8.

정은미

차 례

차 례

개발환경 구축과 파이썬 기초

Big data analysis and AI basics

제1장

1.1 인공지능과 파이썬 소개

인공지능 분야에서 가장 많이 사용하는 프로그래밍 언어는 무엇일까? 바로 파이썬(Python)이다. 구글, 페이스북 등 인공지능 분야에서 선두에 서 있는 IT 기업에서 가장 많이 사용하는 개발 도구로, 구글은 Tensorflow(텐서플로우), 페이스북은 PyTorch(파이토치)라고 공개했다. 텐서플로우, 파이토치는 모두 Python 프로그래밍 언어로 이루어져 있다. 개발자들의 커뮤니티(GitHub, Stack overflow 등)에서 인공지능 분야에서 가장 많이 소개되는 언어가 바로 파이썬이다. 2010년 설립된 빅데이터 솔루션 대회 플랫폼 회사인 Kaggle(캐글)은 모두 데이터 관련 직종에 종사하고 있는 사람 또는 데이터 분석의 경험이 있는 사람들을 대상으로 설문조사 시행했다. 2020년 설문조사 결과, 아래 차트와 같이 데이터 사이언티스트가 되기 위해 먼저 배워야 하는 프로그래밍 언어로 Python이 82.14%, R이 7.26%였으며, 가장 자주 사용하는 시각화 라이브러리로는 Matplotlib(34.63%), Seaborn(24.75%), 가장 자주 사용하는 머신러닝 프레임워크로는 Scikit-learn(27.59%), Tensorflow(18.67%), Keras(16.67%), Pytorch(11.28%)순으로 나타냈다. 이를 토대로 빅데이터 분석과 인공지능에 관심이 있는 사람이라면 반드시 습득해야 하는 언어가 Python 프로그래밍 언어이다. 따라서 이 책은 파이썬을 토대로 빅데이터 분석에는 Numpy, Pandas, Matplotlib, Seaborn을 주로 사용하고, 인공지능 머신러닝은 Scikit-learn을 사용하였다.

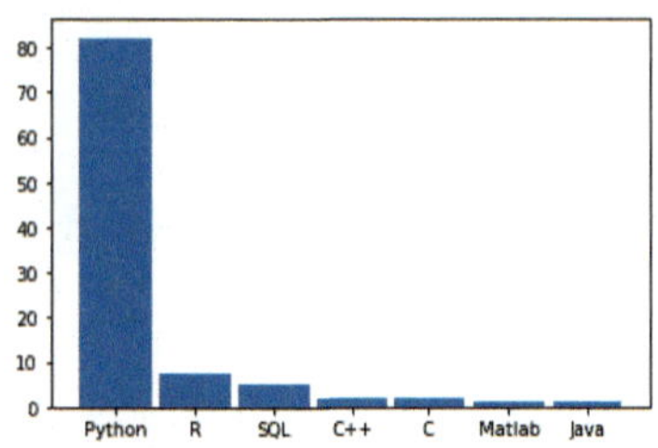

▲ 데이터 사이언티스트가 먼저 배워야 하는 프로그래밍 언어

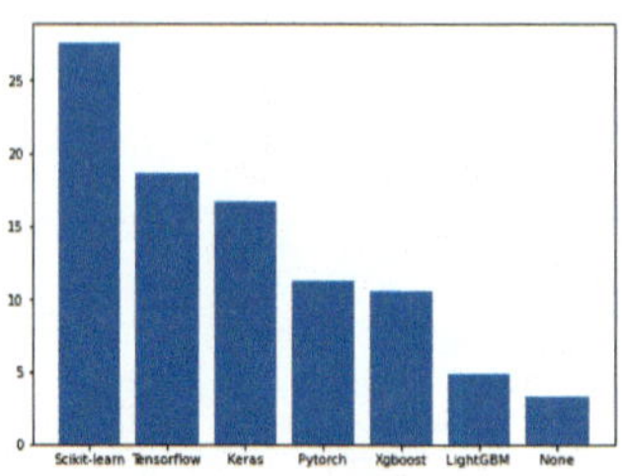

▲ 가장 자주 사용하는 시각화 라이브러리

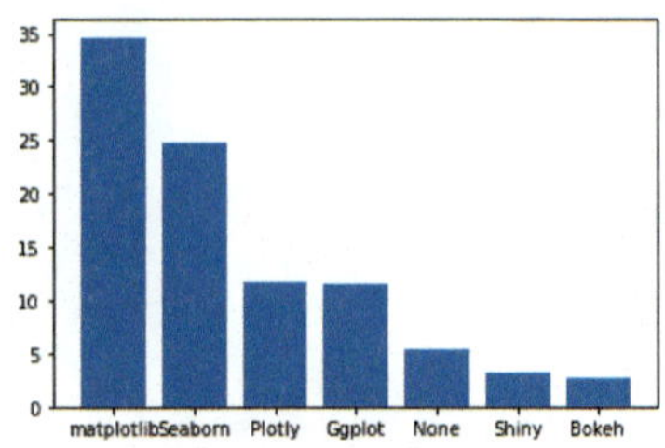

▲ 가장 자주 사용하는 머신러닝 프레임워크

그럼 파이썬은 어떤 점 때문에 사용할까? 먼저, 파이썬 문법은 간단하다. 마치 영어를 읽듯이 코드를 읽을 수 있다. 아래 예제를 보면 만약에 '가위'가 ['가위', '바위', '보'] 중에 있다면 '가위가 있습니다'를 출력하라. 로 읽을 수 있다. 또한 다른 언어와 달리 자료형을 일일이 지정하지 않아도

입력되는 값에 따라 자동으로 지정된다.

```
if '가위' in ['가위', '바위', '보']
    print('가위가 있습니다.')
```

다음으로는 실행결과를 바로 확인할 수 있다는 것이다. 우리가 작성한 프로그램은 반드시 기계가 이해할 수 있는 기계어로 변환해 주는 컴파일 과정이 필요하다. C와 같은 언어는 모든 코드를 한 번에 기계어로 번역해주는 컴파일 과정을 거친다. 그러나 파이썬은 한 줄 입력될 때마다 바로 해석해 주는 인터프리터에 의해 바로바로 실행 결과를 볼 수 있다.

컴파일 방식은 아래 그림과 같이 소스 파일을 기계어로 번역한 후 목적 파일(object file)을 생성하고 이 기계어를 다른 라이브러리랑 연결하여 실행 파일을 생성한 후 실행한다.

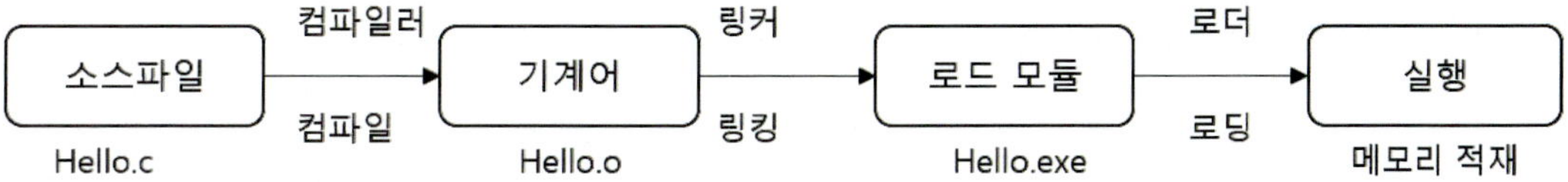

▲ 컴파일 방식의 프로그램 실행 과정

이때 컴파일러, 링커, 로더를 시스템 프로그램이라 하고 컴파일, 링킹, 로딩은 각 과정을 나타내는 용어이다. 컴파일 방식을 사용하는 프로그래밍 언어는 C, C++ 등이 대표적이다.

그림과 같이 인터프리터 방식은 프로그램 명령어를 한 번에 한 줄씩 번역한 후 바로 실행하는 방식으로 동작한다.

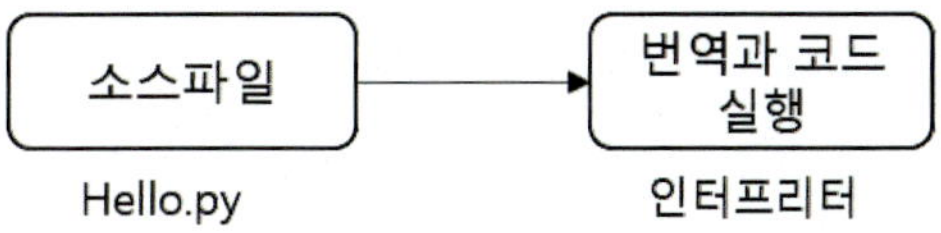

▲ 인터프리터 방식의 프로그램 실행과정

따라서 인터프리터 방식은 명령어들을 기계어로 번역하는 컴파일 과정을 거쳐 기계어로 된 실행 파일을 만들어 실행하는 컴파일 방식과 달리 바로 실행 단계로 간다. 이 방식은 기계어로 번역해 놓고 실행하는 컴파일 방식에 비해 실행속도가 느리다는 단점을 가지지만, 소스코드의 실행 결과를 바로 확인할 수 있다는 점에서 큰 장점이다. 인터프리터 방식을 사용하는 대표적인 언어는 파이썬, 베이직 등이 있다. 파이썬은 매우 높은 수준의 인터프리터 방식의 대화형 언어이다. 파이썬은 인터프리터에 의해 런타임(run time)으로 처리되며, 실행하기 전에 프로그램을 컴파일할 필요가 없다. 실제로 파이썬 프롬프트에서 인터프리터와 직접 상호작용하여 프로그램을 작성할 수 있다. 파이썬은 절차적 프로그램과 객체지향 프로그래밍이 가능하다. 객체내의 코드를 캡슐화할 수 있다. 또한 초급수준의 프로그래머에게 훌륭한 언어이며, 간단한 텍스트 처리에서 WWW 브라우저, 게임에 이르기까지 광범위한 응용프로그램 개발이 가능하다. 파이썬의 특징을 정리하면 다음과 같다.

- 생산성이 뛰어나다.
- 간결하면서도 효율적인 프로그램을 빠르게 작성할 수 있다.
- 다른 언어로 20줄짜리 프로그램을 파이썬으로는 단 몇 줄에 작성할 수 있다.
- 초보자한테 좋은 언어이다.
- 파이썬은 한 줄의 문장을 입력하고 엔터를 치면 인터프리터(해석기)가 이것을 해석해서 바로 실행한다.
- 파이썬은 실행 전에 컴파일 할 필요가 없다.
- 자신이 작성한 문장의 결과를 즉시 볼 수 있어 초보 프로그래머에게 아주 바람직하다.
- 문법이 쉬워서 코드를 보면 직관적으로 알 수 있는 부분이 많다.
- 다양한 플랫폼에서 사용할 수 있고, 라이브러리가 풍부해서 여러 산업계에서 이용이 증가하고 있다.

TIOBE 프로그래밍 커뮤니티 지수는 프로그래밍 언어의 인기도를 나타내는 지표이다. 인덱스는 한달에 한번 업데이트 되며, 등급은 전 세계의 숙련된 엔지니어, 교육 과정 및 타사 공급업체의 수를 기반으로 하고 있다. Google, Bing, Yahoo!, Wikipedia, Amazon, YouTube 및 Baidu와 같은 인기 있는 검색 엔진을 사용하여 등급을 계산한다. TIOBE 인덱스는 최고의 프로그래밍 언어나 대부분의 코드라인이 작성된 언어에 관한 것은 아니다. 다만 프로그래밍 기술이 여전히 최신 상태인지 확인하거나 새로운 소프트웨어 시스템 구축을 시작할 때 어떤 프로그래밍 언어를 채택해야 하는지에 대한 전략적 결정을 내리는데 사용할 수 있다. 아래 그림은 2023년 4월 프로그래밍 언어의 인지도를 나타낸 지표이다.

Mar 2023	Mar 2022	Change	Programming Language	Ratings	Change
1	**1**		**Python**	**14.83%**	**+0.57%**
2	2		C	14.73%	+1.67%
3	3		Java	13.56%	+2.37%
4	4		C++	13.29%	+4.64%
5	5		C#	7.17%	+1.25%
6	6		Visual Basic	4.75%	-1.01%
7	7		JavaScript	2.17%	+0.09%
8	10	^	SQL	1.95%	+0.11%
9	8	˅	PHP	1.61%	-0.30%
10	13	^	Go	1.24%	+0.26%

아래 그림은 평균 12개월 동안 프로그래밍 언어 사용량 순위를 집계한 TIOBE 사이트에서 제공한 표를 살펴보면 1998년 까지 20위 밖이였던 python이 2008년에 10위 안으로 급등하면서 2023년에는 C, C++, C#과 같은 오랫동안 많이 사용해 왔던 언어들을 제치고 1위까지 올라왔음을 확인 할 수 있다.

Programming Language	2023	2018	2013	2008	2003	1998	1993	1988
Python	1	4	8	7	13	25	17	-
C	2	2	1	2	2	1	1	1
Java	3	1	2	1	1	18	-	-
C++	4	3	4	4	3	2	2	6
C#	5	5	5	8	10	-	-	-

파이썬(Python)은 대표적 인터프리터 언어로 1991년 귀도 반 로썸(Guido van Rossum)에 의해 발표된 대화형 프로그래밍 언어이다. 귀도 반 로썸은 네덜란드 태생이며, 파이썬의 창시자이며, 현재 파이썬의 개발 방향을 결정하는 역할을 하고 있다. 1994년에 Python 1.0버전에 출시되어, 현재 Python 3.0이 2008년에 출시되었다. 파이썬이라는 이름은 그리스 로마 신화의 '피톤(python)이라는 큰 뱀으로, 제우스 아들 아폴로에 의해 화살을 맞고 죽게 된다. 하지만 귀도 반 로썸은 자신이 좋아하는 영국 코미디 'Monty Python's Flying Circus)'에서 따온 것이라고 했다. 이 코미디 프로그램은 몬티 파이썬이라는 약어로도 불렀었다. 하지만 파이썬 재단에서는 아래 로고와 같이 파이썬 프로그램 로고를 큰 뱀의 형상을 위와 아래를 보는

▲ 파이썬 로고

형태로 채택하였다. 파이썬 로고 디자이너 Tim Parkin은 마야 부족의 방식에서 영감을 받아 뱀의 머리와 짧은 코리로 표현하였다고 한다.

파이썬의 핵심 철학은 아래와 같다. import this를 통해 확인할 수 있다.

Code	`import this`
Result	The Zen of Python, by Tim Peters Beautiful is better than ugly. Explicit is better than implicit. Simple is better than complex. Complex is better than complicated. Flat is better than nested. Sparse is better than dense. Readability counts. Special cases aren't special enough to break the rules. Although practicality beats purity. Errors should never pass silently. Unless explicitly silenced. In the face of ambiguity, refuse the temptation to guess. There should be one-- and preferably only one --obvious way to do it. Although that way may not be obvious at first unless you're Dutch. Now is better than never. Although never is often better than *right* now. If the implementation is hard to explain, it's a bad idea. If the implementation is easy to explain, it may be a good idea. Namespaces are one honking great idea -- let's do more of those!

- 아름다운게 추한 것보다 낫다(Beautifuil is better than ugly)
- 명시적인 것이 암시적인 것보다 낫다(Explicit is better than implicit)
- 단순함이 복잡함보다 낫다(Simple is better than complex)
- 복잡함이 난해한 것보다 낫다(Complex is better than complicated)
- 가독성은 중요하다(Readability)

1.2 파이썬 개발 환경 구축

◆ 파이썬 IDE 설치

❶ 파이썬 프로그래밍 툴(IDE: 'Integrated Development Environment'의 약자, '통합개발환경')를 설치하기 위해 https://www.python.org/downloads/를 주소창에 입력하여, 홈페이지에

접속한다. Download 버튼을 누르면 가장 최신 버전을 다운 받을 수 있다.

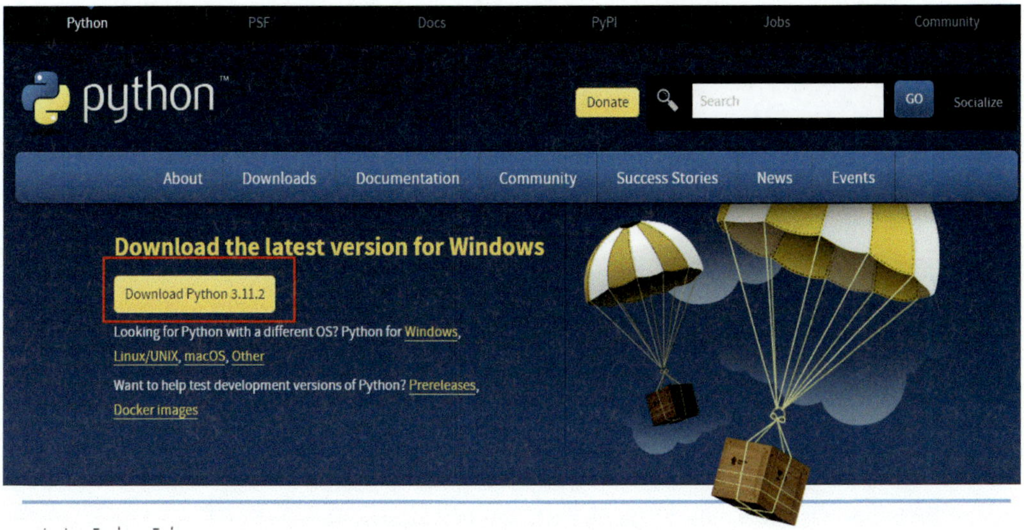

❷ 이후 설치파일을 실행하면 다음과 같은 화면이 나오게 됩니다. 아래 Add Python.exe to PATH를 반드시 체크한 후 Install Now를 클릭한다.

❸ 클릭하면 설치가 진행되며 설치가 끝난 뒤 Close를 눌러 설치를 종료한다.

◆ 아나콘다 설치

❶ 아나콘다를 설치하기 위해 anaconda를 검색창에 입력하여, 아나콘다 홈페이지(https://www.anaconda.com/products/distribution)에 접속한다.

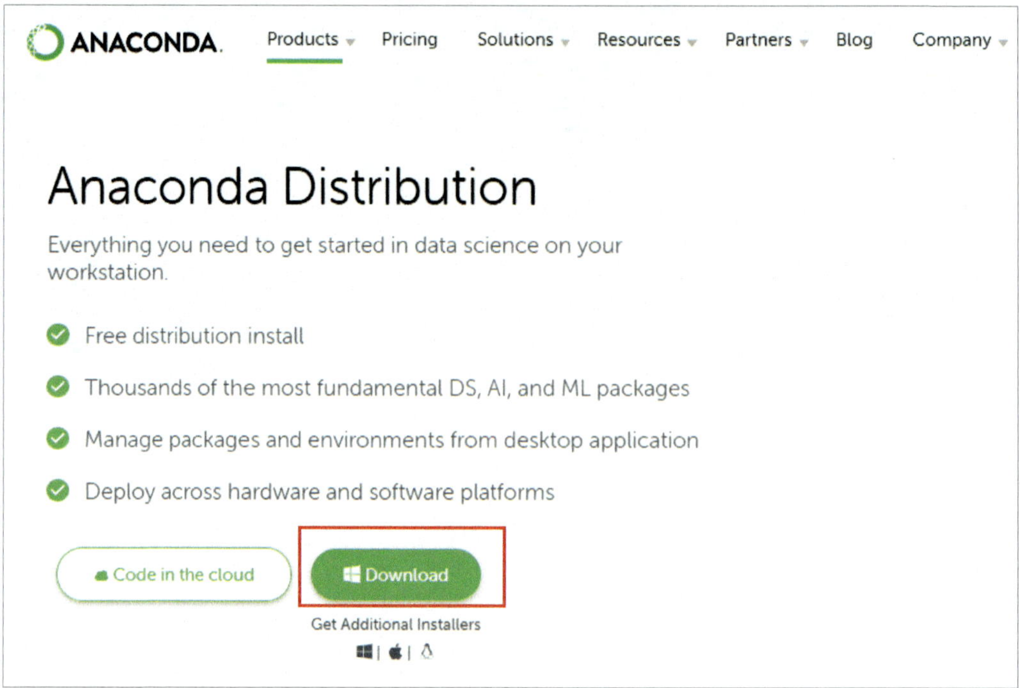

❷ 운영체제에 맞게 다운로드 받은 파일을 실행시켜 설치를 진행한다.

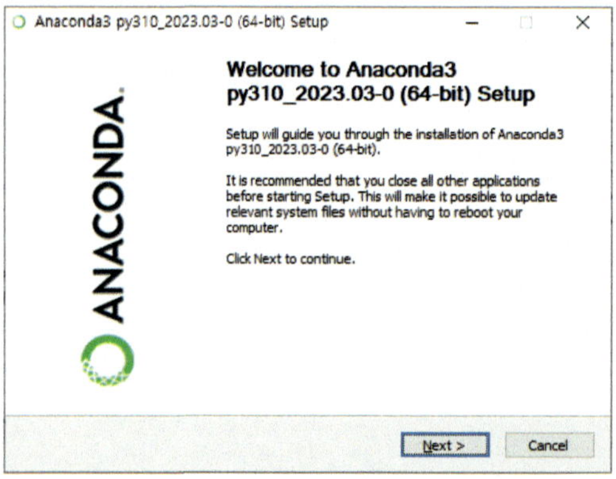

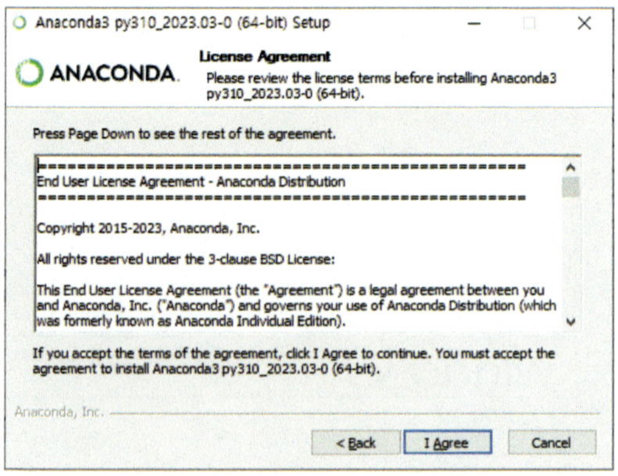

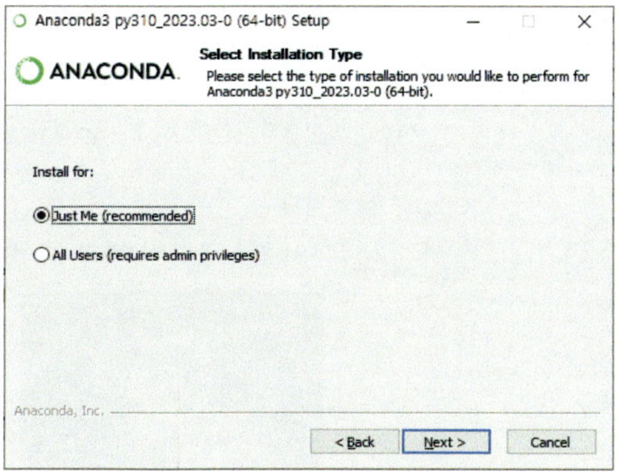

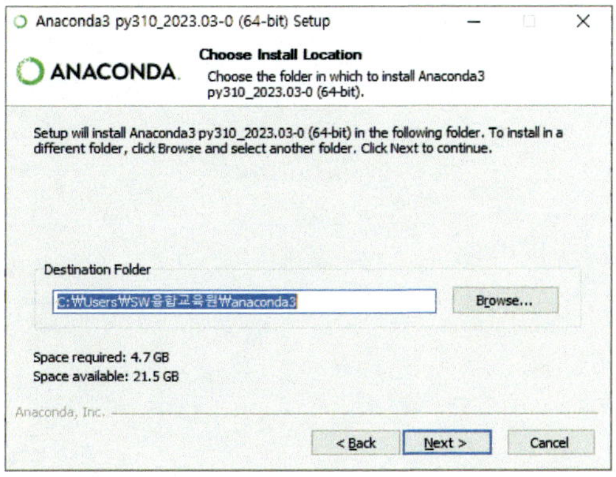

❸ 설치가 완료되었으면 Finish를 클릭하여 설치를 완료한다.

◆ Google Colab 설치

❶ 구글 검색창에서 colab을 검색하고 클릭한다.

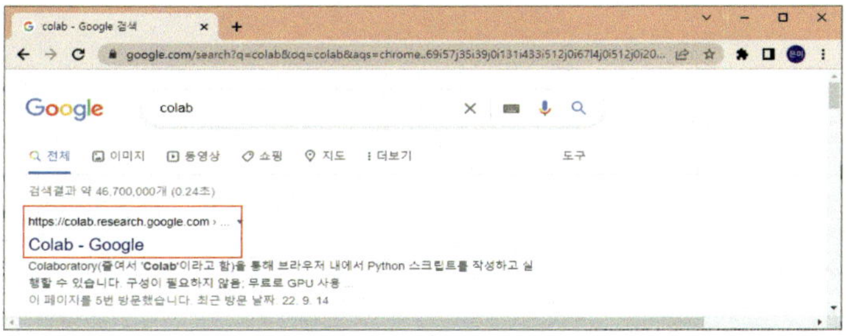

❷ Colab-Google을 클릭하면 아래 페이지가 나타난다.

❸ [파일]에서 [드라이브에 사본 저장]을 선택한다.

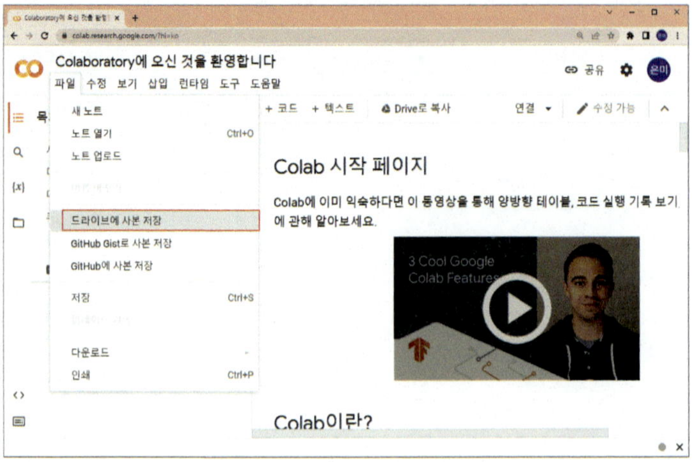

❹ 구글에서 드라이브를 선택한다.

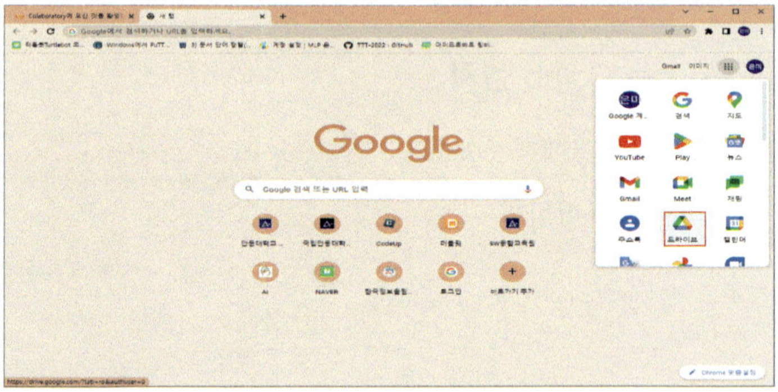

❺ [드라이브]에서 [내 드라이브]를 클릭하면[Colab Notebooks]폴더가 생성된 것을 확인할 수 있다. 그럼 코딩할 준비가 다 된 것이다.

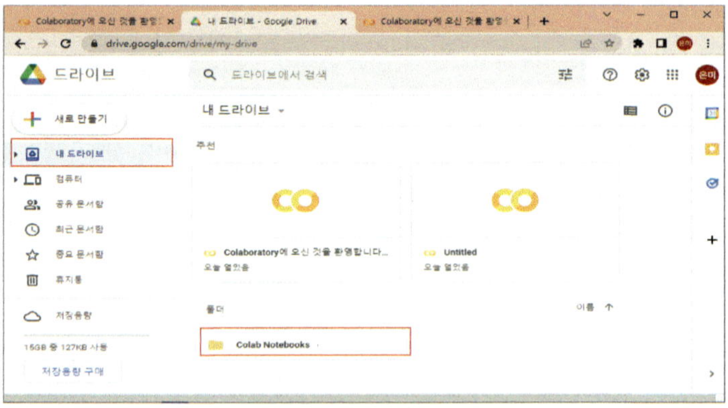

❻ [Colab Notebooks]폴더를 클릭하여 [Colab Notebooks]폴더로 이동 후 빈 곳에서 오른쪽 버튼 [더보기]-[Colab Colaboratory] 클릭한다.

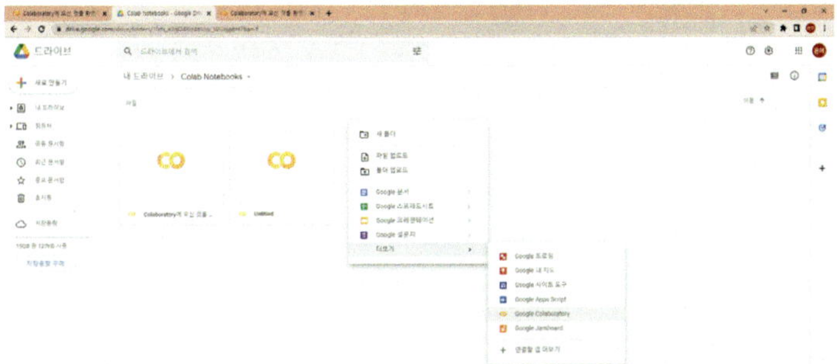

❼ 새 노트북 파일이 열리면 코딩을 시작하면 된다.

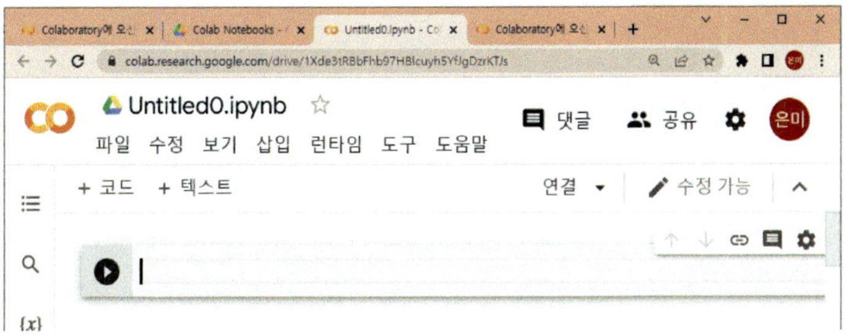

이 책에서의 실습환경은 Colaboratory 클라우드 환경에서 작동하는 Jupyter notebooks이다. 노트북 파일은 파이썬 코드를 작은 셀(cell)단위로 실행 할 수 있어 손쉽게 코드를 작성하게 도와준다. 주피터 노트북 파일 확장자는 '*.ipynb'이며, 노트 작성과 코드작성을 하나의 파일에서 작성 가능하다.

- 파이썬 확장자: *.py
- jupyter notebook 확장자: *.ipynb

1.3 표준입출력과 자료형

◆ 파이썬의 표준 출력 함수: print()

print( )는 컴퓨터가 말하도록 하는 함수이다. 이때 화면상에 출력되는 결과를 보통 output 또는 코드의 출력이라고 한다. 아래와 같이 괄호 안에 다양한 메시지 또는 변수들을 넣어서 원하는 것을 출력하도록 할 수 있다. 화면에 'Hello Python!'이라는 문자열을 출력하려면 " "(큰 따옴표) 또는 ' '(작은 따옴표)로 문자열을 감싸서 출력하면 된다. 따옴표를 생략하게 되면 문법 오류가 발생한다.

Code	print('Hello Python!')
Result	Hello Python!
Code	print("Hello Python!")
Result	Hello Python!
Code	print(Hello Python!)
Result	File "<ipython-input-3-bcd1e4a04da8>", line 1 print(Hello Python!) ^ SyntaxError: invalid syntax

문자열과 숫자와 같이 자료형이 서로 다른 경우에 하나의 print문으로 출력하고자 할 때는 콤마(,)로 문자열과 숫자를 구분하여 출력한다. 이때 문자열안에 공백이 없지만 출력결과를 보면 숫자의 앞뒤에 한 칸의 공백이 출력되고 있다. 쉼표로 구분하여 출력할 숫자를 구분하기 위해 앞뒤로 공백을 포함하여 출력하게 된다.

Code	print('나의 나이는',20,'입니다.')
Result	나의 나이는 20 입니다.

print( ) 함수 내에 수식을 사용하면 수식의 결과가 출력된다. 파이썬에서 사용되는 기본 산술 연산자는 더하기(+), 빼기(-), 곱하기(*), 나누기(/)가 있다. 연산자에 대한 자세한 설명은 다음 장에서 상세히 다루게 된다.

Code	print(10+2)
Result	12

아래 프로그램의 실행 결과를 보면 문자열과 문자열 사이를 콤마(,)로 구분하여 출력시 '정은미'와 '님' 사이에 공백이 출력되어 진다. 이를 해결하기 위해서는 콤마(,) 대신 '+' 기호를 사용하여 해결할 수 있다. 하지만 문자열과 숫자를 '+'로 연결할 경우 오류가 발생하게 된다.

Code	print("안녕하세요 " , '정은미' , "님")
Result	안녕하세요 정은미 님

Code	print("안녕하세요 " + '정은미' + "님")
Result	안녕하세요 정은미님

Code	print('나의 나이는'+20+'입니다.')
Result	TypeError Traceback (most recent call last) <ipython-input-9-694c3b9174c9> in <module>() ----> 1 print('나의 나이는'+20+'입니다.') TypeError: can only concatenate str (not "int") to str

파이썬 출력문에서 '*'(곱셈) 연산자를 사용할 경우 '숫자 * 숫자'는 산술 연산의 결과를 출력하지만 ' 문자열 * 숫자'의 경우 해당 문자열을 숫자만큼 반복하여 출력하게 된다. 따라서 '정은미'* 2를 print( )함수 내에 기술하면 '정은미'가 두 번 반복하여 출력된다.

Code	print(5*2) print('정은미 '*2)
Result	10 정은미 정은미

두 개의 print( )함수를 사용 시 출력 결과는 첫 번째 출력문을 수행 후 자동으로 줄 바꿈이 일어나, 두 번째 출력문은 다음 줄에 출력되게 된다. print( )함수의 끝 문자는 기본적으로 줄바꿈으로 설정되어 있기 때문이다. 두 개의 print( )함수를 사용하더라도 한 줄로 출력 하려면 'end'라는 옵션을 사용하면 된다.

Code	print('나의 이름은') print('정은미 입니다.')
Result	나의 이름은 정은미 입니다.

Code	Result
`print('나의 이름은', end=' ')` `print('정은미 입니다.')`	나의 이름은 정은미 입니다.

◆ 주석(설명문) 처리

파이썬에서 주석 처리하는 방법에는 2가지 방법이 대표적이다. 1번째 방법은 한 줄 주석 처리로 '#'을 사용하는 방법이다. '#'이후 줄 끝까지가 주석처리 된다. 주석은 설명을 달아주는 부분으로 실행과는 무관하다.

Code

```
my_name = "선생"
# 이름을 지정해주는 코드
print("안녕하세요 " + my_name + "님") #인사말을 출력해주는 코드
print('good days')
# 코멘트가 무엇인지 설명하는 코멘트
```

Result

```
안녕하세요 선생님
good days
```

여러 줄 주석 처리 방법은 큰 따옴표 3개 또는 작은 따옴표 3개를 사용하는 2가지 방법이 있다.

Code

```
'''
작성자: 정은미
작성일: 2023-04-05
'''
print('Hi~~')
```

Result

```
Hi~~
```

Code

```
"""
작성자: 정은미
작성일: 2023-04-05
"""
print('Hi~~')
```

Result

```
Hi~~
```

◆ 변수(Variable)에 대한 이해

변수는 파이썬에서 가장 많이 사용되는 객체로, 변수에는 숫자, 문자 등의 데이터를 할당할 수 있고, 변수 이름을 통해 할당된 데이터에 보다 쉽게 접근할 수 있다. 파이썬에서 변수 할당은 '=' 기호를 통해 이루어진다. 그림과 같이 '변수이름 = 값'으로 기술하면 '정은미'라는 문자열을 참조하는 'identity'라는 이름의 변수가 만들어진다. '정은미'와 같은 데이터 값을 프로그래밍 언어에서는 리터럴(literal)이라고 하며, 할당연산자('=')는 변수를 통해 객체를 참조하게 하는 중요한 연산자이다.

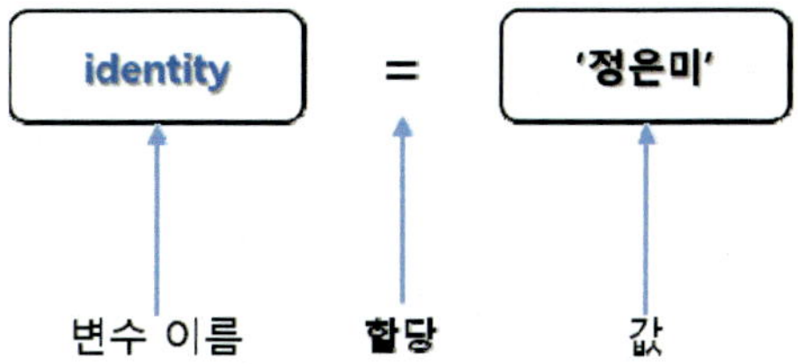

▲ 변수 생성

할당된 변수는 print()함수를 통해서 값을 출력할 수 있으며, 연산자를 사용하여 연산을 적용할 수도 있고, 할당 연산자를 통해 참조하는 값을 변경할 수도 있다. 아래 코드는 원의 반지름(radius), 원주율(pi)에 각각 10, 3.14를 할당하고 넓이를 구한 후 출력하는 코드이다.

Code

```
radius=10
pi=3.14
area=radius*radius*pi
print('원의 넓이는',area)
```

Result

```
원의 넓이는 314.0
```

변수란 컴퓨터가 메모리에 값을 저장하기 위한 공간이다. 이렇게 확보된 공간에 이름을 부여할 수 있다. 부여한 이름을 이용하여 쉽게 값을 읽고 쓰거나 수정할 수 있다. 그 값이 바뀔 수 있으므로 이를 변수라고 부른다. 따라서 여러 개의 서로 다른 메모리 위치에 서로 다른 이름을 부여하여야 한다. 이것을 프로그래밍 언어에서는 식별자(identifier)라고 한다. 메모리의 특정한 위치에 저장된 값을 다루기 위해 사용하는 이름이며, 서로 다른 데이터는 서로 다른 이름을 부여하여야 한다. 파이썬에서는 식별자의 이름을 짓는데 다음과 같은 규칙이 있다.

식별자 규칙

- 문자와 숫자, 밑줄(_)로 이루어진다.
- 중간에 공백이 들어가면 안된다.
- 첫 글자는 반드시 문자나 밑줄(_)문자로 시작해야 한다.
- 대소문자는 구분된다.
- 길이에는 제한이 없다.
- 예약어(키워드)는 사용할 수 없다.

◆ 기본 자료형과 연산자

파이썬의 기본 자료형으로는 숫자형 자료와 문자형, 그리고 리스트형이 있다. 파이썬에서 사용되는 숫자형은 덧셈, 뺄셈, 곱셈, 나눗셈이 가능한 데이터형을 말한다. 일반적으로 가장 많이 사용되는 것은 정수형(int)이며, 이외에 실수형(float), 복소수형이 있다.

숫자 Numeric Data types

파이썬에서는 수를 크게 두가지 타입으로 분류함

- integer 또는 int는 정수형 데이터를 저장하는 변수 타입(−2,−1,0,....10등) 소수점이 없는 수를 저장할 때 사용
- floating point 또는 float는 부동소수점을 표기 하기 위해 쓰는 변수 타입(1.23, 3.14 등)

Tip 어떤 타입인지 모를 때는 type()함수를 쓰면 알 수 있다.

변수는 그 값을 표현하는 데에 적합한 크기의 공간(메모리)을 확보해야 한다. 공간을 확보하기 위해서는 자료의 형(type)을 결정해야 한다. 파이썬에서는 사용자가 그 자료형을 지정하지 않아도 알아서 가장 적합한 형을 결정한다. 아래 코드의 'age=20'라는 문장은 '20이라는 값을 age라는 변수에 할당하여라'라고 하는 명령문이다. 변수의 할당은 아래와 같은 단계를 거친다.

① 20이라는 값을 가지는 정수 객체가 생성된다.
② age라는 변수가 20이라는 값을 가지는 정수 객체를 참조하게 된다.

이때 '='(할당연산자)는 반드시 왼쪽에는 변수명이 오고, 오른쪽에는 상수, 변수 또는 수식이 올 수 있다. 아래 그림과 같이 =(할당연산자)는 20이라는 객체를 age이라는 변수가 참조하게 하는 것이다.

Code

```python
age=20
print(age)
```

Result

```
20
```

문자열(String)은 ' '(작은 따옴표) 또는 " "(큰 따옴표)로 표기하며, 문자형과 특수문자를 이용하여 문자을 만들거나, 변수 할당을 통해 범주형 변수를 생성하기도 한다.

> **문자열 String**
>
> 컴퓨터 프로그래밍에서 텍스트를 문자열(string)이라고 부른다.
> 파이썬에서는 문자열을 ""(큰 따옴표) 또는 ''(작은 따옴표)로 표기한다.
> ex: "이것이 문자열이다." or '이것이 문자열이다'

이름(문자열)과 나이(정수)를 저장하기 위해서는 두 개의 변수 이름(식별자)를 결정한 후 변수에 값을 대입해 주면 파이썬이 알아서 자료형에 알맞은 메모리를 확보하게 된다. 아래 코드처럼 변수에 값을 대입하면 name이라는 변수가 '정은미'라는 문자열을 참조하도록 할 수 있으며, age라는 변수 역시 20이라는 값을 가리키게 된다. 이렇게 할당된 값은 출력을 통해 확인할 수 있다.

Code

```python
name='정은미'
age=20
print(f'나의 이름은 {name}이고, 나의 나이는 {age}살이야')
```

Result

```
나의 이름은 정은미이고, 나의 나이는 20살이야
```

'='(할당연산자)는 반드시 왼쪽에는 변수명이 오고, 오른쪽에는 상수, 변수 또는 수식이 올 수 있다. 그림과 같이 =(할당연산자)는 20이라는 객체를 name이라는 변수가 참조하게 하는 것이다.

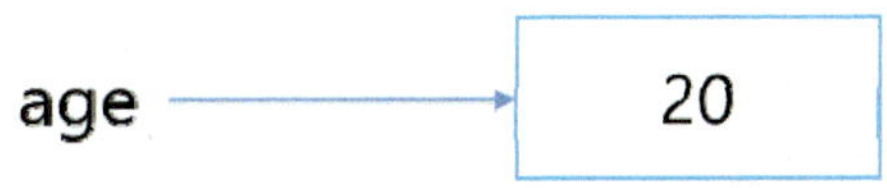

▲ 객체 참조

아래 표는 다양한 연산자들에 대한 설명이다. 연산자는 기능에 따라 단항, 산술, 비교, 논리, 대입 연산자 등으로 분류된다. 한 수식에 다양한 연산자가 사용되면, 연산자 우선순위에 따라 연산 순서가 달라진다.

◆ 다양한 연산자

종류	연산자	기능	연산방향
단항연산자	+, -	부호	←
산술연산자	+	덧셈	→
	-	뺄셈	→
	*	곱셈	→
	/	실수 나눗셈	→
	%	나머지	→
	//	정수 나눗셈	→
	**	거듭제곱	→
비교연산자	>	크다	→
	<	작다	→
	>=	크거나 같다	→
	<=	적거나 같다	→
	==	같다	→
	!=	같지 않다	→
논리 연산자	and	논리합(그리고)	→
	or	논리곱(또는)	→
	not	논리부정	→
대입연산자	=, +=, -=, *=, /=, %=	대입	←

산술 연산자를 이용해 계산기 프로그램을 만들어보자. 아래 코드를 보면 5/2는 실수 연산으로 2.5가 나오지만, 5//2는 정수 나눗셈으로 몫이 2가 된다. 파이썬에서는 다양한 산술연산자가 제공되어, 계산기처럼 사용이 가능하다. 5%2는 정수 나눗셈을 하고 나머지 값을 구하는 연산자로 1의 결과가 나오며, 5**2는 거듭제곱으로 5를 두 번 거듭해서 곱해서 나온 값으로 25가 된다. 만약 4**0.5를 할 경우 4의 제곱근을 구할 수 있다.

Code	Result
a=5 b=2 print(a+b) print(a-b) print(a*b) print(a/b) print(a//b) print(a%b) print(a**b)	7 3 10 2.5 2 1 25

서로 다른 자료형의 값을 더하거나 곱하는 것이 가능할까? 다음 코드를 통해 살펴보자. 실행결과를 보면 첫 번째 출력문에서는 연산이 가능하지만 문자열과 정수의 연산에서는 TypeError가 발생한다. 그 이유는 문자열 자료형을 갖는 변수에 정수인 숫자 1을 더하는 연산이 불가능하기 때문이다.

Code

```
number=1 #정수형
str='1'  #문자형
print(number+1)
print(str+1)
```

Result

```
2 ◀──── 1+1의 수행결과
---------------------------------------------------------------------------
TypeError                                 Traceback (most recent call last)
<ipython-input-6-1678b9243eae> in <module>()
      2 str='1'  #문자형
      3 print(number+1)
----> 4 print(str+1)

TypeError: can only concatenate str (not "int") to str

SEARCH STACK OVERFLOW
```

산술연산자 중 '+'와 '*'는 문자열과 함께 사용시 특별한 일이 일어난다.

> '+' with String : 이어붙이기, Concatenation, 공백없이 두 문자열이 합쳐짐
> '*' with 숫자 : 반복하기, *연산자 뒤 숫자 만큼 문자열을 반복 출력함.

아래 코드는 '+','*'를 문자열과 함께 사용해 출력하는 예시이다. string_3변수에 string_1과 string_2의 문자열을 결합하여 할당하고 출력해 보면 결과와 같이 두 문자열이 합쳐서 출력 되는 것을 확인할 수 있다. string_3*2라는 명령어는 string_3에 할당되어 있는 문자열을 2번 반복하여 아래 결과와 같이 출력하라는 뜻이다.

Code	Result

```string_1 = "비가 내리고, "```
```string_2 = "음악이 흐르면, "```
 	
```string_3= string_1+string_2 #문자열 결합```
```print(string_3)```
```print('============================')```
```print(string_3*2) #가사 2번 연속 출력```
	비가 내리고, 음악이 흐르면,
	==============================
	비가 내리고, 음악이 흐르면, 비가 내리고, 음악이 흐르면,

가끔 한번 지정한 값을 업데이트해줘야 할 때가 있다.

- money=money+10000
- money+=10000

위 문장은 둘 다 현재 money의 값에 10000을 더해서 업데이트해 주는 문장이다.

아래 코드 중 japan=japan+japan_cruise 문장을 japan+=japan_cruise로 축약하여 사용할 수 있다.

Code

```
# 코로나 바이러스 현황 예제 다시보기
japan = 1086
japan_cruise = 712
print(japan)
japan=japan+ japan_cruise
print("일본의 총 확진자 수는? ")
print(japan)
```

Japan+=japan_cruise

Result

```
1086
일본의 총 확진자 수는?
1798
```

두 변숫값을 서로 교환해 보자. 변수는 한 개의 값만 저장하므로 temp라는 임시 변수를 새로 만들어 두 변숫값을 교환 할 수 있다. 하지만 파이썬에서는 temp라는 추가 변수를 사용하지 않고 두 변수의 값을 교환할 수 있다.

<table>
<tr><td>Code</td><td><pre>a=5
b=4
temp=a
a=b
b=temp

print(a, b)</pre></td><td><pre>a,b=b,a #변숫값 교환
print(a,b)</pre></td></tr>
<tr><td>Result</td><td colspan="2">4 5</td></tr>
</table>

프로그래밍 언어에서 처리할 수 있는 데이터의 유형을 자료형이라고 한다. 파이썬에서는 부울형, 숫자형, 문자열, 리스트, 튜플, 집합, 딕셔너리와 같은 자료형이 있다. 어떤 객체가 어떤 자료형인지를 알기 위해서는 type()이라는 함수를 쓰면 알 수 있다. 파이썬은 자료형끼리의 변환을 아주 간단하게 할 수 있다. 먼저 문자열을 숫자로 변환하기 위해서는 기본적으로 문자열이 정수나 실수로만 이루어져 있어야 한다. 자료형들의 형 변환을 수행하는 함수는 아래와 같다. 아래 실습을 통해 살펴보자. 아래 코드를 통해 각 변수에 할당된 자료형을 type()을 통해 확인할 수 있다.

<table>
<tr><th>Code</th><th>Result</th></tr>
<tr><td><pre>a=5
b=2.0
print(type(a))
print(type(b))
print(type(a/b))
print(a//b)#2.5(x)->2</pre></td><td><pre><class 'int'>
<class 'float'>
<class 'float'>
2.0</pre></td></tr>
</table>

파이썬은 자료형끼리의 변환을 아주 간단하게 할 수 있다. 먼저 문자열을 숫자로 변환하기 위해서는 기본적으로 문자열이 정수나 실수로만 이루어져 있어야 한다. 자료형들의 형변환을 수행하는 함수는 아래와 같다. 아래 실습을 통해 살펴보자.

형 변환 함수

- int( ) #정수형으로 변환
- float( ) #실수형으로 변환
- str( ) #문자형으로 변환
- list( ) # 리스트로 변환
- tuple( ) # 튜플로 변환

a='1234'를 통해 a에 문자열을 할당하면 a는 str 클래스가 됨을 확인할 수 있다. 따라서 =(할당 연산자)는 자료형을 결정하는 기능도 있다. a는 '1234'라는 정수들로만 구성되어 있는 문자열이므로 int()를 통해 정수형으로 변환이 가능하다. b는 '3.14' 실수형 숫자로 구성되어 있으므로 float()를 통해 실수형으로 변환이 가능하다.

Code	Result
a='1234' b='3.14' print(type(a), type(b)) c=int(a) d=float(b) print(type(c),type(d))	<class 'str'> <class 'str'> <class 'int'> <class 'float'>

아래 코드에서 문자열과 숫자를 '+'로 이어붙이기를 시도하면 TypeError가 발생한다. ⓐ코드를 ⓑ코드처럼 str( )함수를 사용하여 숫자(20)을 문자열(20)으로 자료형을 변경하면 TypeError를 해결할 수 있다.

ⓐ

```
print('나의 나이는 '+20+'입니다.')

---------------------------------------------------------------------------
TypeError                                 Traceback (most recent call last)
<ipython-input-11-5584960b807a> in <module>()
----> 1 print('나의 나이는 '+20+'입니다.')

TypeError: can only concatenate str (not "int") to str
```

ⓑ

```
print('나의 나이는 '+str(20)+'입니다.')
```

```
나의 나이는 20입니다.
```

◆ 표준 입력: input()

파이썬에서 표준 입력함수는 input( )이다. input( )함수를 통해 입력된 값은 문자열로 저장이 된다. 입력된 값을 산술연산에 사용하고자 할 경우 형변환 함수를 통해 자료형을 변환하여야 한다. 아래 코드에서 입력된 값을 type( )을 통해 자료형을 확인해 보면 문자열(str)클래스이다.

Code

```
a=input('정수하나 입력 ')
print(type(a))
```

Result

```
정수하나 입력 5      <----5는 사용자 입력 값
<class 'str'>
```

따라서 아래 코드와 같이 입력된 값을 산술적 연산을 수행 시 TypeError가 발생한다.

입력값을 산술연산을 하기 위해서는 int( )함수를 통해 정수형으로 변환해 주어야 한다.

Code

```
a=input('정수하나 입력 ')
print(a+1)
```

Result

```
정수하나 입력 5
---------------------------------------------------------------------------
TypeError                                 Traceback (most recent call last)
<ipython-input-14-07ebfad8fc19> in <module>()
      1 a=input('정수하나 입력 ')
----> 2 print(a+1)

TypeError: can only concatenate str (not "int") to str
```

아래 코드와 같이 input( )함수를 int( )로 감싸 입력된 값의 자료형을 정수형으로 변환시켜주어야 한다. int( )함수를 통해 정수형으로 변환이 되어 a+1의 결과가 덧셈결과로 6이 출력되게 된다.

Code	a=int(input('정수하나 입력 ')) print(a+1)
Result	6

※ 알아두면 좋은 고급 Tip

Escape Characters

- 그림과 같이 백슬래시를 문자앞에 사용하여 원하는 문자가 나오게 해준다.

Escape code	설명
\n	줄바꿈(=개행)
\t	수평 탭문자(8칸)
\\	백슬래시 ""
\'	작은따옴표(')
\"	큰따옴표(")
\r	캐리지 리턴(커서앞으로이동)
\b	백 스페이스

Escape code

- 사용 예

  작은 따옴표(\') 출력 예

```
print('Today₩'s coffee')

Today's coffee
```

- 줄바꿈(\n) 예

```
print("Life is too short ₩nYou need python")

Life is too short
You need python
```

문자열 포매팅(Formatting)

- 중괄호{ }안에 인자 값이 출력
- 기존 format보다 편리한 사용
- Python 3.6이후 formatting 기법
- 지정 서식: 문자열(s), 정수(d), 실수(f)
- 사용 예

```
name = '정은미'
print(f'나의 이름은 {name} 입니다')
print(f'나의 이름은 {name:10s} 입니다')

나의 이름은 정은미 입니다
나의 이름은 정은미       입니다
```

10칸 확보

- 자릿 수와 정렬 예

```
price = 500
print(f'초코바는 {price}원 입니다')
print(f'초코바는 {price:5d}원 입니다')  # 5 자리 맞추기
print(f'초코바는 {price:>5d}원 입니다') # 오른쪽 정렬
print(f'초코바는 {price:<5d}원 입니다') # 왼쪽 정렬
print(f'초코바는 {price:^5d}원 입니다') # 가운데 정렬
print(f'초코바는 {price:05d}원 입니다') # 5 자리 맞추고 남은 자리 0 넣기

초코바는 500원 입니다
초코바는   500원 입니다
초코바는   500원 입니다
초코바는 500  원 입니다
초코바는  500 원 입니다
초코바는 00500원 입니다
```

```
pi=3.14159265358979323384
print(f'pi:{pi}')
print(f'pi:{pi:.1f}')   #소수이하 1자리
print(f'pi:{pi:.2f}')   #소수이하 2자리
#전체 자리수 10자리, 소수이하 4자리
print(f'pi:{pi:10.4f}')

pi:3.141592653589793
pi:3.1
pi:3.14
pi:    3.1416
```

◆ 컬렉션 자료형(Collection Data Type)

컬렉션 자료형이란 여러 가지 요소를 묶어 사용하는 자료형으로 여러 개의 값을 하나의 변수에 담을 수 있다. 데이터의 양이 많거나, 집합의 성격을 띨 경우 컬렉션을 활용하면 효율적이다. 파이썬은 데이터를 효율적으로 저장하기 위해서 다양한 데이터 구조를 제공한다. 컬렉션 자료형으로 리스트(list), 튜플(tuple), 셋(set) 과 딕셔너리(dictionary)가 있다. 컬렉션 자료형을 사용하면 데이터의 접근과 수정을 매우 효과적으로 할 수 있으며, 데이터의 저장과 관리가 쉽다. 예를 들어 6명의 성적을 변수에 저장한다고 가정해 보자. 아래 코드와 같이 데이터가 6개이므로, 변수마다 번호를 붙여 6개를 개별적으로 선언하고, 변수에 값을 담아 사용해야 한다. 또한 성적을 처리해야 하는 학생 수가 늘어나면 늘어난 수만큼 변수를 다시 선언하고 값을 대입해야 하는 번거로움과 학생이 몇 명 더 늘어날지 모르는 상황이라면 더 큰 문제가 될 수 있다. 이러한 문제를 해결하기 위해 컬렉션 자료형을 사용하면 매우 효율적으로 데이터를 관리할 수 있다.

Code

```
score0=65
score1=80
score2=75
score3=90
score4=88
score5=50
```

● 리스트

파이썬의 리스트는 동적 배열로 프로그래머가 인덱스의 조작없이 자유롭게 값을 추가하거나 삭제할 수 있는 데이터 구조이다. 리스트는 여러 개의 값이나 변수를 한꺼번에 담을 수 있으며, 서로 다른 자료형의 데이터도 담을 수 있다. 리스트는 자료 안에 순서가 존재하기 때문에 인덱싱이 가능하다. 변수 하나의 이름으로 여러 개의 데이터를 담아서 처리하기 때문에 관리가 매우 효율적이다.

리스트 특징

- 여러 개의 값을 담을 수 있는 데이터 구조
- 서로 다른 자료형의 데이터도 담을 수 있음
- mutable 함(가변성, 생성된 후 변경가능)
- 시퀀스 자료형(순서가 있다)
- [ ]' (대괄호)로 감싸 선언

리스트는 '[ ]'(대괄호)로 감싸 선언하며, 각 원소들은 콤마(,)로 구분한다. 리스트는 순서를 중요시하며 연산시 원소에 대한 값이 아닌 List 자체에 대한 연산을 실시한다.

리스트를 초기화 하는 방법은 총 3가지 방법이 있다. '[ ]'(대괄호)안에 값을 담아서 생성하는 방법, list( )함수를 이용해서 생성하는 방법과 str.split( )함수를 이용해서 생성하는 방법이 있다.

변수를 리스트로 정의하기 위해서는 '[ ]' 대괄호안([])에 여러 개의 값을 콤마(,)로 구분하면 된다. 빈 리스트를 생성하려면 할당연산자 다음에 '[ ]'만 입력하면 된다. 생성된 변수가 리스트인지 자료형을 확인해 보기 위해 type( )함수로 확인할 수 있다.

Code

```
my_list=[1,2,3,'a']
print(type(my_list))
```

Result

```
<class 'list'>
```

다음 예제는 list()함수를 사용하여 리스트를 생성하는 방법이다. a는 문자열 변수이다. list()함수에 문자열을 인수로 주어 리스트값을 반환하여 a_list에 문자 리스트가 할당이 된다. 출력 결과를 보면 [ ](대괄호)안에 문자가 콤마로 구분되어 출력되는 것을 확인할 수 있다. 따라서 a_list는 리스트이다.

Code

```
a='Python'
a_list=list(a)
print(a_list)
```

Result

```
['P', 'y', 't', 'h', 'o', 'n']
```

아래 예제는 문자열을 str.split( ) 함수를 이용하여 공백 기준으로 분리한 후 리스트를 생성하는 예이다.

Code

```
a='Hello World~, Nice day'
b=a.split()
print(b)
```

Result

```
['Hello', 'World~,', 'Nice', 'day']
```

리스트안의 개별적인 요소에 접근하기 위해서는 인덱스를 사용해야 한다. 리스트 변수 이름 뒤에 [ ](대괄호)를 사용하고 대괄호 안에 숫자를 넣으면 해당하는 위치의 항목 값에 접근할 수 있다. 이와 같이 리스트의 항목 값을 가리키는 숫자를 **인데스(Index)**라고 한다. n개의 항목을 가진 리스트의 경우, 리스트의 인덱스는 0부터 시작해서 n-1까지 사용할 수 있다. 항목의 인덱스를 사용해서 자료값에 접근하는 것을 인덱싱(indexing)이라고 한다. range( )함수와 list( )함수를 사용하여 리스트를 생성한 후 인덱스와 인덱싱에 대해 살펴보자.

Code

```
a=list(range(1,6)) #리스트 생성
print(a)         #리스트 확인
print(len(a)) # 리스트 요소의 개수
print(a[0]) #첫번째 요소
print(a[4]) #마지막 요소
print(a[5]) #error
```

Result

```
[1, 2, 3, 4, 5]
5
1
5
IndexError                                Traceback (most recent call last)
<ipython-input-3-e8526dd40118> in <module>()
      4 print(a[0])
      5 print(a[4])
----> 6 print(a[5])

IndexError: list index out of range
```

range(1,6)은 1부터 5까지의 정수열을 만들고 list( )에 의해 리스트로 변환되어 a에 할당된다. print(a)로 리스트를 확인해 보면 [1, 2, 3, 4, 5]가 출력된다. len( )함수는 리스트 요소의 개수를 반환하는 함수로 5를 출력한다. 리스트의 인덱스를 사용할 경우 주의 사항은 인덱스는 0부터 시작해서 '원소개수-1'까지 사용할 수 있다. a[5]는 존재하지 않는 6번째 값을 접근하는 것으로 IndexError: list index out of range 오류가 발생한다. 따라서 최대 인덱스값은 (리스트 원소 갯수-1)값이며, 최대 인덱스 값을 초과 할 수 없다.

리스트 인덱스의 범위

- n개의 항목을 가진 리스트가 존재할 때 인덱스의 범위는 0~(n−1)까지이다.
- 예를 들어 10개의 항목을 가진 리스트의 인덱스
  0~9까지의 양의 인덱스 범위를 가진다.
  −10 ~ −1 까지 음수 인덱스 범위를 가진다.

파이썬 리스트의 큰 특징은 음수 인덱스를 사용할 수 있다는 것이다. 아래 표와 같이 -1이 리스트의 마지막 원소의 인덱스이며, -10은 리스트의 첫 번째 인덱스이다. 즉 표와 같이 제일 마지막 원소로부터 -1, -2, -3 과 같이 -1씩 감소하면서 앞쪽 원소를 인덱싱하는 것이다.

◆ 리스트의 원소와 인덱스

양수 index	0	1	2	3	4	5	6	7	8	9
리스트	1	2	3	4	5	6	7	8	9	10
음수 index	-10	-9	-8	-7	-6	-5	-4	-3	-2	-1

슬라이싱(slicing)은 시퀀스 자료형에서 일부분을 잘라서 가져오는 기능이다. 아래 그림과 같이 원본 리스트 list1에 [1,2,3...,10]의 10개의 항목이 있을 경우 [3:7]과 같이 시작 인덱스와 종료 인덱스를 명시하면 3이상 7미만인 인덱스 값을 가져와 새로운 리스트 [4,5,6,7]을 얻는 것이 슬라이싱이다. 이때 구간을 명시하기 위해서는 [시작 인덱스:종료 인덱스]와 같은 방법을 사용하는데 아래 그림과 같이 [시작 인덱스]에서 [종료 인덱스-1] 까지의 항목을 새 리스트로 만들어 준다.

index	0	1	2	3	4	5	6	7	8	9
원본 리스트 list1	1	2	3	4	5	6	7	8	9	10
음수 index	-10	-9	-8	-7	-6	-5	-4	-3	-2	-1
new 리스트				4	5	6	7			

list1[3:7]의 결과

▲ 슬라이싱

다음 표는 슬라이싱을 사용하는 다양한 방법에 대한 설명이다. 슬라이싱을 할 때 시작인덱스와 종료 인덱스이 가능하다. 음수 인덱스를 사용할 수도 있다. 이러한 내용들을 실습을 통해 살펴보자.

◆ 슬라이싱 사용법

문법	설명
list[start:end]	start부터 end-1까지의 항목들을 가져옴
list[start:]	start부터 리스트의 끝까지 가져옴
list[: end]	처음부터 end-1까지의 항목들을 가져옴
list[:]	처음부터 끝까지 가져옴
list[start:end:step]	start부터 end-1까지 step만큼 건너 뛰며 가져옴
list[-2:]	뒤에서부터 두 개의 항목을 가져옴
list[:-2]	처음부터 끝의 두 개를 제외한 모든 항목을 가져옴
list[::-1]	모든 항목을 역순으로 가져옴
list[2::-1]	두 번째 항목에서부터 역순으로 가져옴

다음 그림과 같이 종료 인덱스를 생략하면 시작 인덱스(1)에서 리스트의 마지막(5) 항목까지 모두 가져와서 [20,30,40,50,60]의 원소를 가진 새로운 리스트를 생성해준다.

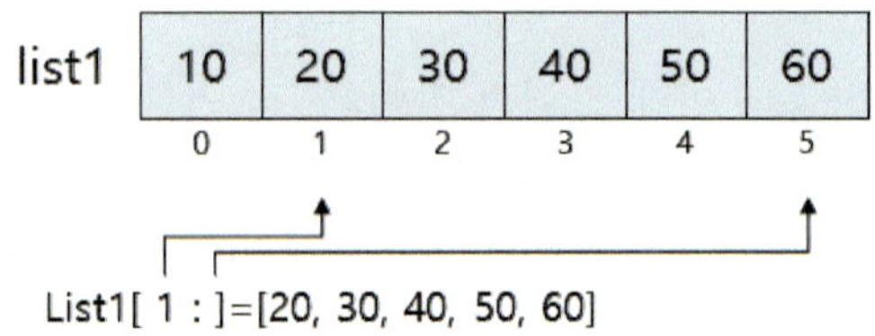

▲ 종료인덱스를 생략한 슬라이싱

그림과 같이 시작 인덱스를 생략하면 리스트의 처음부터 (종료 인덱스-1) 까지의 항목을 모두 가져오게 된다. 따라서 결과는 [10,20,30,40]이 된다.

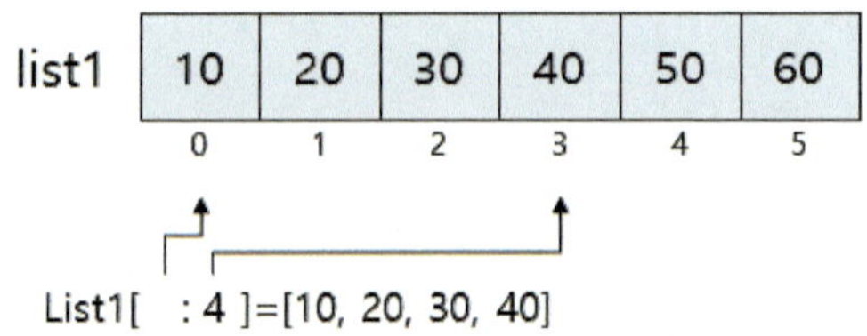

▲ 시작인덱스를 생략한 슬라이싱

시작 인덱스와 종료 인덱스를 모두 생략할 경우 처음부터 끝까지 모든 항목을 가져온다. 따라서 결과는 [10,20,30,40,50,60]이 된다.

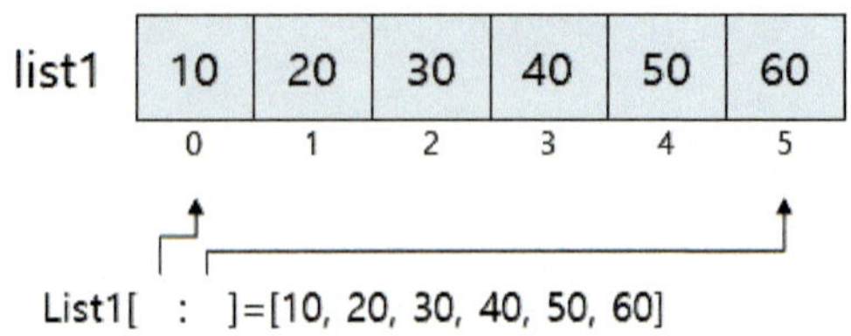

▲ 모든 인덱스를 생략한 슬라이싱

음수 인덱스를 사용하게 되면 뒤에서부터 -1, -2... 까지의 인데스를 갖게 된다. 따라서 [-5:-2]라고 하면 아래 그림과 같이 [20, 30, 40] 항목을 가져오게 된다. 이때 종료 인덱스 -2는 포함하지 않는다.

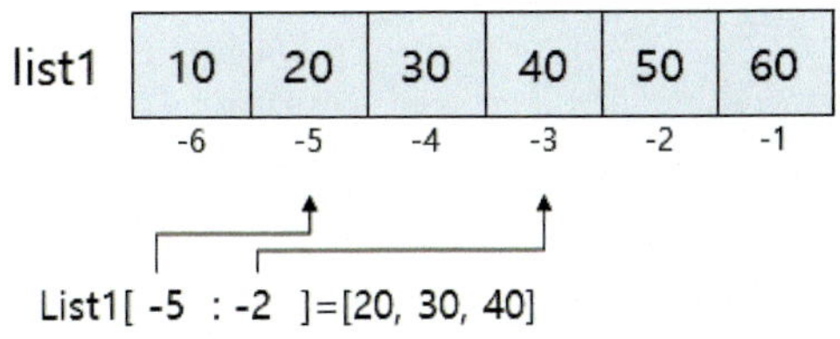

▲ 음수 인데스를 사용한 슬라이싱

그림과 같이 시작 인덱스는 음수를 사용하고 종료 인덱스를 생략하면 양수일때랑 마찬가지로 마지막 항목까지 가져와서 [20, 30, 40, 50, 60]이 된다.

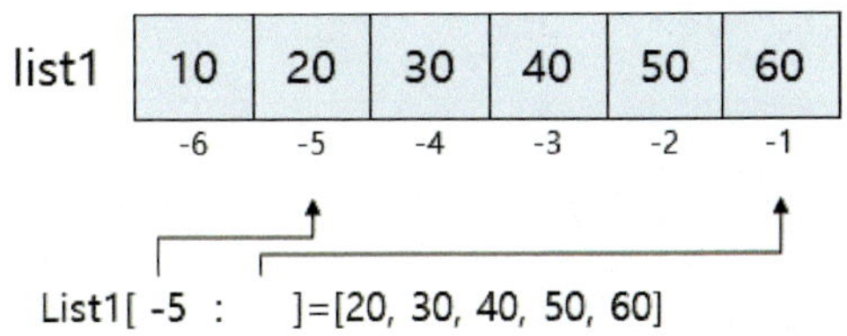

▲ 음수 인덱스 사용시 종료 인덱스 생략 슬라이싱

그림과 같이 특정 구간에서 일정한 간격만큼 건너뛰면서 항목을 가져오게 할 수 있다. [0:6:2]라고 하면 0번 인덱스에서 5번 인덱스 구간의 리스트 항목을 2만큼씩 건너 뛰면서 0번, 2번, 4번 인덱스 항목을 가져와 결과는 [10, 30,50]이 된다.

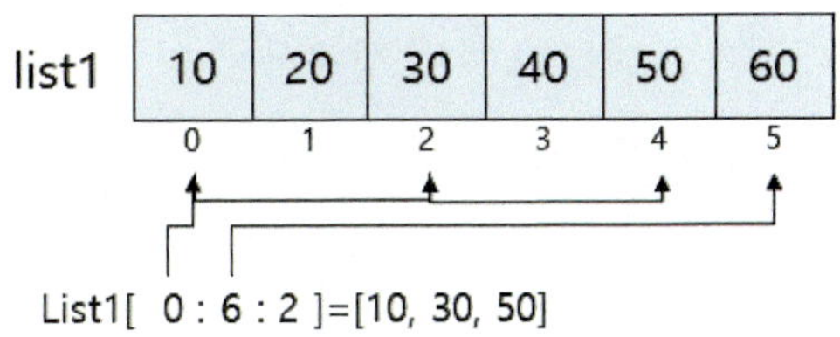

▲ step을 이용한 슬라이싱

리스트의 값을 변경하는 경우에는 아래 코드와 같이 대괄호([ ])안에 변경할 인덱스를 적고 대입 연산자를 사용하여 값을 변경 할 수 있다. [1,2,3,4,5]의 원소를 가진 리스트 list1의 첫 번째 원소를 10으로 변경하고자 할 경우에는 list1[0]=10이라고 하면 list1의 0번째 인덱스 값이 10으로 변경되어 결과는 [10, 2, 3, 4, 5]가 된다.

Code

```
list1=[1,2,3,4,5]
list1[0]=10
list1
```

Result

```
[10, 2, 3, 4, 5]
```

리스트에 할당되어 있는 순서대로 특정 값 혹은 여러 개의 값을 찾아 추출할 수 있다. 이때 슬라이스의 경우 [start:end]에서 end-1까지 추출하는 것에 유념하여 데이터를 추출해야 한다. 파이썬에서 index는 1이 처음이 아니라 0으로 시작한다는 것이 특징이다.

Code	`number=['one','two','three','four','five']`
	`print(number[1])`
	`print(number[2:4])`

Result	`two` `['three', 'four']`

인덱스를 활용하여 리스트의 값을 변경할 수도 있다.

Code	`number=['one','two','three','four','five']`
	`number[0]='first'`
	`print(number)`

Result	`['first', 'two', 'three', 'four', 'five']`

데이터를 다루다 보면 항목을 추가하거나 삭제해야 하는 경우가 발생한다. 자주 사용하는 리스트 내장 메소드이다.

◆ 리스트 내장 메소드

메소드	설명	사용 예
append	리스트에 항목 값을 추가	list1.append(10)
sort	리스트의 항목 값들을 크기 순서대로 정렬	list1.sort() #오름차순 list1.sort(reverse=True) #내림차순
reverse	리스트의 항목 값들을 역순으로 재배치함	list1.reverse()
count	리스트 내에서 특정 값의 개수를 반환	list1.count(1)
index	리스트 내에서 특정 값의 인덱스(첨자)를 반환	list1.index(3)
extend()	여러 리스트를 합쳐 하나의 리스트로 표현	list1.extend(list2)
pop()	리스트의 마지막 인덱스의 값을 반환하고 삭제	

리스트 내에 항목을 추가하기 위해서는 append( )메소드를 사용하면 된다. append( ) 메소드는 이미 존재하는 리스트 마지막에 항목을 추가하는 기능이다. 다음과 같이 ['a','b','c']를 원소로 가지는 b 리스트에 'd'라는 항목을 추가하기 위해서는 b.append('d')라고 하면 b 리스트의 마지막에 원소가 추가된다. 빈 리스트인 a에도 a.append(10)을 통해 a리스트에 10을 추가할 수 있다. print(a,b)를 통해 리스트 값을 출력해 확인해 볼 수 있다. 이때 출력결과를 보면 대괄호([ ]) 안에 원소들이 콤마(,)로 구분되어 출력되는 것을 확인하고 기억하기 바란다.

Code	Result

`a=[]`
`b=['a','b','c']`
`a.append(10)`
`b.append('d')`
`print(a,b)`
	`[10] ['a', 'b', 'c', 'd']`

list.append(d)

- 자료 d를 리스트 마지막 원소 뒤에 추가
- 오직 한 개의 자료만 넣을 수 있음

이미 생성된 리스트의 마지막에 값을 추가하는 것이 아니고 특정 위치에 새로운 원소를 삽입하고자 하는 경우에는 insert( ) 메소드를 다음 예제와 같이 사용하면 된다. insert( ) 메소드는 (인덱스, 값)을 인자로 넘겨주어 원하는 인덱스 위치에 값을 삽입 할 수 있다. 따라서 [1, 2, 4]을 원소로 가지는 a 리스트의 두 번째 인덱스에 3을 삽입하고자 할 경우에는 a.insert(2, 3)이라고 하면 된다. 이로 인해 a 리스트는 [1, 2, 3,4] 순서의 원소를 가지게 된다.

Code	Result

`a=[1,2,4]`
`a.insert(2,3)`
`a`
	`[1, 2, 3, 4]`

list.insert(i, d)

- 인덱스 I에 자료 d를 삽입
- 오직 한 개의 자료만 넣을 수 있음

del과 remove()함수는 값을 삭제하지만, del 함수는 index를 이용하여 값을 삭제하는데 비해, remove()는 괄호안의 값을 리스트에서 찾아 삭제한다. 삭제하고자 하는 값을 알때는 remove()를 사용하고, 순서를 이용하여 삭제할 경우에는 del 함수를 사용하면 편리하다.

Code

```
number=['one','two','three','four','five']
number.append('six')  # 마지막에 추가
print(number)
del number[1]  #1번째 인덱스 값 삭제
print(number)
number.remove('four')#해당 값을 찾아 삭제
print(number)
```

Result

```
['one', 'two', 'three', 'four', 'five', 'six']
['one', 'three', 'four', 'five', 'six']
['one', 'three', 'five', 'six']
```

리스트 내의 원소를 삭제하는 메소드는 remove( )이다. 인자로 삭제할 값을 인자로 넘겨주면 첫 번째로 나오는 값을 삭제해준다. 즉, 동일한 값이 여러 개가 존재할 경우 인덱스가 빠른 원소 하나만 삭제한다.

Code

```
d=[3,1,2,3]
d.remove(3)
print(d)
```

Result

```
[1, 2, 3]
```

위 코드를 보면 [3,1,2,3]원소를 가진 d 리스트에 remove(3)명령을 수행하면 제일 먼저 나타나는 3이 삭제됨을 알 수 있다. 따라서 d는 [1,2,3] 원소를 가지게 된다. remove( )메소드는 앞쪽에서부터 인덱싱을 해서 처음 나오는 값을 삭제하게 된다.

다음으로 pop( )메소드는 리스트의 제일 마지막 항목을 삭제한 후 이 항목을 반환한다. [1, 2, 3, 4]를 원소를 가진 a리스트에서 pop( )을 수행하면 원소의 제일 마지막에 있는 원소 4가 반환되고, 삭제되어 print(a)로 확인해 보면 [1, 2, 3]이 출력된다. 따라서 a리스트는 4가 삭제된 [1,2,3]을 원소로 가지는 리스트가 된다.

Code

```
a=[1,2,3,4]
print(a.pop())  #마지막 값 삭제 후 이 값을 반환
print(a)        #삭제 후 리스트 출력
```

Result

```
4
[1, 2, 3]
```

extend()는 number.extend(list2)형태는 number리스트 뒤에 list2 리스트를 붙이는 형태이다.

Code	`number=['one','two','three','four','five']`
	`list2=['six','seven']`
	`number.extend(list2)`
	`print(number)`

Result	['one', 'two', 'three', 'four', 'five', 'six', 'seven']

데이터를 정렬할 때 sort()와 sorted() 두 가지 방법이 있다. sort()는 기존 리스트를 정렬하여 순서를 바꿔주고, sorted()는 정렬하여 새로운 복사본을 만들어 기존의 리스트값이 바뀌지 않게 하는 차이가 있다. 이때 정렬 시 숫자는 숫자끼리, 문자열은 알파벳순, 가나다 순으로 정렬한다.

Code	`number=['one','two','three','four','five']`
	`sort_number=sorted(number)`
	`print(number)`
	`print(sort_number)`

Result	원본 변경되지 않음 ['one', 'two', 'three', 'four', 'five'] ['five', 'four', 'one', 'three', 'two']

Code	`number=['one','two','three','four','five']`
	`number.sort()`
	`print(number)`

Result	['five', 'four', 'one', 'three', 'two']

len()함수는 리스트안에 가진 항목의 개수를 반환한다.

Code	`number=['one','two','three','four','five']` `len(number)`
Result	5

딕셔너리

딕셔너리는 리스트와 함께 가장 많이 사용되는 데이터 구조로, 할당하는 값에 고유 key를 지정하여 사용하게 된다. 딕셔너리(dictionary)는 키(key)와 값(value)를 쌍으로 갖는 항목을 여러 개 가질 수 있는 자료형이다. 이때 key는 값을 참조하기 위해 사용하는 것으로 중복이 허용되지 않는다. 키와 값이 하나의 쌍으로 묶여서 하나의 항목이 된다. 딕셔너리를 정의하는 형식은 아래 그림과 같다. 딕셔너리 이름을 적고 대입 연산자(=)를 적은 다음 '{'로 시작하고'}'로 끝나며, key:value 쌍이 하나의 항목이 되게 한다. 각 항목은 콤마(,)로 구분한다.

형식

```
딕셔너리이름={key:value, ....}
```

딕셔너리의 생성은 { } 중괄호를 이용하여 만들 수 있다. 생성하는 방법은 리스트, 튜플과 비슷하지만 딕셔너리에는 고유 key가 존재하기 때문에 key지정에 유의해야 한다. 또한 리스트와 같이 수정 및 추가, 삭제가 가능하다.

아래 표와 같이 과일 이름을 key로 하고 각 과일의 판매단가를 값(value)로 하는 딕셔너리를 생성하고 딕셔너리 항목을 조회하는 코드를 작성해 보자.

◆ 과일 가격표

키(key)	값(value)
'사과'	2000
'배'	2500
'바나나'	5000

Code

```
fruit={'사과':2000,'배':2500,'바나나':5000}
print(fruit)
```

Result

```
{'사과': 2000, '배': 2500, '바나나': 5000}
```

위의 예제는 딕셔너리에서 하나의 key에 하나의 값만 할당되어 있다. 하나의 key에 여러 개의 값을 할당할 수 있다. 이때 값은 리스트를 활용하면 된다.

Code	`dict1={'과일':['사과','배'],'채소':['토마토', '당근']}` `print(dict1)`
Result	{'과일': ['사과', '배'], '채소': ['토마토', '당근']}

다른 자료구조는 dict() 함수를 사용하여 딕셔너리 구조로 변환할 수 있다. 이때, key가 존재해야하기 때문에 이점에 유의해야 한다. 리스트 형태를 딕셔너리로 변환하기 위해서는 리스트안에 리스트가 존재해야 한다. 리스트 안에서 하나의 항목을 다시 리스트로 묶어 주는 형태이다.

Code	`fruit_list=[['사과',2000],['배',2500],['바나나',5000]]`
	`fruit=dict(fruit_list)`
	`print(fruit)`

Result	{'사과': 2000, '배': 2500, '바나나': 5000}

딕셔너리가 다른 데이터 구조와 가장 큰 차이점은 key가 존재한다는 것이다. 딕셔너리를 올바르게 활용하기 위해서는 딕셔너리에 어떤 key가 존재하는지를 알아야 한다. keys()라는 함수를 이용하여 key값을 확인 할 수 있다.

Code	`fruit={'사과':2000,'배':2500,'바나나':5000}` `print(fruit.keys())`
Result	dict_keys(['사과', '배', '바나나'])

딕셔너리에서는 항목을 반환하기 위해서는 key를 이용한다.

Code	`fruit={'사과':2000,'배':2500,'바나나':5000}`
	`print(fruit['배'])`
	`print(fruit.get('배'))`

Result	2500 2500

기존의 딕셔너리에 새로운 항목을 삽입하려면 아래 그림과 같은 방법으로 간단하게 삽입할 수 있다. 또한 동일한 방법으로 기존 항목을 수정할 수도 있다.

형식

```
딕셔너리이름[key]=value
```

▲ 딕셔너리의 항목 삽입

person이라는 딕셔너리에 직업이라는 새 항목을 추가하여 보자. 아래 코드와 같이 딕셔너리 이름 person을 적고 대괄호[ ] 안에 key로 사용할 값을 적고 대입연산자(=) 이후에 값을 대입해 주면 된다. 또한 딕셔너리에 있는 몸무게의 값을 60으로 변경하려면 삽입하는 방법과 동일하게 person['몸무게'] = 60이라고 하면 몸무게가 수정된다.

Code

```
person={'이름':'정은미','나이': 27, '몸무게':56}
person['직업']='선생님'   #직업 추가
person['몸무게']=60        #몸무게 값 수정
print(person)
```

Result

```
{'이름': '정은미', '나이': 27, '몸무게': 60, '직업': '선생님'}
```

수정 추가

기존 딕셔너리에서 항목을 삭제하는 방법은 del 키워드를 사용하면 된다. del 키워드 다음에 삭제할 딕셔너리이름[key]를 입력하면 해당 항목이 삭제된다. 위의 코드에서 나이 항목을 삭제하려면 del person['나이']라고 하면 나이 항목이 삭제된다.

Code

```
del person['나이']
print(person)
```

Result

```
{'이름': '정은미', '몸무게': 60, '직업': '선생님'}
```

딕셔너리의 key( )라는 메소드는 딕셔너리의 key들을 리스트 형태로 반환하며, values( ) 메소드는 딕셔너리의 값들을 리스트 형태로 반환한다. person.keys( )에 의해 키값이 ['이름', '나이', '몸무게'] 라는 원소를 가진 리스트로 출력이 되고, person.values( )에 의해 값들이 ['정은미',27,56]이라는 원소를 가진 리스트가 출력된다.

Code	`person={'이름':'정은미','나이': 27, '몸무게':56}`
	`print('딕셔너리 key:', person.keys())`
	`print('딕셔너리 values:', person.values())`

Result	`딕셔너리 key: dict_keys(['이름', '나이', '몸무게'])` `딕셔너리 values: dict_values(['정은미', 27, 56])`

튜플

튜플은 리스트와 유사하게 여러 개의 요소를 가지는 컬렉션 자료형이지만, 가장 큰 다른 점은 리스트와 달리 수정, 삭제, 추가가 불가능하다는 특징을 가진 자료형이다. 리스트에 비해 사용 빈도가 매우 낮은 데이터 구조이지만 공간 확보성, 비변화성, 함수의 인자로 사용 등 여러 이유로 튜플을 사용하게 된다. 튜플은 요소들을 '('로 시작해서')'로 묶여주고 괄호() 안에 항목들을 콤마로 구분하여 넣어주면 된다.

튜플의 특징

- 값을 변경할 수 없다
- 여러 자료를 함께 담을 수 있는 자료형
- ( ) 소괄호로 묶어서 표현
- 시퀀스 자료형으로 인덱싱, 슬라이싱이 가능
- in 연산자로 tuple안에 원소 확인 가능
- len( )함수로 길이 확인 가능
- 자료 추가, 삭제 변경 불가
- 한 번 만들어지면 고정

튜플을 생성하는 기본적인 방법은 소괄호()를 이용하여 여러 항목을 묶어주는 방식이다. 아래 표는 튜플을 선언하는 여러 가지 방법이다.

◆ 튜플 생성 방법

빈 튜플 생성	tuple_zero=()
하나의 요소를 가진 튜플 생성	tuple_one=(1,)
기본적인 튜플 생성	tuple_=(1,2,3,4,5)
간단한 튜플 생성	tuple_=1,2,3,4,5
리스트로부터 튜플 생성	list1=[1,2,3,4,5] tuple_=tuple(list1)

Code	Result

`number=(1,2,3,4)`
`print(number)`
`print(type(number))`
	`(1, 2, 3, 4)`
	`<class 'tuple'>`

다음 예제를 통해 튜플의 생성과 사용 방법을 살펴보자. 튜플 안의 각 항목은 리스트와 같은 방법으로 항목 값을 참조할 수 있다. my_tuple = ('t', 'w', 'i', 'c', 'e')에 의해 튜플을 생성 한 후, my_tuple[1]은 튜플의 1 번째 인덱스에 해당하는 값을 참조하게 된다. 따라서 'w'가 출력된다. 리스트와 마찬가지로 슬라이싱도 가능하다. [2:4]는 2, 3번째 인덱스 값을 튜플로 반환, 그 결과는 튜플 ('i', 'c')가 된다. 튜플은 시퀀스 자료형으로 in 연산자를 통해 튜플 안에 값이 존재하는지를 확인할 수 있다. 't' in my_tuple은 't'가 my_tuple의 원소이므로 참이 되어 결과가 True가 된다. len(my_tuple)은 튜플의 원소의 개수를 반환함으로 결과는 5가 된다.

Code

```
my_tuple = ('t','w', 'i', 'c', 'e')
print(my_tuple[1]) # 'w'
print(my_tuple[2:4]) # ('i', 'c')
print('t' in my_tuple) # True
print(len(my_tuple)) # 5
```

Result

```
w
('i', 'c')
True
5
```

튜플은 인덱싱과 슬라이싱은 가능하지만, 값을 추가하거나 삭제 또는 값을 변경할 수 없다.

append( ) 메소드로 추가 또는 remove( ) 메소드로 삭제를 시도하면 'AttributeError'가 발생한다. my_tuple[1]='s'라고하면 'typeError'가 발생한다.

Code	

Code	`print(my_tuple.append('!')) # AttributeError`
	`print(my_tuple.remove('w')) # AttributeError`
	`my_tuple[1] = 's' # TypeError`

Result	`AttributeError                          Traceback (most recent call last)`
	`<ipython-input-25-a29b6859c3f6> in <module>()`
	`      1`
	`----> 2 print(my_tuple.append('!')) # Error`
	`      3 print(my_tuple.remove('w')) # Error`
	`      4 my_tuple[1] = 's' # Error`
	
	`AttributeError: 'tuple' object has no attribute 'append'`

● 집합(set)

set은 수학에서 말하는 집합과 비슷하다. 집합은 연산에 사용, 중복이 불가능하며, 순서와 무관하다. 중괄호를 사용하는 것은 딕셔너리(dictionary)와 비슷하지만 key가 없다. set을 생성하는 방법은 중괄호를 사용하는 방법과 set 생성자를 사용하는 2가지 방법이 있다. 아래 예제에서 s={ }할 경우 빈 딕셔너리를 생성한다. type() 함수로 자료형을 확인해 보면 딕셔너리 자료형이다. 그럼 빈 집합을 생성하려면 set 생성자인 set()을 사용한 후 type()함수로 확인해 보면 'set' 자료형으로 출력되는 것을 확인할 수 있다.

Code	Result

`s={}`
`print(type(s))`
`s=set()`
`print(type(s))`
	`<class 'dict'>`
	`<class 'set'>`

set 생성자에 iterable한 객체를 인자로 넣으면 set으로 변환하여 set을 만들어 준다. 물론 set 생성자 없이 바로 중괄호 안에 값을 넣어도 된다. 또한 중복된 값은 자동으로 중복을 제거해 준다.

Code	Result

`s1={1,2,3,4}`
`s2=set([1,3,5,7,7])`
`print(s1)`
`print(s2)`
	`{1, 2, 3, 4}`
	`{1, 3, 5, 7}`

set(집합)은 순서가 없다. 어떤 값이 나올지 알 수가 없다. for-in을 통해 set의 값을 하나씩 가져와 출력해 보면 순서가 없음을 알 수 있다.

Code	Result
`for i in {1, 2, 4, 8, 16,32}:` `  print(i, end=' ')`	32 1 2 4 8 16

두 집합 a={1,2,3,4,5,6}, b={4,5,6,7,8,9,10}가 있을 때 아래 그림은 두 집합의 포함관계를 나타내는 벤다이어그램이다. 그리고 이 집합에 대한 합집합, 교집합, 차집합 등을 파이썬 연산을 통해 쉽게 구할 수 있다.

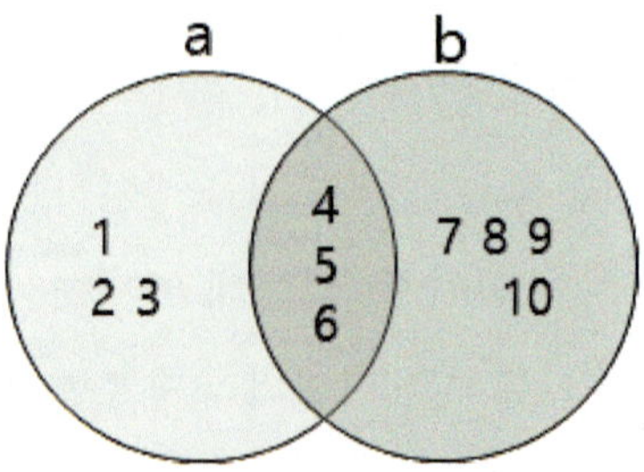

▲ 집합 a와 b의 포함관계

집합 연산자	설명
add(x)	집합에 x값을 가지는 원소를 추가
discard(x)	집합에서 x값을 가지는 원소를 삭제
| or .union(집합)	합집합
& or .intersection(집합)	교집합
or .difference(b)	차집합

Code

```
a = {1, 2, 3, 4, 5}
b = {4,5,6,7,8,9,10}
c = a | b       #합집합
d=a.union(b)    #합집합
print(c)
print(d)
```

Result

```
{1, 2, 3, 4, 5, 6, 7, 8, 9, 10}
{1, 2, 3, 4, 5, 6, 7, 8, 9, 10}
```

Code

```
a = {1, 2, 3, 4, 5,6}
b = {4,5,6,7,8,9,10}
c = a & b               #교집합
d=a.intersection(b)     #교집합
print(c)
print(d)
```

Result

```
{4, 5, 6}
{4, 5, 6}
```

'a-b'라고 하면 a 집합에서 빼고자 하는 b 집합과의 교집합을 제외하고, 온전히 a 집합에만 속한 원소를 포함한다.

Code	Result

`a = {1, 2, 3, 4, 5,6}`
`b = {4,5,6,7,8,9,10}`
`c = a - b                #차집합`
`d=a.difference(b)    #차집합`
`print(c)`
`print(d)`
	`{1, 2, 3}`
	`{1, 2, 3}`

1.4 제어문

제어흐름(Flow of Control)이란 프로그램에서 실행되는 문장들의 실행순서로 특별히 지정하지 않으면 프로그램의 실행은 첫 번째 문장에서 시작하여 한번에 한 문장씩 순차적으로 실행된다. Control Construct(제어 구조) 또는 Control Statement(제어문)은 프로그램에서 실행되는 문장들의 실행 순서를 제어하는(변경할 수 있는) 문장을 뜻한다. 파이썬에서 제어구조는 조건문, 반복문, 분기문, 함수 호출 등이 제어 흐름, 즉 실행 순서를 변경할 수 있다.

◆ 순차문

지금까지 작성한 파이썬 프로그램은 아래 그림과 같이 위에서부터 순차적으로 프로그래밍 실행되는 순차적 구조이다. 이처럼 순차적으로 실행되는 문장을 순차문이라고 한다. 아래 순서도와 같이 위에서부터 순차적으로 수행되어 num변수의 값이 순차적으로 1에서 2로 2에서 3으로 변경되어 1, 2, 3이 출력된다.

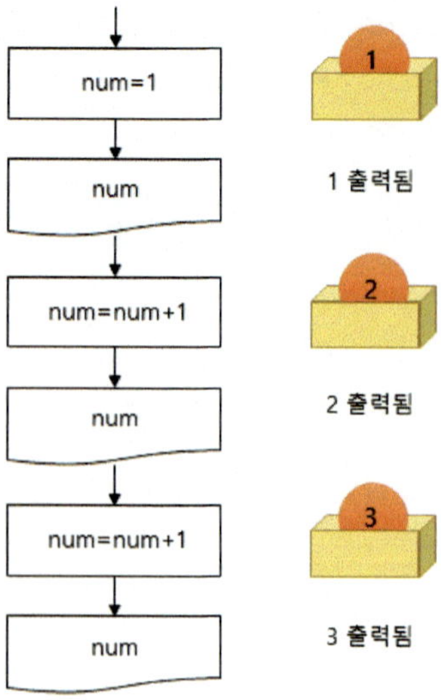

Code	num=1 print(num) num=num+1 print(num) num=num+1 print(num)
Result	1 2 3

▲ 순차적 구조

◆ 선택문

어떠한 상황에 따라 서로 다른 출력 결과를 나타낼 경우 선택문을 사용한다. 어떠한 상황은 조건식으로 표현할 수 있으며, 조건식은 비교연산자와 논리 연산자를 사용해 표현할 수 있다. 이때 조건식의 반환값은 True 또는 False이다. 조건이 True인 경우 문장1을 수행하고 문장2를 순차적으로 수행한다. 만약 조건이 False이면 문장1은 수행하지 않고 제어의 흐름이 문장2로 가서 문장2만 수행하게 된다. 선택문의 시작은 키워드 if로 시작한다. 그 뒤에 조건식을 적고 반드시 콜론(:) 입력 해 주어야 한다. 콜론이 나타난 뒤에는 설정된 조건이 참일 때에 실행될 코드를 입력해 주면 된다. 이때 참일 경우에 수행되는 코드는 반드시 들여쓰기를 해야 한다. 들여쓰기는 if문 조건문에 속한 하위 블록임을 나타내는 것이다. 문장2는 조건과 상관없이 수행되는 수행문이다.

◆ 조건문의 순서도와 프로그램 구조1

순서도	if문
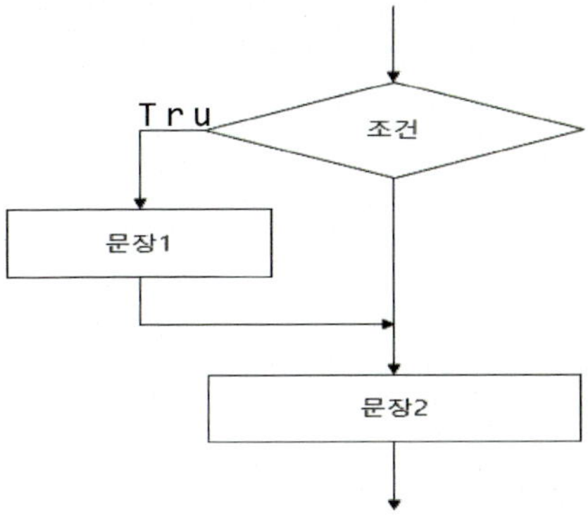 	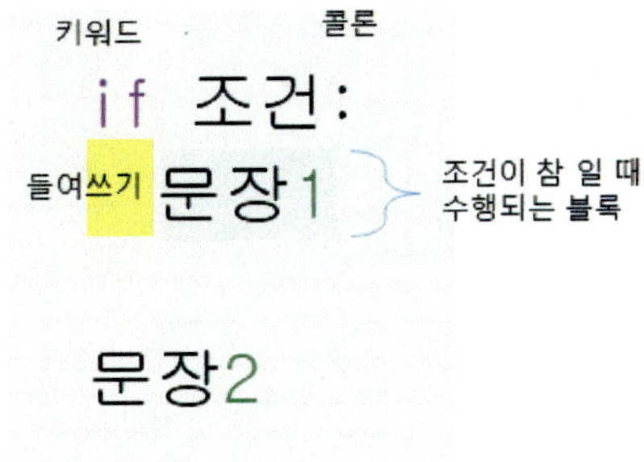

아래 코드에서 age가 20 미만인 경우에만 '청소년 할인적용'이 출력되고 '입장권 발급'은 조건과 상관없이 출력됨을 확인할 수 있다.

Code	age=15
	
	if age<20:
	  print('청소년 할인적용')
	print('입장권 발급')
		age=20
		
		if age<20:
		  print('청소년 할인적용')
		print('입장권 발급')

Result	청소년 할인적용 입장권 발급	입장권 발급

선택문의 두 번째 유형은 조건식이 True인 경우와 False인 경우에 수행해야 하는 문장이 서로 다를 경우에 사용한다. if-else문 프로그램 구조는 조건이 참일 때 문장1을 수행하고 조건이 거짓일 경우 else문 블록의 문장2를 수행한다. 문장3은 조건과 상관없이 수행되는 문장이다.

순서도	if-else문
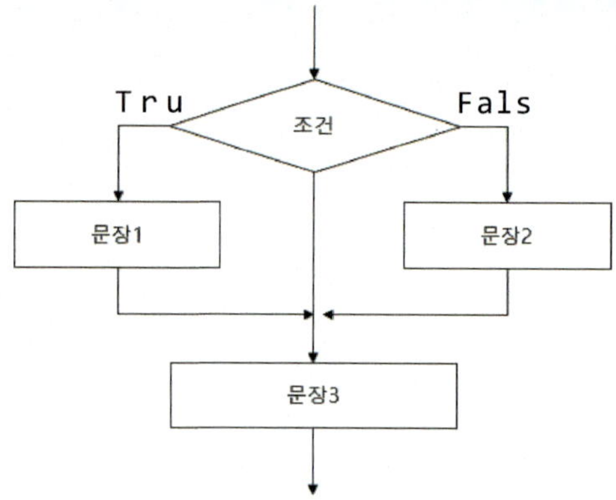	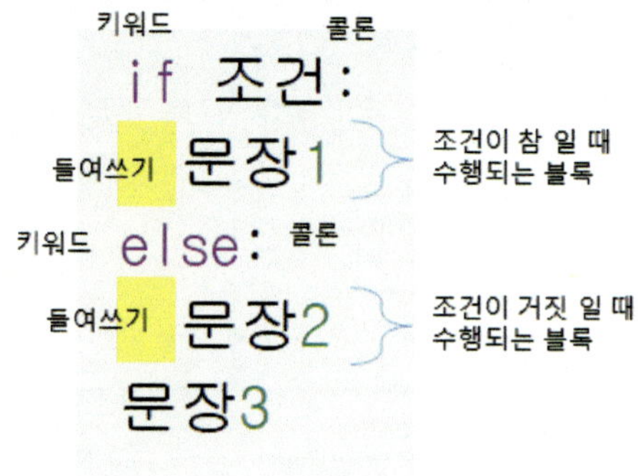

아래 코드는 오전 오후를 판별하는 프로그램이다. hour가 12미만이면 '오전', 12 이상이면 '오후'가 출력된다. 12 이상은 12 미만의 배타적 관계이다. 이러한 조건식의 처리는 if-else문을 사용하기에 적당하다.

Code	hour=5
	if hour<12:
	  print('오전')
	else:
	  print('오후')
		hour=13
		if hour<12:
		  print('오전')
		else:
		  print('오후')

Result	오전	오후

여러 조건을 동시에 만족해야 하거나, 특정 범위를 판단해야 하는 등의 복잡한 조건식을 만들기 위해서는 비교 연산자와 논리 연산자를 함께 사용해야 한다. and는 조건이 '그리고', '이면서', '이고' 등으로 연결되는 조건을 표현할 때 사용되며, '이거나', '또는' 으로 연결되는 조건에는 or를 사용하면 된다.

연산	연산자	피연산자 자료형	결과 값
부정 /Logical NOT	not a	진리값	a가 False(거짓)이면 True(참), 그렇지 않으면 False(거짓)
논리곱 /AND	a and b	진리값	a, b 모두 참이면 True(참), 그렇지 않으면 False(거짓)
논리합 /OR	a or b	진리값	a, b 중 적어도 하나가 참이면 True(참), 그렇지 않으면 False(거짓)

논리 연산시 주의사항을 아래 코드를 통해 살펴보자. 논리 연산의 경우 두 가지의 조건에서 앞의 조건을 확인한 후, 뒤의 조건을 확인한다. 이때 논리합(or)의 경우 앞의 조건이 참이면 뒤의 조건을 비교하지 않고 True를 반환한다. 만약 앞의 조건이 거짓일 경우 뒤의 조건을 검사하게 되는데 조건이 아닌 상수일 경우 상수를 대입해 버린다. 논리곱(and)의 경우 논리합(or)과 마찬가지로 앞의 조건을 검사 후, 뒤의 조건을 검사한다. 이 역시 앞의 조건에서 False가 반환되지 않으면 뒤의 조건에서 상수를 그대로 대입한다.

Code	Result

`a=(7>3) or 0`
`b=(7<3) or 1`
`c=(7>3) and 2`
`d=(7<3) and 3`
`print(a)`
`print(b)`
`print(c)`
`print(d)`
	True
	1
	2
	False

윤년을 판별하는 프로그램을 작성해 보자. 윤년의 규칙은 아래와 같다. 조건1을 만족하거나 조건2를 만족하면 윤년이다.

윤년 규칙

- 조건1: 4의 배수이면서 100의 배수가 아닌 경우
- 조건2: 400의 배수인 경우

Code

```
year=int(input('희망년도를 입력: '))
if(year%4==0) and (year%100!=0) or (year%400==0):
    print('윤년')
else:
    print('평년')
```

Result

```
희망년도를 입력: 2022
평년
```

if-else문을 사용하여 여러 번 들여쓰기를 한 코드를 아래 그림과 같이 작성할 수 있다. else: if를 하나의 문장 elif 문으로 변경하여도 문제가 없다. elif문을 사용해 다중 조건으로 문장을 고치면 다양한 조건을 나열할 수 있고 조건을 한꺼번에 파악하기 쉬워진다.

```
if score>=90:
  statement1
else:
  if score>=80:
    statement2
  else:
    statement3
```

→

```
if score>=90:
  statement1
elif score>=80:
  statement2
else:
  statement3
```

▲ 다중 조건 elif문

elif를 사용해 등급을 판별하는 코드를 작성해 보자.

Code

```
score=int(input('점수 입력: '))
if score>=90:
  grade='A'
elif score>=80:
  grade='B'
elif score>=70:
  grade='C'
elif score>=60:
  grade='D'
else:
  grade='F'
print('등급 :',grade)
```

Result

```
점수 입력: 95
등급 : A
```

◆ 반복문

● for 반복문

반복문이란 하나 이상의 특정 명령을 계속 반복하거나 특정 횟수를 주어 해당 횟수만큼 반복적으로 실행할 때 사용한다. for 반복문은 먼저 키워드 for를 선언한 뒤 바로 이어 반복되는 루프에서 값이 바뀌는 제어변수가 나타난다. 제어변수 다음에는 in 키워드가 오고, for문도 if문과 마찬가지로 마지막에 콜론(:)을 표기해야 한다. 이어서 제어변수가 반복적으로 값을 가져올 내용이 온다. 이때 반복할 문장은 블록으로 들여쓰기를 하여야 한다.

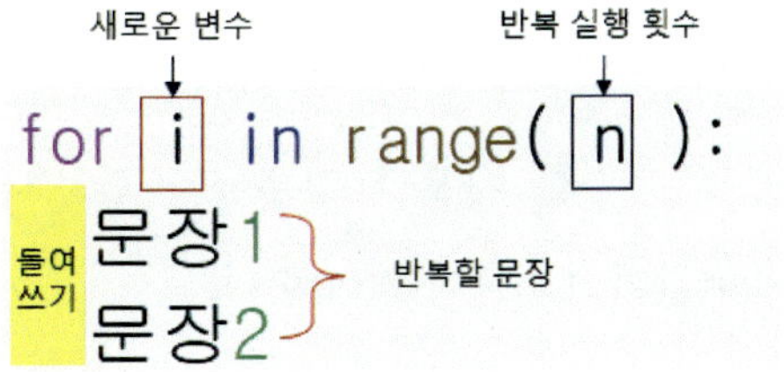

▲ for in range()구문

range는 구간 또는 범위를 의미한다. range()함수는 특정 구간의 정수 시퀀스를 생성한다. 예를 들어 range(10)이라고 하면 0부터 9까지의 정수 10개의 정수 열을 차례로 생성한다. 자신의 이름을 5번 출력하는 코드를 for문으로 구현하면 아래 코드와 같다.

Code	Result
`for i in range( 5 ):` `  print('정은미')`	정은미 정은미 정은미 정은미 정은미

range()함수에 대해서 좀 더 알아보자. 오른쪽 그림은 range()함수의 사용법이다. start와 end 매개 변수 값은 생략할 수 있다. 생략할 경우 start는 0으로 end는 1로 설정된다. range()함수가 반환하는 값은 list()함수를 이용하여 리스트로 바꿀 수 있다.

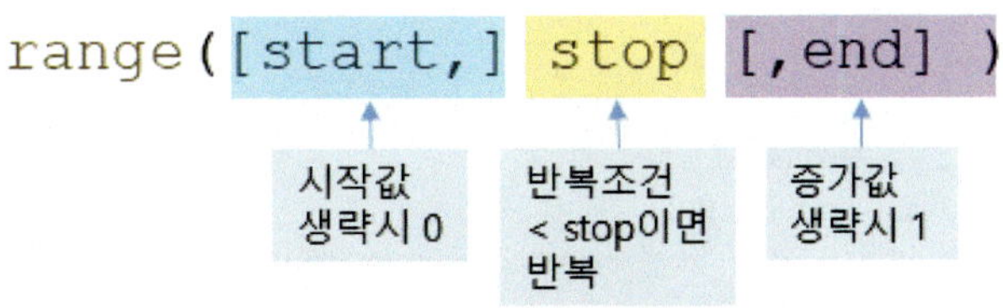

▲ range()함수 사용법

range()와 list()함수를 사용하여 range() 함수 반환 값에 대해 실습해 보자. range(5)는 0부터 4까지의 정수 시퀀스를 생성한다. range(1, 5)는 1부터 4까지의 정수열을 생성, range(1, 10, 1)은

1부터 9까지의 정수열 생성, range(2,11,2) 2부터 10까지의 짝수 수열 생성, range(10,0, -1)은 10부터 1까지 -1씩 감소하는 수열을 생성한다. 증가값으로 음수를 사용할 경우에는 반드시 start값이 stop보다 커야 한다.

code	list(range(1,5))
result	[1, 2, 3, 4]
code	list(range(1,10,1))
result	[1, 2, 3, 4, 5, 6, 7, 8, 9]
code	list(range(2, 11,2))
result	[2, 4, 6, 8, 10]
code	list(range(10,0, -1))
result	[10, 9, 8, 7, 6, 5, 4, 3, 2, 1]

range()함수의 인자들을 어떻게 설정하느냐에 따라 for문에서 사용할 범위의 값이 결정된다. 이를 토대로 1부터 10까지의 합을 구하는 프로그램을 작성해 보자. 먼저 range()함수를 통해 1부터 10까지 정수열을 얻기 위해서는 start는 1, stop은 11, end는 1로 인수를 전달하면 된다. 이때 end는 1이므로 생략이 가능하다. range(1,11)을 통해서 얻은 정수열을 누적하기 위해서는 합을 기억시킬 변수가 필요하다. sum은 i값을 누적하기 위해서 초기 할당값이 필요하다. 따라서 sum의 초기값으로 0을 설정해주어야 한다. for루프가 수행될 때마다 증가하는 i값을 누적하여 sum을 업데이트해주어야 하므로 +=이라는 대입문을 사용한다. sum+=i는 sum=sum+i문장을 축약한 문장으로 sum에 기억된 값을 가져와 i와 더한 후 sum값을 업데이트한다.

<table>
<tr><th>Code</th><th>Result</th></tr>
<tr><td><pre>#1+2+...+10=55
sum=0
for i in range(1,11):
  sum+=i
print(sum)</pre></td><td>55</td></tr>
</table>

range()구문을 이용한 for문 외에도 for문은 리스트와 문자열과 함께 사용해서 리스트나 문자열의 값을 차례대로 순회하면서 실행할 수 있다. 리스트는 [ ]로 표시하고, 안의 원소는 ,(쉼표)로 구분하여 저장한다. 아래 그림은 for-in에서 리스트를 사용하는 구문이다. numbers 리스트를 순서대로 순회하면서 차례대로 값을 가져와 n에 저장 후, 문장1을 반복 수행한다.

아래 코드는 numbers라는 리스트 변수에 [10,20,30,40,50]이라는 값이 여러 개 저장되어 있으며, for-in 다음에 numbers라는 리스트가 나타나면 리스트의 모든 항목을 하나씩 순차적으로 가져와 반복적으로 n에 할당하기 때문에 print() 문을 5번 수행하게 된다.

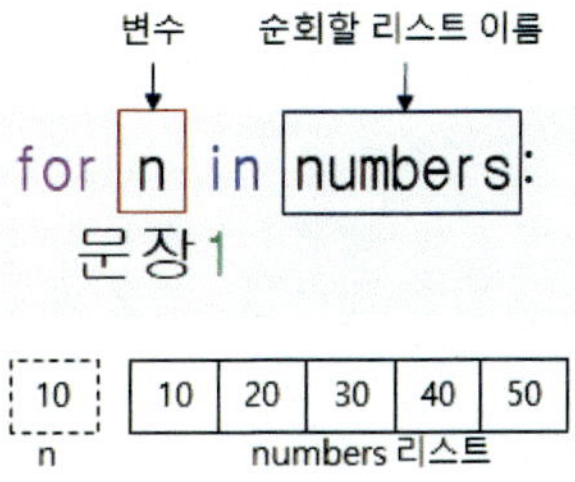

▲ for문과 리스트

Code

```
numbers=[10,20,30,40,50]  #리스트
for n in numbers:
  print(n, end=' ')
```

Result

```
10 20 30 40 50
```

다음 코드는 리스트 안의 원소들의 합을 구하는 프로그램이다.

Code

```
numbers=[10,20,30,40,50]  #리스트
sum=0
for n in numbers:
  sum+=n
  print(n, end='+')
print('=',sum)
```

수정 → `print('Wb=',sum)`

Result

```
10+20+30+40+50+= 150
```

→

```
10+20+30+40+50= 150
```

문자열 자료형도 문자들의 열이므로 for-in 구문 뒤에 문자열을 위치시켜 문자 단위로 분리해서 순회할 수 있다. 다음 코드를 실행시켜 보자.

Code

```
for ch in 'Hello':
  print(ch, end=' ')
```

Result

```
H e l l o
```

for문을 이용하여 2단 구구단을 출력해 보자. 구구단을 출력하기 위해서는 단의 수에 1에서 9까지 곱한 결과가 필요하다. 곱해지는 수는 range(1,10)이 된다. 2단을 출력하기 위해 formatting을 사용하여 print( )함수의 ''앞에 f를 붙어주고 { }안에 변수명과 수식을 넣어 좀 더 편하고 예쁘게 구구단을 출력 할 수 있다. 이때 곱한 결과가 최대 2자리 수로 2자리에 맞추어 오른쪽 정렬을 하고 싶다면 {2*i:2d}라고 해주면 된다.

Code	`for i in range(1,10):` `  print(f'2 X {i}={2*i}')`
Result	2 X 1=2 2 X 2=4 2 X 3=6 2 X 4=8 2 X 5=10 2 X 6=12 2 X 7=14 2 X 8=16 2 X 9=18

다음은 구구단 전체를 중첩 루프를 이용해 출력해 보자. 먼저 단은 2단에서 9단까지 있다. 단은 range(2, 10)으로 표현할 수 있다. 그리고 각 단마다 곱해지는 수는 1에서 9까지 이므로 range(1, 10)으로 표현하면 된다. 따라서 이를 구현하기 위해서는 중첩 for문이 필요하다. 아래 상단 코드는 2단만 출력하는 코드이다. 이때 붉은색 박스 부분을 2단에서 9단까지 8번 반복시키면 된다. 이때 안쪽 for 문에서는 출력시 줄바꿈을 하면 안 되므로 end=' '라는 인수를 사용해 줄바꿈 대신 공백을 출력하도록 한다. 단이 새롭게 시작되기 전에 줄을 바꾸기 위해서 안쪽 루프가 끝남과 동시에 print()를 사용해 줄을 바꾸어 주면 구구단이 완성된다.

Code

```
dan=2
for i in range(1,10):
  print(f'{dan} X {i}={dan*i}')
```

Code

```
for dan in range(2, 10):
  for i in range(1,10):
    print(f'{dan} X {i}={dan*i:2d}', end='    ')
  print()
```

Result

```
2 X 1= 2   2 X 2= 4   2 X 3= 6   2 X 4= 8   2 X 5=10   2 X 6=12   2 X 7=14   2 X 8=16   2 X 9=18
3 X 1= 3   3 X 2= 6   3 X 3= 9   3 X 4=12   3 X 5=15   3 X 6=18   3 X 7=21   3 X 8=24   3 X 9=27
4 X 1= 4   4 X 2= 8   4 X 3=12   4 X 4=16   4 X 5=20   4 X 6=24   4 X 7=28   4 X 8=32   4 X 9=36
5 X 1= 5   5 X 2=10   5 X 3=15   5 X 4=20   5 X 5=25   5 X 6=30   5 X 7=35   5 X 8=40   5 X 9=45
6 X 1= 6   6 X 2=12   6 X 3=18   6 X 4=24   6 X 5=30   6 X 6=36   6 X 7=42   6 X 8=48   6 X 9=54
7 X 1= 7   7 X 2=14   7 X 3=21   7 X 4=28   7 X 5=35   7 X 6=42   7 X 7=49   7 X 8=56   7 X 9=63
8 X 1= 8   8 X 2=16   8 X 3=24   8 X 4=32   8 X 5=40   8 X 6=48   8 X 7=56   8 X 8=64   8 X 9=72
9 X 1= 9   9 X 2=18   9 X 3=27   9 X 4=36   9 X 5=45   9 X 6=54   9 X 7=63   9 X 8=72   9 X 9=81
```

while 반복문

while 반복문은 조건이 참인 동안 계속 실행을 반복하는 문장이다. 즉 아래와 같이 if문이 참일 때는 한번만 수행하지만, while 문은 조건이 참인 동안 계속 반복해서 수행한다. 아래와 같이 주어진 조건이 만족하는 동안 문장을 반복 실행하는 구조이다.

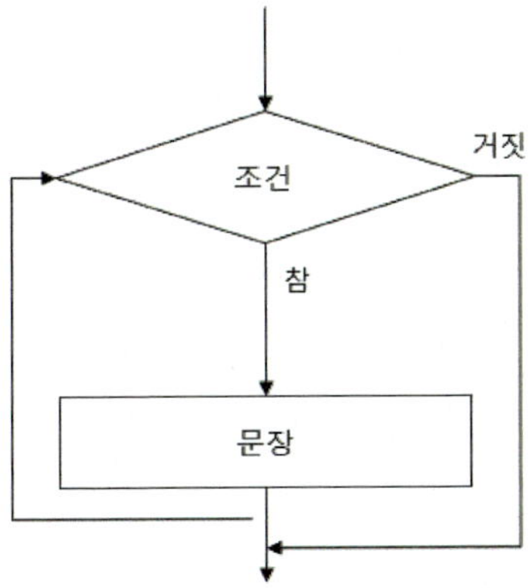

▲ while문 흐름도

◆ if문과 while문

if문	while문

i=1
if i<5:
  print(i, end=' ')
  i+=1
 	
1
	i=1
	while i<5:
	  print(i, end=' ')
	  i+=1
	
	1 2 3 4

while문은 if문과 유사하다. 즉 키워드 while문 다음에 조건식을 나타내고 콜론(:)을 붙여 준다. 조건이 참인 동안에 수행 되어야 할 코드는 들여쓰기를 한 후 작성을 하면 조건이 참인 동안 반복해서 수행하게 된다.

◆ while문 형식과 예시

형식	예시

초기 값 설정
while 조건식:
  실행할 코드 블록
	i=1 조기값 설정
	while i<5: 조건식
	  print('Hello!')
	  i+=1
	} 반복 실행할 블록

다음 코드는 for 반복문을 while 반복문으로 표현한 코드이다. for반복문에서 i는 0부터 1씩 증가하면서 5보다 작을 때까지 print( )문을 반복 수행한다. 이를 while 반복문으로 작성하면 i변수는 while문 이전에 0으로 초기화 되어야 한다. while 조건식에는 i가 5보다 작을 때까지 수행해야 하므로 i<5라는 조건식을 만들어 주어야 하며, 실행할 코드에는 print( )문과 함께 조건변수(i)가 1씩 증가하도록 해야 한다. 만약 조건변수의 변화식을 주지 않으면 무한루프에 빠지게 된다.

◆ for문과 while문

<table>
<tr><th>for문</th><th>while문</th></tr>
<tr><td><pre>for i in range(5):
  print('Hello!')</pre></td><td><pre>i=0
while i<5:
  print('Hello!')
  i+=1</pre></td></tr>
</table>

다음 코드는 양수 n을 입력받아 1~n까지의 합을 구하는 코드이다. 1에서 n까지 1씩 변화는 변수(k)의 초기값은 1로 설정, while문의 조건은 n보다 적거나 같을 동안 누적 덧셈 문을 수행하면 된다. 이 때 누적 합을 기억할 변수도 0을 할당하여 생성하여야 한다.

Code

```
n=int(input("n? "))
k=1
s=0
while k<=n:
  s+=k
  k+=1
print(f'1부터 {n}까지의 합은 {s}')
```

Result

```
n? 5
1부터 5까지의 합은 15
```

break와 continue

break와 continue는 반복문을 제어하는 키워드로 반복문 실행 중에 반복문을 강제 종료하거나, 나머지 실행부를 건너뛰고 계속 반복 루프를 실행하고 싶을 때 사용한다. 반복문 내에서 break 문을 만나면 반복문의 실행이 중단되고 반복문 다음에 위치한 문장이 실행된다. 반복문의 흐름을 복잡하게 만들 수 있으므로 되도록 사용을 자제해야 한다. 중첩 반복문 내에서의 break문은 가장 가까운 반복문만을 탈출한다.

다음 코드는 1에서부터 순차적으로 수열의 합을 구하다가 합이 최초로 1000 초과할 때 반복문을 벗어나 수열의 마지막 값과 합을 출력하는 프로그램이다.

Code	`s=0`
	`for i in range(1,100):`
	`  s+=i`
	`  if s>1000:`
	`    break;`
	
	`print(f'1+...+{i}={s}')`

Result	1+...+45=1035

다음 코드는 문자열에서 한 문자씩 가져와 그 문자가 모음이면 반복문을 종료하는 프로그램이다. for반복문에서 string1 문자열 변수에서 한 글자씩 꺼내서 ch에 대입한다. if문에서 리스트 안에 있는 값 중 하나에 해당하면 즉, 모음에 해당하면 break를 하게 된다.

Code	`string1='Python'`
	`for ch in string1:`
	`  if ch in ['a','e','i','o','u']:`
	`    break`
	`  print(ch)`

Result	P y t h

While문 조건식을 True라고 하면 항상 참이 되어 무한 루프가 된다. 이때 입력받은 값이 음수라면 if문에서 참이 되어 break를 하게 된다. 음수가 아니라면 계속적으로 루프를 수행하게 된다.

Code	`while True:`
	`  n=int(input('양수입력'))`
	`  if n<0:`
	`    break;`

Result	양수입력5 양수입력6 양수입력-1

break을 수행하면 무조건 반복문을 탈출하게 되는 반면, continue는 continue아래 문장을 건너뛰는 역할을 한다. 즉 반복문이 종료되는 것이 아니라 제어의 흐름을 변경시켜 주는 역할을 한다. 모음을 만났을 때 종료했던 프로그램에서 break를 continue로 수정하면 프로그램은 어떻게 되는지 실습을 통해 살펴보자. break예제와 마찬가지로 string1에는 'Python'이라는 문자열이 할당되어 있고, 이 문자열에서 한 글자씩 ch에 대입하여 반복문을 수행하게 된다. 이때 break 대신 continue를 넣게 되면 모음일 경우 print( )이 건너뛰는 것을 확인 할 수 있다. 따라서 자음만 출력하고, 모음은 출력하지 않는다.

Code	`string1='Python'`
	`for ch in string1:`
	`  if ch in ['a','e','i','o','u']:`
	`    continue`
	`  print(ch)`

Result	P y t h n

리스트 내포는 대괄호([ ])안에 for, in, if 키워드를 사용하여 리스트를 생성하는 구문이다. 리스트 내장 또는 지능형 리스트라고도 하며, 이 방법을 사용하면 특정한 규칙을 가진 리스트를 생성하기가 매우 쉽고 간결해진다. 시퀀스에는 범위(range), 리스트(list), 문자열(string)이 올 수 있으며, 시퀀스 안에 있는 값들을 하나씩 변수에 넣고, 조건식으로 판정하여 참일 경우 변수를 표현식에 넣어 그 결과를 리스트의 값으로 추가한다. 이때 조건식은 생략할 수 있다.

형식

```
리스트명= [표현식 for 변수 in 시퀀스 if 조건식]
```

▲ 리스트 내포 형식

다음은 리스트 내포 사용 예제이다. list1=[n for n in range(1, 11)] 은 1부터 10까지 숫자를 리스트 list1에 할당한다. list2=[n for n in range(1,10) n%2==1]은 1부터 9사이의 홀수를 리스트 list2에 할당한다. list3=[n*2 for n in a]는 리스트 a에 들어있는 요소 값의 2배를 구하여 리스트

에 저장한다. list4=[n for n in 'python']은 문자열 'python'을 한 글자씩 분리하여 리스트 list4에 저장한다.

Code	`list1=[n for n in range(1,11)]` `list1`
Result	`[1, 2, 3, 4, 5, 6, 7, 8, 9, 10]`
Code	`list2=[n for n in range(1,10) if n%2==1]` `list2`
Result	`[1, 3, 5, 7, 9]`

Code	`a=[1,3,5,7,9]`
	`list3=[n*2 for n in a]`
	`list3`

Result	`[2, 6, 10, 14, 18]`
Code	`list4=[n for n in 'python']` `list4`
Result	`['p', 'y', 't', 'h', 'o', 'n']`

리스트나 문자열처럼 순서가 있는 자료형을 시퀀스 자료형이라고 한다. 리스트, 문자열, 딕셔너리, 튜플, 집합은 여러 개의 항목을 가진 자료형이다. 이러한 자료형 내에 특정 항목이 포함되어 있는지를 확인하는 멤버 연산자에는 in, not in이 있다. 이러한 멤버 연산자는 그 결과를 True 또는 False로 값을 반환한다. 예제를 통해 살펴보자. [10,20,30,40]을 원소로 가지는 a리스트에서 다음과 같은 관계가 성립한다.

- 20 in a는 True이다. 20이 a리스트의 원소이므로 참이다.
- 15 in a는 False이다. 15는 a리스트의 원소가 아니므로 거짓이다.
- 20 not in a는 False이다. 20은 a리스트의 원소가 아니다는 거짓이다.
- 15 not in a는 True이다. 15는 a리스트의 원소가 아니므로 참이다.

['Apple','Banana', 'Chamwae','Durian']을 원소로 가지는 my_list에서 다음과 같은 관계가 성립한다.

- 'Banana' in my_list는 True이다. 'Banana'는 my_list리스트의 원소이므로 참이다.
- 'Banana' not in my_list는 False이다. 'Banana'는 my_list리스트의 원소가 아니다는 거짓이다.

Code	`a=[10,20,30,40]`
	`print(20 in a)`
	`print(15 in a)`
	`print(20 not in a)`
	`print(15 not in a)`

Result	True False False True

Code	`my_list=["Apple", "Banana", "Chamwae", "Durian"]`
	`print('Banana' in my_list)`
	`print('Banana' not in my_list)`

Result	True False

사용자로부터 '가위', '바위', '보'를 입력 받아서 이 값을 출력하는 프로그램을 작성하시오. 사용자로부터 '가위', '바위', '보' 중 하나의 값이 입력될 때까지 반복해서 입력을 받는다. 게임 프로그램을 작성시 잘못된 값이 입력 될 경우 게임이 정상적으로 수행되지 않는다. 초기상태로 choice=None으로 할당한다. 이때 None은 객체를 나중에 지정할 때 사용한다. not in ['가위', '바위', '보']는 리스트에 값이 존재하지 않을 시에 True를 반환한다. 따라서 '가위', '바위', '보' 중 하나의 값이 아닐 시 True가 되어 while 반복문이 계속 수행되게 된다. 이때 '가위', '바위', '보' 중 하나의 값이 들어오면 False가 되어 반복문을 종료하게 된다.

Code

```
choice=None
while choice not in ['가위','바위','보']:
  choice=input('가위, 바위, 보 중에서 선택하세요.')
print(f'선택한 값: {choice}')
```

Result

```
가위, 바위, 보 중에서 선택하세요.묵
가위, 바위, 보 중에서 선택하세요.찌
가위, 바위, 보 중에서 선택하세요.가위
선택한 값: 가위
```

1.5 함수

특정한 작업을 하는 코드의 집합이며, 호출이 될 때 실행되는 특징이 있다. 함수는 프로그램을 구성하는 기본 구성요소이다. 함수란 자주 반복되는 코드를 하나의 블록에 이름을 붙여서 정의하는 것이다. 프로그램 안에서 중복된 코드를 제거할 수 있으며, 함수를 통해 복잡한 프로그래밍 작업을 더 간단한 작업들로 분해할 수 있다. 함수는 한번 만들어지면 다른 프로그램에서도 재사용될 수 있다. 함수를 사용하면 가독성이 증대되고 유지 관리가 쉬워진다.

◆ 내장 함수

내장 함수란 파이썬 개발자들이 이미 만들어 둔 함수들이다. 이는 편리하게 가져다 쓸 수 있다. 파이썬의 내장 함수들은 외부 모듈과는 달리 import를 필요로 하지 않고, 바로 사용할 수 있도록 인터프리터에 포함되어 배포되고 있다. 앞에서 배운 input(), print()함수도 대표적인 내장함수들이다. 아래 표는 자주 사용되는 내장함수에 대한 설명이다.

◆ 내장 함수

함수명	설명	예제
abs	절대값 반환	>>> abs(-3) 【Output】3

all	반복 가능한 자료형을 입력 인수로 받아 모두 참이면 True, 하나라도 거짓이면 False를 반환	>>> all([1,2,3])
		【Output】True
		>>> all([1, 2, 3, 0])
		【Output】 False

enumerate	순서가 있는 자료형(리스트, 튜플,문자열)을 입력으로 받아 인덱스 값을 포함하는 enumerate객체를 반환	for k, name in enumerate(['I', 'Love','You']): print(i, name) 【Output】 0 I 1 Love 2 python

len	문자열 또는 시퀀스 자료형의 개수를 반환	>>> len('python')
		【Output】6
		>>> len([1,2,3,4])
		【Output】4

list	반복 가능한 자료형을 리스트로 만들어 줌	>>> list(range(4))
		【Output】[0,1,2,3]
		>>> list('python')
		【Output】['p','y','t','h','o','n']

함수명	설명	예제

max	시퀀스 자료형을 입력받아 최대값을 반환	>>> max(1,5,4)
		【Output】 5
		>>> max([7,8,9]
		【Output】 9
		>>> max('python')
		【Output】 'y'

min	시퀀스 자료형을 입력받아 최솟값을 반환	>>> max([7,8,9])
		【Output】 7
		>>> max('python')
		【Output】 'h'

sorted	시퀀스 자료형을 정렬한 후 그 결과를 리스트로 반환	>>> sorted([1, 5, 4])
		【Output】 [1, 4, 5]
		>>> sorted('python')
		【Output】 ['h', 'n', 'o', 'p', 't', 'y']

str	문자열 형태로 객체를 반환	>>> str(7) 【Output】 '7'

zip	동일한 개수로 이루어진 자료형을 묶어주는 역할을 함	>>> list(zip([1,2,3],[4,5,6]))
		【Output】 [(1, 4), (2, 5), (3, 6)]
		>>> list(zip("abc","def"))
		【Output】 [('a', 'd'), ('b', 'e'), ('c', 'f')]

◆ 사용자 정의 함수(User-defined Functions)

함수란 입력한 데이터를 받아 일련의 과정을 거쳐 결과를 반환하는 것을 의미한다. 입력 데이터를 인수(Factor), 처리하는 동작을 함수(Function), 처리한 데이터를 반환값(Return Value)라 한다. 인수가 존재하지 않을 수도 있으며, 물론 반환값이 없는 경우도 있다.

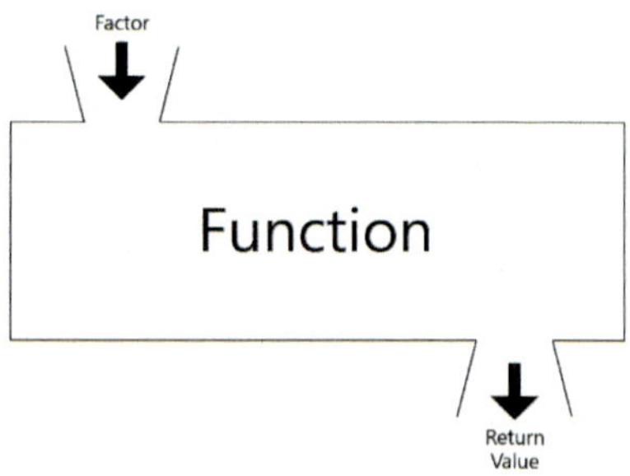

y=x+1

위와 같은 함수가 있다 하면 인수는 x, 함수는 x+1, 결과 값은 y가 됩니다. 인수가 1일 경우 함수를 통해서 결과 값은 2가 된다.

사용자 정의 함수란 사용자가 여러 코드를 묶어서 새로 만든 함수를 의미한다. 아래 그림은 사용자 정의 함수를 정의하기 위한 함수 구조이다. 함수는 함수 헤더와 함수 몸체로 이루어져 있으며, 함수 헤더에는 def키워드, 함수이름, 매개 변수들로 구성되어 있고 마지막에 콜론(:)을 찍어서 함수의 정의가 끝나지 않았음을 표시한다. 함수 몸체에는 함수가 호출 되었을 경우에 수행해야 할 문장들이 기술된다.

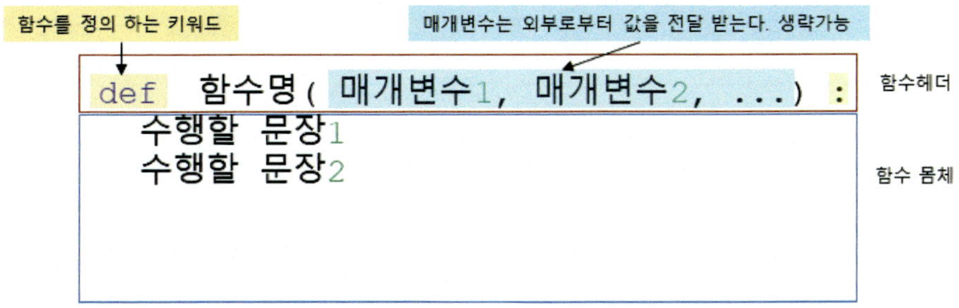

▲ 함수 구조

함수를 선언할 때는 def라는 키워드를 사용한다. def 문 다음에 함수 이름이 나오고 괄호안에 매개변수를 나열해 주면 된다. 매개변수의 다음에 닫는 괄호 옆에 콜론(:)으로 함수 헤더 작성이 끝이 난다. 함수 헤더 다음에는 함수 몸체로 이루는 코드 블록이 나타난다. 함수 몸체블록을 작성할 때는 반드시 들여쓰기를 해 주어야 한다. 수행문 마지막에는 return문으로 결과를 반환할 수도 있고, 반환할 값이 없을 경우에는 return 문을 생략할 수 있다. 사용자 정의 함수를 사용하려면 먼저 사용자 정의 함수를 선언하고, 필요시 호출하여 사용한다.

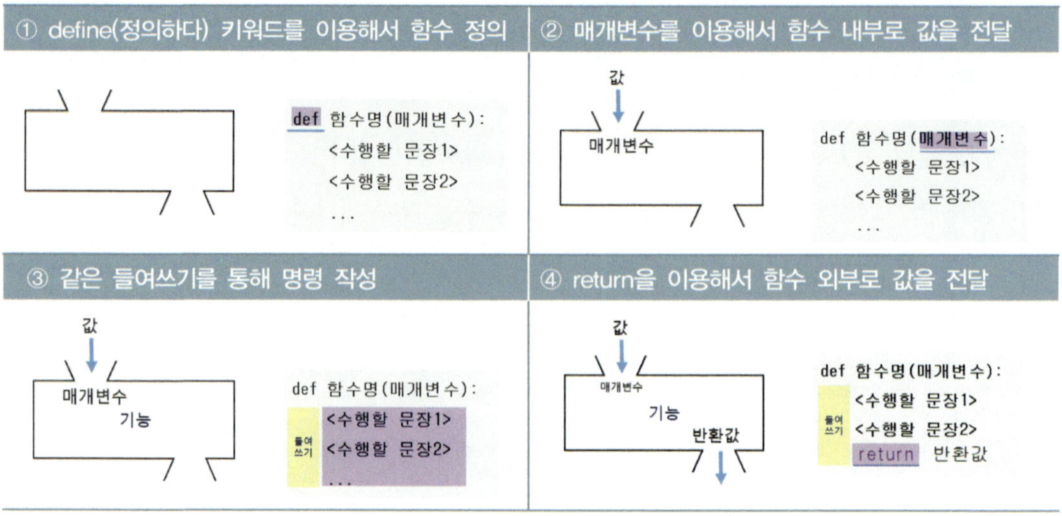

왜 반환이 필요할까? 함수 내부에서 일어난 일은 함수 외부에서 알 수가 없다. 아래 그림과 같이 반환을 통해 외부로 값을 전달해 주어야 한다. 함수를 사용하려면 함수를 먼저 선언하고, 호출하여 사용한다. 이때 매개변수는 함수의 입력으로 전달되는 값을 받는 변수를 의미하고, 인수는 함수를 호출할 때 전달하는 입력값을 의미한다.

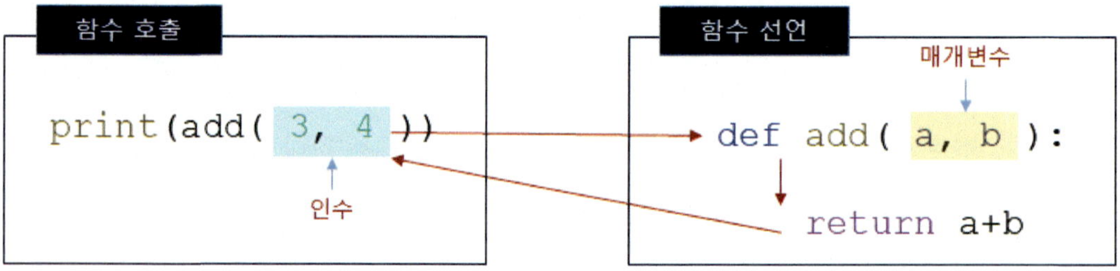

▲ 함수 선언과 함수 호출

다음 예제는 매개변수와 리턴 값이 없는 함수 예이다. 폭이 20인 줄을 출력하는 함수를 작성해 보자. 먼저 키워드 def로 함수 선언을 하고 line이라는 함수의 이름을 정한 다음 괄호안에 아무것도 기술하지 않으면 매개변수가 없는 함수이다. 그리고 콜론(:)이 나오고 줄을 바꾼 후 들여쓰기기 한 후 함수 몸체에 print('-'*20)와 print()문을 기술해 줌으로써 함수 정의가 완성된다. 이 함수를 사용하려면 line()와 같은 방법으로 바깥에서 필요할 때 마다 호출해서 사용하면 아래와 같은 결과의 줄이 출력된다.

``
#line함수 정의
def line():
  print('-'*20)
  print()
 	
#line함수 호출
line()
``
	[출력결과]
	-------------------- 	

line() 함수는 line()이라고 호출할 때마다 폭이 20인 하이픈을 출력해 준다. 그렇다면 줄의 폭을 조정할 수는 없을까? 함수를 호출할 때 줄의 폭을 인수로 넘겨주면 된다. 인수를 넘겨받기 위해서는 매개변수가 필요하다. 매개변수는 함수를 실행하기 위해서 외부로부터 넘겨받는 정보이다. 인수의 개수가 1개이므로 매개변수의 선언도 한 개여야 한다. 그리고 위의 코드에서 20대신 매개변수로 대체해 주면 해결할 수 있다. 실습을 통해 확인해 보자.

Code	Result

``
#line함수 정의
def line(width):
  print('-' * width)
  print()
 	
#line함수 호출
line(30)
line(10)
``
	------------------------------ 	
	
	---------- 	

line(30)과 같이 함수를 호출하면 인자로 30을 함수의 값으로 넘겨주는 것이고, width는 매개변수로 30이라는 값이 복사된다. 따라서 30개의 하이픈이 출력되었으며, line(10)과 같이 함수를 호출하면 10개의 하이픈이 출력된다. 위의 예제에서는 줄의 모양을 '-'(하이픈)으로만 출력되고 있다. 선의 모양을 다양하게 원하는 모양으로 출력하고 싶다면 매개변수를 하나 더 만들어 주면 된다. 선의 길이와 선의 모양을 매개변수로 받아서 출력하는 함수 예이다.

Code	Result

``
def line(width, ch):
  print(ch*width)
 	
line(50,'+')
line(30,'*')
``
	++
	******************************

다음 코드는 정수 두 개의 인수를 받아 두 수의 합을 반환하는 함수를 작성해 보자.

두 개의 정수를 인수로 넘겨받기 위해서는 두 개의 매개변수를 가져야 하며 return 문을 이용하여 값을 반환하여야 한다. 'return 리턴값'처럼 쓰면, 값을 호출자에게 전달한다.

Code

```
#두개의 매개변수를 가지는 함수 정의
#함수외부로 값을 전달하기 위해 리턴
def add(a,b):
    c=a+b
    return c

#함수 호출
#10, 2를 인수로 전달, 반환값을 s에 저장
s=add(10,2)
print(f'10+2={s}')
```

Result

```
10+2=12
```

함수에서 반환하는 값이 하나 이상일 수 있다. 이때 필요한 수 만큼 return 다음에 ','(콤마)로 구분하여 적는다. 예를 들어, return x, y는 2개의 값을 반환한다. n각형의 내각과 외각을 반환하는 함수를 작성해 보자. 정수 n을 입력으로 받아 인수로 전달한 후 n각형의 내각과 외각을 구하여 반환한다.

Code

```
#함수 정의
def shape_angle(n):
  in_=(180*(n-2))/n
  out_=360/n
  return  in_, out_


#테스트하기
n=int(input('원하는  도형(3:삼각형, 4:사각형... )'))

var1,var2 = shape_angle(n)  #함수호출
print(f'내각:{var1}')
print(f'외각:{var2}')
```

Result

```
원하는  도형(3:삼각형, 4:사각형... )3
내각:60.0
외각:120.0
```

함수를 호출할 때 인자를 넣지 않고 호출하면 아래와 같이 에러가 난다. 함수에 특정한 일을 시키기 위해서는 반드시 정확한 인자를 넣어주어야 한다. 만약 인자를 넣지 않더라도 기본적으로 설정해 주는 값이 있다면 좀 더 유연하게 프로그램을 할 수 있다. 이때 사용하는 것이 디폴트 인자이다. 예를 들어 위에서 살펴본 줄의 폭을 설정하는 line(width)이라는 함수에 인자 없이 호출을 하면 아래와 같이 TypeError가 발생한다.

Code

```
def line(width):
  print('-'* width)

line()
```

Result

```
TypeError                                 Traceback (most
<ipython-input-6-264e4776c5c7> in <module>()
----> 1 line()

TypeError: line() missing 1 required positional argument:
```

매개변수에 width=10과 같이 디폴트 값을 할당해주면 된다. 아래 코드와 같이 매개변수에 width=10과 같이 디폴트를 설정하고, 함수 호출시 인자 없이 line( )으로 호출해도 에러 없이 함수가 수행된다. 이때 line( )을 호출하면 디폴트값 10이 width에 할당되고, line(30)이라고 하면 매개변수에 30이 전달되어 width에 30이 할당되게 된다.

Code

```
def line(width=10):
  print('-'* width)

line()
line(30)
```

Result

```
----------
------------------------------
```

아래 코드와 같이 add(a,b,c=0)처럼 c에 디폴트 값으로 0을 할당하여 add( )함수를 두수의 합과 세수의 합으로 동시에 사용하고자 할 때도 디폴트 인자를 사용할 수 있다. 함수 호출시 인자가 3개가 넘어오면 세 수의 합이 반환되고, 인자가 2개 넘어오면 c에 0이 할당되어 두수의 합이 반환되는 효과와 같다.

Code	Code

Code	`def add(a,b,c=0):`
	`  return a+b+c`
	
	`print(add(1,2,3))`
	`print(add(5,6))`

Result	`6` `11`

위의 코드를 좀 더 간단하고 효율적으로 인자의 개수를 미리 알 수 없는 경우 가변 인자를 받는 매개변수를 사용할 수 있다. 인자의 개수를 사전에 알수 없을 때 매개변수앞에 *을 붙여 전체 인자를 튜플 형으로 받을 수 있다. 아래 코드와 같이 *numbers라는 매개변수를 사용하여 가변 인자를 받을 수 있다. 이후 함수 안에서 for 루프를 이용하여 튜플 안의 원소를 하나씩 꺼내 더하여 합을 반환할 수 있다. sum_nums(1,2,3), sum_nums(10,20,30,40,50)을 호출하면 이 인자들은 함수에 전달되기 전에 튜플 형태로 포장되어 전달된다. 따라서 *numbers라는 매개변수는 인자가 몇 개든 상관없이 받을 수 이 있으며, 함수 내에서 for-in문에서 인자의 값을 하나하나 접근하여 사용할 수 있다.

Code

```
def sum_nums(*numbers):
  tot=0
  for i in numbers:
    tot+=i
  return tot

print(sum_nums(1,2,3))
print(sum_nums(10,20,30,40,50))
```

Result

```
6
150
```

CHAPTER 1

연습문제

1 성적표의 점수를 계산해서 평균을 구해 평균을 출력하고 평균 점수에 맞는 자신의 등급을 알 수 있게 표를 참고하여 아래 결과를 출력하여라.

- 평균이 90이상 '수'
- 평균이 80이상 90미만 '우'
- 평균이 70이상 80미만 '미'
- 평균이 60이상 70미만 '양'
- 평균이 60미만 '가'

국어	영어	수학
80	84	95

Result

```
성적 평균 : 86
등급 :  우
```

2 while문과 if문을 활용하여, 100 이하의 자연수 중 4의 배수이지만 12의 배수는 아닌 것을 모두 출력하시오.

Result

```
4 8 16 20 28 32 40 44 ....... 92
```

3 정수 24의 약수를 모두 출력하고, 총 몇 개의 약수가 있는지 아래와 같이 출력하시오.

Result

```
1 2 3 4 6 8 12 24
24의 약수는 총 8개입니다.
```

4 아래와 같은 모양을 출력하시오.

Result

```
      *
     ***
    *****
   *******
  *********
 ***********
*************
```

5 피보나치 수열은 1, 1, 2, 3, 5, 8, 13, 21, 34, 55 ...와 같이 바로 앞 두 항의 합으로 계산되는 수열이다. 피보나치 수열의 첫 20개 항을 출력하시오.

6 딕셔너리를 이용하여 아래와 같이 나라와 수도를 짝지어 출력하는 프로그램을 작성하시오.

Result

```
{'대한민국' : '서울', '미국' : '워싱턴 D.C', '프랑스' : '파리'}
```

7 튜플을 이용하여 car, apple, blue, computer을 포함하는 영어 사전을 만들고 새로운 단어 pencil을 추가하고 다음과 같이 출력해보자.

Result

```
변경 전 : ('car', 'apple', 'blue', 'computer')
추가할 단어 : pencil
변경 후 : ('car', 'apple', 'blue', 'computer', 'pencil')
```

8 튜플을 이용하여 7번 문제에서 만든 영어 사전에서 apple이라는 단어를 찾고자 한다. 찾는 단어의 유무와 사전에서 몇 번째 위치에 있는지 아래와 같이 출력하시오.

Result

```
찾는 단어 : apple
유무 : True
위치 : 2번째
```

9 리스트를 이용하여 영단어를 입력받고 중복되는 알파벳의 종류와 개수를 아래 결과처럼 출력하시오.

Result	입력 : banana 종류 : ['a', 'n'] 개수 : 2

10 정렬함수를 사용하지 않고 리스트 [11, 45, 23, 18, 55, 35]를 버블정렬을 통해 다음과 같이 출력하시오. (버블정렬 : n 번째 인덱스와 n+1 번째 인덱스를 비교하여 큰 수가 n+1번째로 이동하는 정렬)

Result	버블 정렬 전 : [11, 45, 23, 18, 55, 35] 버블 정렬 후 : [11, 18, 23, 35, 45, 55]

11 집합 x = { 1, 10, 18, 35, 25}, y = { 5, 18, 25, 40, 2, 55} 일 때 두 개의 집합 간에 합집합, 차집합, 교집합에 대한 결과를 출력하시오.

12 세 수의 곱의 결과를 알려주는 프로그램을 만들어보자. 매개변수로 세 개의 값을 받고, 세 수의 곱을 출력하는 함수를 만들어 아래와 같이 출력하시오.

Code	triple_mul(1, 5, 10)
Result	50

13 소수는 약수로 1과 자신만을 가진 자연수이다. 어떤 수를 매개변수로 받았을 때 그 수가 소수인지 아닌지 판단해주는 함수를 만들어 아래와 같이 출력하시오.

Code	is_prime(5) is_prime(8)
Result	소수입니다. 소수가 아닙니다.

14 계산기 프로그램을 만들려고한다. 사칙연산에 대한 함수를 만들고 아래와 같이 출력하시오.

Result	두 수를 입력하시오 : 3 5 원하는 연산 번호를 입력하시오 : 3 (1. 더하기 2. 빼기 3. 곱하기 4. 나누기) 결과 : 15

15 학생들에게 성적 평균에 대한 등급을 알려주는 프로그램을 만들어 보자. 표를 참조하여 다음과 같이 출력하시오.

```
A: 90점 이상
B: 80점 이상 90점 미만
C: 70점 이상 80점 미만
D: 60점 이상 70점 미만
F: 60점 미만
```

Code	student_grade(90, 85, 95)
Result	평균 : 90 등급 : A

16 자동차 속도를 조절해주는 프로그램으로 만들려고 한다.

```
1) 사용자에게 속도를 10 ~ 30의 숫자로 입력받아 자동차 속도를 설정
2) 목표 속도가 설정되면 함수를 이용해 현재 속도에서 목표 속도까지 1씩 증가/ 감소하여
   목표 속도가 되도록 한다.
3) '종료'를 입력받으면 프로그램을 종료한다.
4) 프로그램을 종료하기 전까지는 계속 속도를 입력 받을 수 있어야한다.
5) 시작 속도는 10이다.
```

Result	프로그램을 작동합니다. 원하는 속도를 설정해 주세요 : 15 현재 속도는 10입니다. 현재 속도는 11입니다. .... 현재 속도는 15입니다. 원하는 속도를 설정해 주세요 : 종료 프로그램을 종료합니다.

제2장

빅데이터 분석을 위한 라이브러리

Big data analysis and AI basics

2.1 모듈과 패키지

우리가 프로그램을 작성할 때 한줄 한줄 적는 것을 코드라고 한다. 이 코드의 길이가 길어지는 상황이 자주 발생한다. 이때 필요한 모든 함수나 변수를 구현하는 것은 사실상 불가능에 가깝다. 그래서 누군가 만들어 놓은 함수나 변수 등을 활용하는 것이 효과적이다. 예를 들어 레고를 조립을 할 때 이미 만들어진 레고블록들을 조립해서 원하는 블록을 만들어주는 것처럼 파이썬은 이미 만들어진 함수나 변수가 많기 때문에 이를 논리적으로 잘 연결하기만 하면 다른 프로그램 언어보다 쉽게 프로그래밍 할 수 있다. 이때 사용하는 레고블록같은 개념을 모듈이라고 한다. 모듈은 특정한 목적을 가진 함수나 자료의 모임을 의미한다. 예를 들어 찌개 레시피라는 모듈이 있다고 가정했을 때 이 모듈에는 찌개를 끓이기 위한 여러 가지 정보가 들어 있다. 고기의 양은 200이고 넣어야 할 물의 양은 500, 된장찌개를 끓이려면 doenjang( )라는 방법을 사용해야 한다. 김치찌개를 끓이려면 kimchi( )라는 방법을 사용해야 한다. 이때 doenjang( )과 kimchi( )는 함수라고 할 수 있다. 함수는 x값을 인수로 주었을 때 y값이 나오는 것이다. 고기와 물을 kimchi( )라는 함수에 인자로 넣어주면 y값으로 김치찌개가 나오게 되고, 고기와 물을 doenjang( )이라는 함수에 넣으면 된장찌개가 나오게 된다. 이렇게 찌개를 끓이기 위해 필요한 자료와 함수들이 레고블록처럼 준비되어 있는 것이 모듈이다. 다시 말해서 특정 목적을 가진 함수, 자료의 모임을 모듈이라고 한다.

모듈 사용하기

모듈을 사용하기 위해서는 우선 모듈을 불러와야 한다. 이것은 파이썬에게 이 모듈을 사용하겠다고 불러오는 개념이다. import(불러오다)라는 의미의 단어를 사용해서 모듈을 불러온다. 아래 그림과 같이 import라는 키워드 뒤에 random이라고 적으면 random 모듈을 불러오게 된다.

```
#random 모듈 불러오기
import random
```

▲ 모듈 불러오기

모듈을 사용하기 위해서는 모듈의 특성을 파악해야 한다. 레고블록을 사용할 때 색깔과 구멍의 개수를 확인하고 사용하는 것처럼 모듈도 모듈속에 사용하려는 함수나 변수의 사용법을 미리 확인하여야 한다. 아래 그림에서 random은 모듈 이름이고 randrange는 함수 이름이다. random.randrange( )는 random모듈안의 randrange함수라는 뜻이다. randrange함수는 3개의 매개변수를 가지고 있다. 이때 step은 대괄호로 감싸줘 있는데 이 의미는 인자가 생략 가능한 매개변수를 의미한다. 따라서 start와 stop에 두 개의 값을 넘겨주면 start에서 stop-1사이의 난수를 발생하여 반환한다. 이렇게 사용법을 확인한 후 모듈을 사용해야 한다.

```
random.randrange(start, stop[, step])
    Return a randomly selected element from range(start, stop, step). This is equivalent to
    choice(range(start, stop, step)), but doesn't actually build a range object.
```

▲ random.randrange( ) 사용법

모듈을 사용할 때는 모듈 뒤에 온점(.)을 찍은 후에 모듈 속 함수나 변수를 사용하면 된다. 이렇게 .(dot)을 써서 접근 하는 방식을 점 표기법 또는 dot notation이라고 한다. 예를 들어 정은미는 정씨라는 가문에 은미라는 사람이므로 '정.은미'로 표현할 수 있다. 따라서 A모듈안의 B함수를 사용하려면 'A.B' 형식으로 사용하면 된다. 아래 그림은 random모듈안의 randrange( )함수를 사용하여 0이상 3미만의 랜덤한 수를 출력하는 코드이다.

```
#random 모듈 불러오기
import random
#0이상 3미만 사이의 임의의 수 출력
print(random.randrange(0,3))
```

▲ 모듈 사용하기

파이썬에서는 많은 모듈을 제공해 주고 있지만, 우리가 원하는 내용이 담긴 모듈이 없다면 직접 제작도 가능하다. 먼저 원하는 함수들을 작성하고 .py(파이썬 파일)로 만들어 둔 후 필요시 import해서 사용하면 된다. 그 과정을 살펴보면 아래 그림과 같다. 먼저 원하는 내용이 담긴 함수를 포함한 모듈을 작성하고 cal.py로 저장한다. 모듈을 사용할 다른 파일에서 import cal을 통해 모듈을 불러온 후 .(dot)을 사용하여 모듈안의 함수를 사용하면 된다. cal모듈안에 plus( )라는 함수를 사용하려면 cal.plus( )라고 하면 된다.

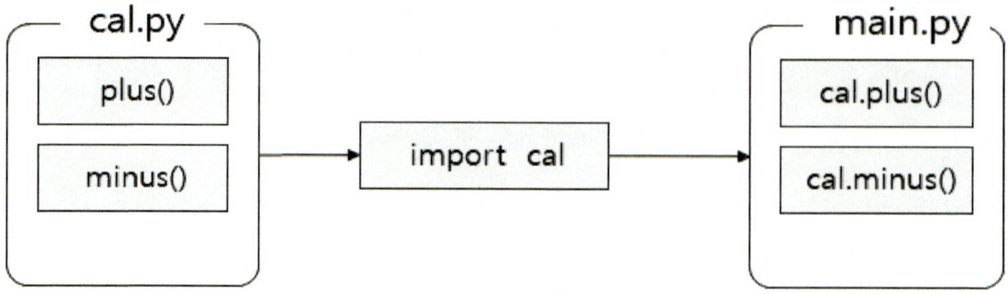

▲ 사용자 모듈 사용 방법

사용자 정의 모듈을 작성하고 사용하는 방법에 대해 살펴보자. 그 과정은 아래 표와 같다. 먼저 새 노트를 열고 함수들을 작성한다. cal모듈은 두 개의 함수를 가진다. a,b를 매개변수로 가지는 plus, minus함수는 두 개의 인자를 전달 받아 각각 합과 차를 반환하는 함수이다. 두 번째 과정으로 함수를 작성 한 후, 주피터 노트북 파일명은 cal.ipynb로 지정하고 [파일]-[다운로드]-[.py다운로드]를 수행하면 로컬 컴퓨터 [다운로드]폴더에 cal.py파일이 다운로드 된다(표 ③). 이 모듈을 구글 코랩에서 사용하기 위해서는 구글 드라이브로 업로드하여야 한다. 먼저 cal 모듈을 사용할 파일을 열고 표의 ④와 같이 먼저 폴더 아이콘( )을 클릭하고, 업로드 아이콘( )을 클릭하면 대화상자가 나타나며, 거기서 다운로드 폴더를 선택하여 방금 다운로드 받은 cal.py파일을 선택하면 업로드가 완료된다. 이렇게 업로드된 파일은 세션이 끝나면 파일이 삭제되므로 다시 사용하려면 매번 다시 업로드해 주어야 한다. 다음은 파일에서 모듈을 사용하기 위해서는 import라는 키워드를 사용해서 모듈을 불러온다. import cal에 의해 모듈을 불러오면 모듈을 사용할 수 있다. 모듈 안에는 두 개의 함수가 존재하고 그 중 plus함수를 사용하기 위해서는 .(dot)을 사용하여 접근하면 된다. cal모듈안의 plus함수를 사용하려면 cal.plus(2,3)이라고 하면 2와 3이 매개변수로 전달 되어 2와 3의 합이 리턴되어 print( )에 의해 5가 출력되게 된다. 이렇게 자주 사용하는 함수나 변수를 모듈로 작성해 놓으면 매번 다시 작성할 필요없이 불러와서 사용하면 효율적이고 편리하게 사용할 수 있다. 아래 표를 따라 실습해 보자. 만약 minus( )함수를 사용하려면 어떻게 하면 될지 생각해 보자

◆ [표 2-1] 사용자 정의 모듈 작성 및 사용법

① 새 노트 열기

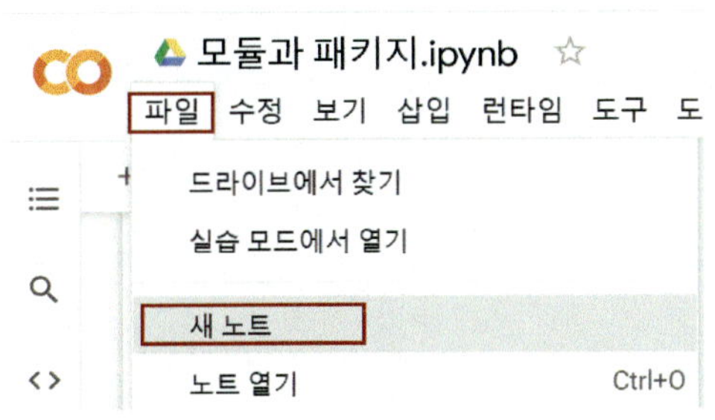

② 새 노트에서 함수 작성

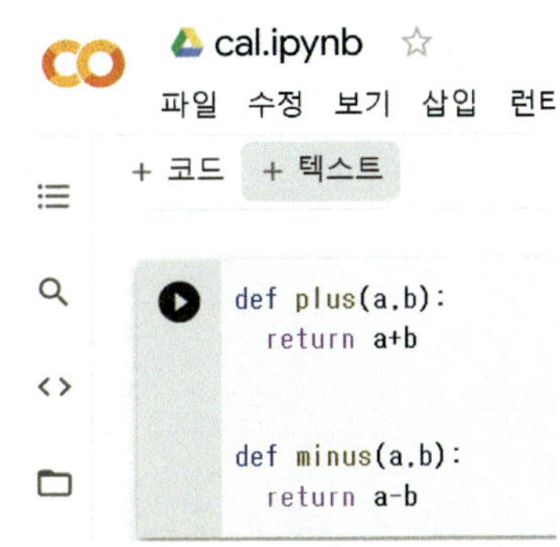

③파이썬 파일(cal.py)로 다운로드

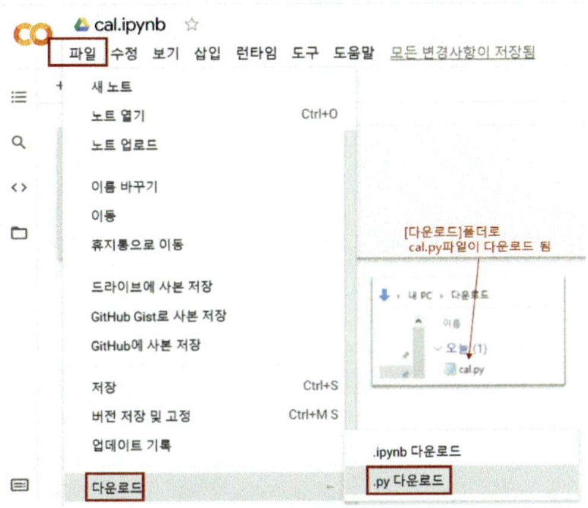

④ 구글 드라이브에 모듈 업로드

⑤ 모듈 불러오기

```
import cal
```

⑥ 모듈 사용하기

```
print(cal.plus(2,3))
```

패키지

모듈을 폴더(Directory)로 구분하여 관리하는 것을 패키지라고 한다. 서로 관련성 있는 모듈들을 편리하게 관리하기 위해서 패키지가 필요하다. 파이썬에서 모듈은 위에서 살펴본 것과 같이 하나의 .py파일이다. 파이썬 패키지는 아래 그림과 같이 이러한 모듈들을 모아서 계층적으로 관리한다. 패키지 구조로 파이썬 프로그램을 만드는 경우는 공동작업이나 유지보수 등에서 유리하다. 여러 사람이 공동으로 프로젝트를 수행하다 보면 모듈과 함수의 이름이 겹치는 경우가 있다. 이렇게 이름이 겹치더라도 안전하게 사용하기 위해서 패키지로 관리를 하면 이름이 겹쳐도 패키지로 구분할 수 있어 유용하면서 안전하다. 오른쪽 그림과 같이 폴더안에 서로 관련된 모듈들을 모아 두면 이름이 겹치더라도 패키지별로 관리되므로 문제가 없다.

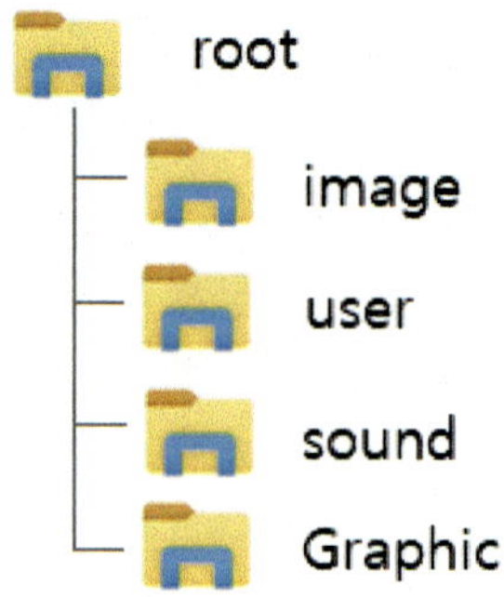

▲ 패키지

다음 그림과 같이 user 패키지 안에 cal 모듈이 있을 때 함수 plus( )를 사용하려면 어떻게 해야 할까? import를 이용해서 폴더를 불러온 후 함수를 사용해야 한다.

▲ 패키지 모듈 함수 관계

아래 그림과 같이 import 뒤에 패키지이름을 적고 .(dot)을 적은 후 모듈명을 적으면 된다. user 패키지 안에 cal이라는 모듈을 불러오겠다는 의미로 import user.cal이라고 하면 된다. 불러온 후 모듈 사용법은 cal.plus(3,4)와 같이 사용하면 된다.

```
import user.cal
print(cal.plus(3,4))
```

▲ 패키지 사용법

모듈을 불러오는 방법에는 2가지 방법이 있다. 앞에서 살펴본 import a 방식과 from a import b 방식이 있다. 'from a import b'는 a모듈(혹은 패키지)에서 b함수를 가져오겠다는 의미이다. 이렇게 모듈을 불러오면 함수 사용 시 모듈명을 생략하고 b( )로 함수를 사용할 수 있다.

모듈을 불러오는 방법

- from a import b: a모듈(패키지)로부터 b함수를 불러옴. b( )꼴로 사용
- import a: a모듈을 불러옴. a.b( )꼴로 사용

위의 실습내용에서 import cal을 from cal import b형태로 코드를 변경해서 실행해 보자. cal모듈안의 plus( )함수를 사용하려면 from cal import plus라고 변경하면 된다. cal.plus( )는 plus( )로 수정해서 사용하면 된다. import cal을 할 경우 cal 모듈안에 있는 모든 함수가 불러와 지지만 from cal import plus를 하면 plus( )함수만 불러오게 된다. 이렇게 불러오면 모듈명을 생략하고 함수명만 사용하면 된다. 아래 코드를 작성하여 확인해보자. plus( )함수는 정상적으로 동작하였지만, minus( )함수는 정의되지 않았다고 'NameError'가 발생한다. from cal import plus는 cal모듈안에 plus함수만을 불러오므로 minus함수를 사용하려면 from cal import minus를 통해 다시 불러와야 사용할 수 있다.

Code	`from cal import plus`
	
	`print(plus(2,3))`

Result	5
Code	`print(minus(5,2))`

Result	`NameError                                 Tra`
	`<ipython-input-3-3a3966cfaecd> in <module>()`
	`----> 1 print(minus(5,2))`
	
	`NameError: name 'minus' is not defined`

아래 지시사항에 따라 실습해 보자.

① from a import b를 이용해서 random의 randrange( )를 불러온다.

② import a를 이용해서 math 모듈을 불러온다.

③ 변수 var1에 randrange 함수를 이용해 1이상 10이하의 임의의 정수를 넣어보자.

④ 변수 var2에 math.log 함수를 이용해 $\log_{72}5184$의 값을 넣어보자.

⑤ var1, var2를 출력하여 결과값을 확인해보자.

2.2 넘파이(numpy)

넘파이(NumPy: Numerical Python)는 파이썬에서 과학적 계산을 위한 핵심 라이브러리로, 머신러닝 관련 분야에서 매우 큰 수치 데이터나 행렬 계산에 활용된다. 넘파이는 효율적으로 데이터 분석이 가능하도록 N차원의 배열 객체를 지원하며, Array(행렬) 단위로 데이터를 관리하며 연산을 수행한다. 넘파이의 배열은 파이썬의 리스트보다도 빠른 연산과 효율적인 메모리 사용이 가능하기 때문에 빅데이터 분석 등에 널리 쓰이는 매우 강력한 라이브러리라고 할 수 있다. C/C++등의 저수준 언어 기반의 호환 API 제공한다. 뿐만 아니라 다양한 머신러닝 알고리즘을 적용한 scikit-learn Library는 넘파이를 기반으로 한다.

아나콘다 패키지 등을 설치해서 사용하는 경우에는 넘파이도 함께 설치되기 때문에 따로 패키지를 설치하지 않아도 되지만 파이썬 IDLE를 사용하는 경우에는 pip를 이용하여 설치해야한다. pip는 파이썬 패키지 관리 소프트웨어로 외부 라이브러리를 설치할 수 있도록 도와주는 도구이다. pip를 이용하여 패키지를 설치할 경우에는 아래 그림과 같은 명령을 사용하면 된다.

설치

```
pip install numpy
```

▲ numpy 설치

◆ 스칼라/벡터/행렬

Scalar	Vector	Matrix
24	$[2\ 3\ 7]$ row $\begin{bmatrix}2\\3\\7\end{bmatrix}$ column	$\begin{bmatrix}1&2&3\\4&5&6\end{bmatrix}$ row(s) X column(s)

◆ 넘파이 포함과 생성하기

파이썬 기본 라이브러리에 포함되어 있지 않기 때문에 사용하기 전에 먼저 불러와야 한다.

```
import numpy
```

‘import numpy’를 사용하여 numpy를 포함시킨다. numpy 함수의 사용방법은 numpy.* 형태로 사용이 가능하다.

```
import numpy as np
```

numpy를 가져오되, as np를 통해 np라는 별칭을 사용할 수 있도록 할 수 있다. 이렇게 별칭을 만들면 라이브러리안의 함수를 접근할 때 numpy대신 np.array()로 간단하게 사용할 수 있다. 이때 np는 사용자 정의지만 관례적으로 np를 사용한다. numpy모듈 안에 array()함수는 인수로 넘어온 수열을 ndarray라는 다차원 배열로 만들어 준다.

array=np.array(range(5))라고 하면 range(5)에 의해 0에서 4까지의 연속된 정수열을 배열(ndarray)로 만들어 array에 할당한다. print(array)의 출력 결과를 보면 [0 1 2 3 4]가 출력된다. 원소 사이가 콤마 대신 공백으로 구분되어 있다는 것이 리스트와 구분할 수 있다. ndarray라는 다차원 배열은 동일한 자료형의 자료값을 연속으로 저장할 수 있는 자료구조이다. type(array)의 자료형을 확인해 보면 <class ‘numpy.ndarray’>로 나오는 것을 확인 할 수 있다.

Code

```
import numpy as np

array=np.array(range(5))
print(type(array))
```

Result

```
<class 'numpy.ndarray'>
```

◆ 넘파이 배열의 속성

넘파이 배열은 동일한 타입의 요소들이 저장된 컨테이너이다. 넘파이에서 배열의 차원은 축(axes)라고 한다. 1차원 배열은 하나의 축만 가지고 있고, 2차원 배열은 2개의 축을 가지고 있다. 형상(shape)은 각 차원의 크기를 가지고 있다.

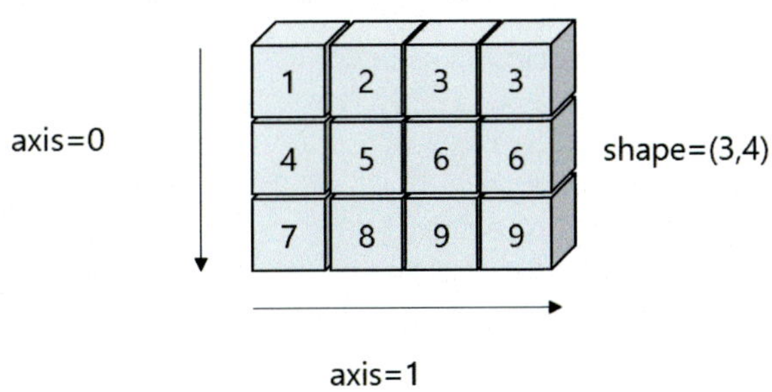

▲ 넘파이 형상

ndarray에는 여러 정보를 나타내는 속성값을 가지고 있다.

속성	설명
ndim	축의 개수
shape	배열의 차원의 정보, 즉 모양을 정수 튜플로 나타냄. 3개의 행과 4개의 열로 이루어진 행렬의 경우 shape는 (3,4)이다.
size	배열안에 있는 원소의 총 개수
dtype	배열 원소의 자료형

배열의 다양한 속성들을 실습을 통해 익혀 보자. array의 자료형을 출력하기 위해서는 type()함수로 변수의 자료형을 구할 수 있다. array의 차원 정보, 즉 모양을 출력하기 위해서는 array.shape을 출력하면 된다. 1차원 배열은 (5,)와 같은 값으로 표시된다. 차원의 개수를 출력하기 위해서는 array.ndim이라는 속성을 출력하면 된다. 1차원 배열의 경우 1이라는 값이 출력된다. dtype 속성은 data type의 약자로 배열 원소의 자료형을 의미한다. array.dtype이라는 속성은 정수 값을 원소로 가졌으므로 int64가 출력된다. 코랩에서는 디폴트 데이터 타입이 int64이다. int64는 64비트 정수형 자료를 의미한다. 배열의 요소에 접근할 경우에는 리스트와 마찬가지로 원소의 위치를 알아야 하며, [ ](대괄호)안에 인덱스 번호를 적어주면 된다. array[5]는 인덱스 5의 요소를 의미한다. 슬라이싱 역시 리스트 슬라이싱과 같은 방식으로 콜론 연산자를 사용하여 슬라이싱 할 수 있다. array[3:6]은 array의 인덱스 3의 요소부터 인덱스 5요소까지를 의미한다.

Code	Result

<pre>import numpy as np
print('1차원 array')
array=np.array(range(10))
print(array)
print(type(array))
print(array.ndim)
print(array.shape)
print(array.size)
print(array[5])
print(array[3:6])</pre>
	<pre>1차원 array
	[0 1 2 3 4 5 6 7 8 9]
	<class 'numpy.ndarray'>
	1
	(10,)
	10
	int64
	5
	[3 4 5]</pre>

넘파이 배열 ndarry을 생성할 때 리스트를 인수로 넣어 배열을 생성할 수 있다. 이때 리스트안의 값은 모두 동일한 자료형이여야 한다. 만일 동일한 자료형이 아닐 경우 dtype을 주지 않으면 모두 str형으로 자동 형변환이 일어난다. dtype을 지정해 줄 경우 서로 다른 자료형의 값을 원소로 가질 수 없다.

Code

```
arr1=np.array([1,2,3,4])
print(arr1)
arr2=np.array([1,2,'a','b'])
print(arr2)
arr2=np.array([1,2,'a','b'],dtype='int')
print(arr2)
```

Result

```
[1 2 3 4]
['1' '2' 'a' 'b']
---------------------------------------------------------------------------
ValueError                                Traceback (most
<ipython-input-6-300eadce6a86> in <module>()
      3 arr2=np.array([1,2,'a','b'])
      4 print(arr2)
----> 5 arr2=np.array([1,2,'a','b'],dtype='int')
      6 print(arr2)

ValueError: invalid literal for int() with base 10: 'a'
```

◆ ndarray 배열 생성

np.array(range())함수를 합쳐 놓은 arange()함수를 이용하는 방법이다. 아래 그림과 같이 이 함수는 start에서 stop 미만까지 step의 크기만큼 일정하게 떨어져 있는 숫자들을 배열 형태로 반환해주는 함수이다. 이때 stop 매개변수는 반드시 인수로 전달되어야 한다.

형식

```
numpy.arange([start,],stop,[step,] dtype=None)
```

▲ 배열 생성

매개변수	설명
start	시작값, 생략시 0
stop	반드시 전달
step	생략시 1
dtype	정해주지 않으면 유추하여 자동으로 할당

아래의 예제를 통해 arange() 함수에 대해 살펴보자. np.arange(10)의 경우 stop 매개변수만 전달된 경우로 0부터 9까지 1씩 증가하는 수들을 반환한다. np.arange(1,10,2)의 경우 1부터 시작해서 2씩 증가하는 수들을 반환하여 [1 3 5 7 9]가 됨을 알 수 있다.

Code

```
print(np.arange(10))
print(np.arange(1,10))
print(np.arange(1,10,2))
```

Result

```
[0 1 2 3 4 5 6 7 8 9]
[1 2 3 4 5 6 7 8 9]
[1 3 5 7 9]
```

또한 넘파이에서는 큰 배열을 쉽게 생성해 주는 함수도 있다.

- 모든 값이 1인 배열

numpy.ones(배열, dtype=자료형)을 사용하여 모든 원소의 값이 1인 배열을 생성할 수 있다.

- 모든 값이 0인 배열

numpy.zeros(배열, dtype=자료형)을 사용하여 모든 원소의 값이 0인 배열을 생성할 수 있다.

- 특정값으로 채우는 배열

numpy.full(배열, value)을 사용하여 모든 원소의 값이 지정된 value인 배열이 생성된다. 이때 주의사항은 ones(), zeros(), full() 함수를 호출할 때 배열의 크기는 반드시 ( )안에 튜플로 지정해서 넘겨주어야 한다. 만약 np.zeros(2,3)와 같이 호출하면 TypeError가 발생한다.

- 대각의 값이 1인 배열(단위 행렬)

numpy.eye(N, M, k=K, dtype=자료형)을 사용하여 NxM 크기의 K값만큼 이격된 단위 행렬을 반환한다. K의 값이 양수일 경우, 우상 방향으로 이동하며, K의 값이 음수일 경우, 좌하 방향으로 이동한다.

Code	Result
array=np.zeros((2,3),dtype='int64') print(array) array=np.full((2,3),'hello') print('\n',array) array=np.ones((2,3)) print('\n',array) array=np.eye(3) print('\n',array)	[[0 0 0] [0 0 0]] [['hello' 'hello' 'hello'] ['hello' 'hello' 'hello']] [[1. 1. 1.] [1. 1. 1.]] [[1. 0. 0.] [0. 1. 0.] [0. 0. 1.]]

◆ 2차원 배열

2차원 배열을 생성하는 방법은 a=np.array([[1,2],[3,4]])와 같이 2차원 리스트를 인수로 넘겨주는 방법과 shape라는 속성을 이용해 차원을 지정해 주는 방법이 있다.

배열.shape 또는 np.shape(배열)을 사용하여 배열의 형태를 변경할 수 있다.

matrix=np.array(range(1,16))을 이용해 1부터 15까지 들어있는 1차원 배열을 생성한 후, matrix.shape에 3,5의 값을 할당함으로 3행 5열 2차원 배열을 생성할 수 있다. 이후 print(matrix)를 확인 해 보면 그림과 같이 3행 5열 2차원 배열이 출력되는 것을 확인할 수 있다.

▲ matrix 2차원 배열

2차원 배열에 대한 정보는 ndim(차원), shape(모양), size(원소의 수), dtype(데이터 자료형)등의 속성값을 활용하여 확인할 수 있다. astype() 함수는 기존의 배열을 복사하여 데이터 자료형을 변환하여 반환하는 함수로, matrix.astype('str')은 matrix의 dtype을 str(문자열)로 변경하여 반환하므로 출력결과는 문자열 matrix가 출력된다. matrix의 2행 3열의 값을 확인하고 싶다면 인덱스를 활용하여 확인할 수 있다. matrix[행, 열]의 형식으로 matrix[2,3]이라고 하면 2행 3열의 값을 확인할 수 있다. matrix[0:2,1:4]은 matrix의 인덱스 0, 1번째 요소부터 1열~3열 요소를 의미한다. 0:2는 행(인덱스)의 위치, 1:4는 열의 위치를 의미한다.

Code

```
import numpy as np

print("1차원 array")
array = np.array(range(10))
print(array)

#array의 자료형 출력
print(type(array))

#array의 차원 출력
print(array.ndim)

#array의 모양 출력
print(array.shape)

#array의 크기
print(array.size)

#array의 data type 출력
print(array.dtype)

#array의 인덱스 5의 요소 출력
print(array[5])

#array의 인덱스 3의 요소부터
#인덱스 5 요소까지 출력
print(array[3:6])
```

Result

```
2차원 array
[[ 1  2  3  4  5]
 [ 6  7  8  9 10]                              print(matrix)
 [11 12 13 14 15]]
<class 'numpy.ndarray'>  print(type(matrix))
2                        print(matrix.ndim)
(3, 5)  print(matrix.shape)
15                       print(matrix.size)
int64  print(matrix.dtype)
[['1' '2' '3' '4' '5']
 ['6' '7' '8' '9' '10']                        print(matrix.astype('str'))
 ['11' '12' '13' '14' '15']]
14                       print(matrix[2,3])
[[2 3 4] [7 8 9]]   print(matrix[0:2,1:4])
```

◆ 배열의 차원 변경

'배열.shape= 행, 열'을 통해 배열의 형태를 변환할 수 있다. 행 원본 배열의 크기가 3×4=12일 경우 차원을 변경할 경우 6×2=12와 같이 총 개수가 같아야 한다. 배열의 재구성을 위한 메소드는 reshape()이다. 이는 기존의 배열을 행과 열의 크기가 다른 동일한 차원의 배열 또는 다른 차원의 배열로 만들거나 재구성할 수 있다. 이때 주의할 사항은 원래 행렬과 재구성된 배열 행렬의 요소의 개수가 반드시 동일해야 한다는 것이다. 요소의 개수가 동일할 경우에는 어떤 형태의 배열로도 재구성이 가능하다. 아래 코드는 arange(20)을 통해 생성된 20개의 원소를 가진 1차원 배열을 reshape(2,10)을 이용해 2행 10열 크기의 2차원 배열의 형태로 변경한 경우이다. 차원은 대괄호의 개수로 알 수 있다.

Code

```
array=np.arange(20)
print(array)
array=array.reshape(2,10)
print('\n',array)
```

Result

```
[ 0  1  2  3  4  5  6  7  8  9 10 11 12 13 14 15 16 17 18 19]

[[ 0  1  2  3  4  5  6  7  8  9]
 [10 11 12 13 14 15 16 17 18 19]]
```

reshape()의 인수로 -1을 사용할 수 있다. -1의 의미는 원래 배열의 길이와 남은 차원으로 추정하는 것으로 reshape(-1,정수)는 열의 값을 지정해 주면 반환될 배열의 행의 수는 데이터의 개수에 맞춰서 알아서 지정이 된다. reshape(정수,-1)은 행의 수를 지정해 주면 열은 알아서 자동으로 재배열해달라는 의미이다. 아래 예제를 통해 -1의 의미를 살펴보자. arange(20)을 통해 생성된 20개의 원소를 가진 1차원 배열을 reshape(-1, 5)을 이용해 5개의 열의 가진 배열로 재구성하면 행의 크기는 알아서 4가 되어 4행 5열의 2차원 배열의 형태로 변경된다. 아래 예제 2번째 코드의 reshape(2, 5,-1)은 4행 5열의 2차원 배열을 3차원 배열로 재구성한 것이다. 2개의 면과 5개의 행으로 이루어진 3차원 배열을 생성하므로 열은 알아서 자동으로 결정된다. 3번째 코드 reshape(-1,2)는 2면 5행 2열 3차원 배열을 2차원 배열로 재구성한 경우로 열의 개수가 2로 정해졌으므로 행은 자동으로 10행이 된다. 이때 3차원 배열을 텐서(tensor) 또는 3차원 텐서라고 한다. reshape()를 통해 배열의 원소 수가 같다면 어떠한 형태의 배열로도 충분히 변경 가능하다는 것을 확인하였다.

Code	Result

`array=np.arange(20)`
`array=array.reshape(-1,5)`
`print('\n',array)`
	`[[ 0  1  2  3  4]`
	`[ 5  6  7  8  9]`
	`[10 11 12 13 14]`
	`[15 16 17 18 19]]`

`array=array.reshape(2,5,-1)`
`print('\n',array)`
	`[[[ 0  1]`
	`[ 2  3]`
	`[ 4  5]`
	`[ 6  7]`
	`[ 8  9]]`
	
	`[[10 11]`
	`[12 13]`
	`[14 15]`
	`[16 17]`
	`[18 19]]]`

`array=array.reshape(-1,2)`
`print('\n',array)`
	`[[ 0  1]`
	`[ 2  3]`
	`[ 4  5]`
	`[ 6  7]`
	`[ 8  9]`
	`[10 11]`
	`[12 13]`
	`[14 15]`
	`[16 17]`
	`[18 19]]`

◆ 배열의 Indexing과 Slicing

배열의 인덱스를 활용하여 값을 찾아내거나 배열의 일부분을 가져올 수 있다. 이를 인덱싱과 슬라이싱이라고 한다. 우리는 이미 리스트 인덱스에 대해 살펴보았다. 1차원 배열의 인덱스 값은 리스트의 인덱스 값 사용과 동일한 방식이다. 인덱스를 사용하기 위해서는 배열이름[index]와 같이 대괄호를 사용한다. 2차원, 3차원 배열의 경우도 개별 원소를 참조하기 위해서는 대괄호안에 각각 2개, 3개의 인덱스를 콤마로 구분하여 사용하면 된다. matrix[0,1]를 통해 matrix 2차원 배열의 첫 번째 행과 두 번째 열의 원소를 인덱싱 할 수 있다. 배열의 각 요소 선택을 index 배열을 전달하여 지정하는 방식을 fancy indexing이라 한다. x=np.arange(7), print(x[

[1,3,5]])라고 하면 x배열의 1번째, 3번째, 5번째 인덱스 값을 출력하게 된다. 이때 fancy indxing의 결과는 역시 2차원 배열이다. Boolean mask를 이용하여 원하는 값을 추출하는 것을 Boolean indexing이라 한다. matrix<5라고 하면 배열의 각 원소들에 대한 논리값이 출력된다. matrix[matrix<5]]는 이때 논리값이 True에 해당하는 값만 출력되게 된다. 아래 예제를 통해 인덱싱과 슬라이싱에 대해 살펴보자.

Code

```
import numpy as np

matrix = np.arange(1, 13, 1).reshape(3, 4)
print(matrix)

# Indexing, 0행 1열의 값 2출력
answer1 = matrix[0,1]

# Slicing: 매트릭스 일부인 9, 10 출력
answer2 = matrix[2:, :2]

# Boolean indexing: 5보다 작은 수 출력
answer3 = matrix[matrix < 5]

# Fancy indexing: 두 번째 행만 출력
answer4 = matrix[[1]]

# 결과 출력
print(answer1,'\n')
print(answer2)
print(answer3)
print(answer4)
```

Result

```
[[ 1  2  3  4]
 [ 5  6  7  8]           } print(matrix)
 [ 9 10 11 12]]
2 ← matrix[0,1]
[[ 9 10]] ← matrix[2:, :2]
[1 2 3 4] ← matrix[matrix < 5]    array([[ True,  True,  True,  True],
                                          [False, False, False, False],
                                          [False, False, False, False]])
[[5 6 7 8]] matrix[[1]]
```

Random number 발생

random모듈 안의 난수 관련 함수를 통해 임의의 난수를 초기값으로 행렬을 생성할 수 있다.

난수 발생

- np.random.randint( ): 균일 분포의 정수 난수
- np.random.rand( ): 0부터 1사이의 균일 분포 난수 생성
- np.random.randn( ): 표준 정규 분포 난수 생성
- np.random.normal( ): 정규 분포 난수 생성

np.random.randint(1,5,size=(10,5))는 1에서 5사이의 난수를 발생하여 10행 5열의 2차원배열을 생성하고, np.random.rand(10,5)는 0에서 1 사이의 난수를 초기값으로 하는 10행 5열의 2차원 배열을 생성한다. np.random.normal(5,3,(10,5))는 평균이 5, 표준편차가 3인 10행 5열의 표준 정규 분포를 따르는 2차원 배열을 생성, np.random.randn(10,5)는 평균이 0, 표준편차가 1인 정규 분포를 따르는 2차원 배열을 생성한다.

Code

```
x=np.random.randint(1,5,size=(10,5))
x
```

Result

```
array([[2, 4, 3, 1, 2],
       [1, 2, 3, 4, 3],
       [1, 3, 3, 1, 4],
       [2, 3, 2, 1, 1],
       [1, 2, 1, 2, 2],
       [1, 1, 2, 1, 1],
       [3, 4, 3, 2, 2],
       [2, 1, 1, 2, 3],
       [3, 2, 3, 4, 1],
       [3, 1, 1, 2, 3]])
```

Code

```
x=np.random.rand(10,5)
x
```

Result

```
array([[0.18734776, 0.97560058, 0.46340945, 0.25832143, 0.15119756],
       [0.45239045, 0.15321392, 0.47015472, 0.62453692, 0.62954647],
       [0.17136299, 0.92241198, 0.0699502 , 0.15923724, 0.98274274],
       [0.8804366 , 0.30231329, 0.37414054, 0.05386912, 0.50689239],
       [0.25160056, 0.2086953 , 0.29797706, 0.79559395, 0.18106614],
       [0.93924613, 0.71521922, 0.52921631, 0.04692469, 0.45884221],
       [0.88779572, 0.92136566, 0.82997342, 0.98253359, 0.6146982 ],
       [0.11230394, 0.14724561, 0.921928  , 0.47268014, 0.88474062],
       [0.72323607, 0.95135194, 0.36031184, 0.50648862, 0.2323234 ],
       [0.54667705, 0.47599761, 0.8974857 , 0.36010012, 0.84396311]])
```

Code

```
x=np.random.normal(5,3,(10,5)) #평균 5, 표준편차 3
x, np.mean(x),np.std(x), x.min(), x.max()
```

Result

```
(array([[ 3.1675528 ,  4.00868786,  2.52222801,  1.05523092,  5.97094149],
        [ 7.10084443,  0.94344806, 14.28391079,  8.36469626,  4.88411767],
        [ 5.47701726,  6.01571922,  5.18807573,  4.32369818,  4.82757333],
        [ 5.9517258 ,  6.80453147,  4.95210847,  5.71313676,  3.0887635 ],
        [-1.85267862,  6.44004635, -1.60009526,  2.40608038,  5.7044175 ],
        [ 7.8749772 ,  6.40131963,  1.99610009,  5.64263385,  9.19362496],
        [ 8.2753666 ,  6.94822822,  5.02704592,  2.81420016,  9.02072017],
        [ 0.07068851,  9.53268769,  8.78316999,  6.05204814,  5.90631693],
        [ 2.77028125,  6.43256039,  4.96564228,  7.51731988,  2.12303641],
        [ 3.34678891,  8.04560614,  4.65799431,  3.01476934,  8.9876028 ]]),
 5.2228501621470595,
 2.9672644713051346,
 -1.8526786181579116,
 14.283910788855309)
```

Code

```
x=np.random.randn(10,5)
  x, np.mean(x),np.std(x), x.min(), x.max()
```

Result

```
(array([[ 0.49084893,  0.03150933, -1.83923386,  1.47240771, -0.74716012],
        [-1.30719479,  2.35236751, -1.38537343,  0.06768362,  0.71428676],
        [ 0.39902198, -0.72398631, -1.28711548,  1.03265119, -1.16527908],
        [ 0.58601573,  0.786162  , -1.09006992,  1.1100469 ,  0.07888002],
        [ 0.98716183,  0.30757556,  1.88160562, -0.51783004, -0.50708161],
        [ 0.44815414,  0.0166518 , -1.28117428, -0.35229857,  0.73553792],
        [ 1.09752837,  0.14167651, -0.12798728,  1.99504944, -0.47510267],
        [ 1.13521577, -1.30581434,  0.5321634 ,  0.32811346, -1.19775948],
        [ 1.33162303,  1.37561822,  1.34869283,  0.47413818, -1.42227922],
        [-0.84276326, -0.62435228,  0.83416549,  1.40806704, -0.27623441]]),
 0.1404905976180385,
 1.0265356111867954,
 -1.8392338563685182,
 2.3523675139144937)
```

기술 통계

넘파이는 데이터의 특징을 설명하기 위한 기술 통계 함수를 제공한다. 대표적인 통계 지표를 계산하는 기술 통계함수를 ndarray의 메소드와 함께 실습을 통해 살펴보자.

아래 코드는 함수 len( )을 통해 1차원 배열의 개수를 출력해 보면 0을 포함한 모든 원소의 개수가 출력된다. np.count_nonzero( )라는 넘파이 메소드를 이용하면 0을 제외한 원소의 개수를 얻을 수 있다.

Code	`x=np.array([5,16,9,-5,13,7,8,1,10,0,2,10])`
	`print('x의 개수',len(x))`
	`print('x의 개수',np.count_nonzero(x))`

Result	x의 개수 12 x의 개수 11

넘파이 기술 통계함수 np.mean( )와 ndarray의 메소드 x.mean( )은 모두 산술평균을 구한다.

Code	`print('x의 평균',np.mean(x))` `print('x의 평균',x.mean())`
Result	x의 평균 6.333333333333333 x의 평균 6.333333333333333

분산은 편차(데이터와 평균간의 거리)의 제곱의 평균으로 분산 값이 작은 경우 데이터가 모여있고, 크면 흩어져 있다. 넘파이 기술 통계 함수 np.var( )과 ndarray의 메소드 x.var( )은 모두 분산을 구해준다.

Code	`print('x의 분산',np.var(x))` `print('x의 분산',x.var())`
Result	x의 분산 32.72222222222222 x의 분산 32.72222222222222

표준 편차는 분산의 양의 제곱근을 나타낸다. 넘파이 기술 통계 함수 np.std( )과 ndarray의 메소드 x.std( )은 모두 표준 편차을 구해준다.

Code	`print('x의 표준편차',np.std(x))` `print('x의 표준편차',x.std())`
Result	x의 표준편차 5.720334100576838 x의 표준편차 5.720334100576838

ndarray의 max( ), min( )은 배열의 최댓값과 최솟값을, 넘파이 기술 통계 함수 np.median( )은 중앙값을 구해준다. 이때 중앙값은 원소의 개수가 홀수개일 경우 크기 순으로 정렬하여 가운데 위치한 값이며, 짝수일 경우는 가운데 두 개의 값의 평균으로 구한다.

Code

```
print('x의 최댓값',x.max())
print('x의 최솟값',x.min())
print('x의 중앙값',np.median(x))
```

Result

```
x의 최댓값 16
x의 최솟값 -5
x의 중앙값 7.5
```

사분위수는 평균, 중앙값, 분산, 표준편차와 함께 수치의 특성을 나타내는 것으로 낮은 순에서 높은 순으로 정렬 한 후 4등분 했을 경우 각 등위에 해당하는 값을 의미한다. 1사분위수는 25% quantile, 3사분위수는 75% quantile를 나타낸다. 2사분위수는 중앙값에 해당한다.

Code

```
print(np.percentile(x,0))#최소값
print(np.percentile(x,25))#제1사분위수
print(np.percentile(x,50))#중앙값, 제2사분위수
print(np.percentile(x,75))#제3사분위수
print(np.percentile(x,100))#최대값
```

Result

```
-5.0
1.75
7.5
10.0
16.0
```

2.3 판다스(Pandas) 기초

Panel Datas의 약자로 우리가 흔히 접하는 엑셀의 스프레드시트와 같은 행과 열로 구성된 테이블 형태의 데이터를 쉽게 다룰 수 있게 보다 안정적으로 대용량의 데이터를 처리하는데 매우 편리한 도구로, 데이터 분석에 가장 많이 사용되는 라이브러리이다. Pandas 라이브러리를 사용하려면 먼저 라이브러리를 불러와야 한다. 라이브러리를 불러온 다음부터는 Pandas의 내부 함수들을 파이썬에서 사용할 수 있다. 아래 코드와 같이 2가지 방법으로 pandas 라이브러리를 불러올 수 있다. 방법1을 사용하여 라이브러리를 불러올 경우 내부 함수를 사용시 pandas.함수명()의 형태로 사용해야 한다. 매번 pandas.을 붙이는 것은 매우 번거로운 일이기 때문에 방법2처럼 as pd를 붙여 별칭(alias)을 지정하여 사용한다. 방법2처럼 별칭을 붙여서 불러올 경우 pd.함수명()과 같은 형식으로 사용한다.

방법1	`import pandas`
방법2	`import pandas as pd`

Pandas에서 제공하는 데이터 자료구조는 Series와 DataFrame 두가지가 존재한다.

Series는 Numpy의 Array가 보강된 형태로 index와 value로 이루어진 1차원 배열이다. 각각의 인덱스 값을 갖는 1차원 데이터 배열이다. 아래 표와 같은 Series(시리즈)를 생성하기 위해서는 pd.Series( )를 사용하며, Series( )에 리스트 객체를 전달하면 된다.

◆ 1차원 데이터 배열

데이터 레이블	데이터
0	1
1	2
2	3
3	4

아래 코드는 리스트를 전달 받아 시리즈를 생성하는 코드이다. 별도로 인덱스를 지정하지 않으면 Series는 기본값으로 0부터 시작해서 인덱스를 부여한다.

Code

```
data=pd.Series([1,2,3,4])
data
```

Result

```
0    1
1    2
2    3
3    4
dtype: int64
```

Index / Value / Data Type

Series의 값(values)은 넘파이 다차원인 ndarray형태를 가진다. Series의 속성을 확인해보면 아래 코드와 같다. type( )으로 data를 확인해보면 자료구조가 Series임을 확인 할수 있다. Series의 값을 확인하기 위해서는 values 속성을 이용해 Series의 값을 확인할 수 있다. data.values의 결과를 보면 리스트처럼 생겼지만 원소의 구분을 공백으로 하고 있다. 이는 리스트가 아니고 ndarray임을 알 수 있다. 따라서 type( )을 통해 data.values의 자료형태를 확인해 보면 결과와 같이 numpy.ndarray임을 알 수 있다. data.dtype을 통해 Series 값들의 원소의 데이터 자료형은 정수형임을 확인 할 수 있다.

Code

```
# data 자료형 출력
print(type(data))
#시리즈(data) 값 출력
print(data.values)
#시리즈 값(values) 자료형 출력
print(type(data.values))
#데이터의 자료형 출력
print(data.dtype)
```

Result

```
<class 'pandas.core.series.Series'>
[1 2 3 4]
<class 'numpy.ndarray'>
int64
4
```

Series는 dtype 인자를 통해 데이터 타입을 지정해 줄 수도 있다. 아래 코드는 시리즈 생성시 데이터 타입을 실수형으로 지정해 주는 방법이다.

Code

```
data=pd.Series([1,2,3,4], dtype='float')
data
```

Result

Index / Value

```
0    1
1    2
2    3
3    4
dtype: float64
```

Data Type

시리즈를 생성할 때 인덱스를 지정해 주지 않으면 자동으로 0부터 시작해서 인덱스가 부여된다. 시리즈를 생성할 때 인덱스를 지정하고 인덱스로 접근이 가능하다. 아래 코드는 인데스로 [‘a’,‘b’,‘c’,‘d’]를 지정하고 ‘c’ 인덱스에 접근하여 요소를 변경하는 예이다. 이때 인덱스는 판다스에서 행과 열의 특성을 나타내는 유일한 값이여야 한다.

Code

```
# 시리즈 데이터를 만드는 방법. 값=[1,2,3,4],
# 인덱스=['a','b','c','d']
series = pd.Series([1,2,3,4],index=['a','b','c','d'])
series['c']=5
series
```

Result

Index / Value

```
a    1
b    2
c    3
d    4
dtype: int64
```

Data Type

→

Index / Value

```
a    1
b    2
c    5
d    4
dtype: int64
```

Data Type

Pandas의 Series객체를 만들기 위해 값과 인덱스를 매개변수로 각각 넣어주는 방법도 있지만 딕셔너리(Dictionary)를 매개변수로 넣어주는 방법도 있다. 국가별 인구수를 딕셔너리를 이용해서 인덱스와 값을 지정하여 Series를 만드는 방법을 살펴보자. 먼저 딕셔너리를 이용하여 국가별 인구수 데이터를 만든 후 pd.Series( )의 매개변수로 넣어서 country라는 변수에 저장을 하면 시리즈가 생성이 된다. country변수를 출력해보면 딕셔너리의 key값이 인덱스로 지정된 것을 확인할 수 있다.

Code

```
#국가별 인구 수를 딕셔너리로 저장
population_dict = {
    'korea': 5182,
    'japan': 12622,
    'china': 141178,
    'usa': 32976
}
#딕셔너리를 사용하여 시리즈 데이터 생성
country = pd.Series(population_dict)
print(country)
```

Result

Index / Value

```
korea      5182
japan     12622
china    141178
usa       32976
dtype: int64
```

Data Type

index메소드로 Series의 인덱스 값을 확인해 볼 수 있다. 아래 코드는 country. index를 통해 인덱스를 확인해 본 결과로 ['korea', 'japan', 'china', 'usa']이다.

Code

```
country.index
```

Result

```
Index(['korea', 'japan', 'china', 'usa'], dtype='object')
```

Series의 각 인덱스 값은 values속성을 통해 확인할 수 있다.

Code

```
country.values
```

Result

```
array([  5182,  12622, 141178,  32976])
```

아래 표는 기초 정보를 확인하기 위한 속성들에 대한 설명이다.

◆ 1차원 데이터 배열

속성	설명
shape	형태
ndim	차원
size	원소 갯수

다음 코드는 Pandas Series의 기초 정보를 확인 하는 방법이다.

Code

```
# Pandas Series의 기초 정보
print('형태: ', country.shape)
print('차원:', country.ndim)
print('총 원소의 갯수:', country.size)
```

Result

```
형태: (4,)
차원: 1
총 원소의 갯수: 4
```

Series원소에 접근하는 방법에는 명시적 인덱스를 사용하는 방법과 암묵적 인덱스를 사용하는 방법이 있다.

> loc: 인덱스값을 기반으로 행 데이터를 읽는다.
> iloc: 정수 인덱스를 기반으로 행 데이터를 읽는다.

country 시리즈에서 'korea'의 인구 수가 몇인지를 출력하는 방법이다. 인덱스값을 기반으로 검색할 경우에는 country.loc['korea']라고 하고, 정수 인덱스를 사용할 경우 'korea'는 시리즈의 첫 번째 인덱스이므로 country.iloc[0]이라고 하면 된다.

Code

```
country.loc['korea']
country.iloc[0]
```

(두 코드: 또는)

Result

```
5182
```

Series는 시계열과 유사한 데이터로서 index와 value가 존재하고, DataFrame은 딕셔너리 데이터를 매트릭스 형태로 만들어 준 것과 같은 Frame을 가지고 있다. 판단스(Pandas) 데이터프레임(DataFrame)은 두 개 이상의 Series가 모여 생성되는 테이블 형태의 행과 열을 가진 2차원 배열이다. 데이터를 행과 열로 이루어진 표 형태로 처리하는 자료구조이다. 아래와 같이 데이터프레임은 행과 열, 그리고 인덱스로 이루어진 자료구조로 시리즈와 같이 인덱스를 지정해 주지 않으면 0부터 시작해서 1씩 커지는 숫자 인덱스를 부여한다.

Series

	population
korea	5180
japan	12718
china	141500
usa	32676

+

Series

	gdp
korea	169320000
japan	516700000
china	1409250000
usa	2041280000

=

DataFrame

	population	gdp
korea	5180	169320000
japan	12718	516700000
china	141500	1409250000
usa	32676	2041280000

▲ 데이터프레임 구성

실습을 통해 자세히 살펴보자.

라이브러리 불러오기

① Pandas 모듈을 pd라는 별칭으로 불러오기
② Numpy 모듈을 np라는 별칭으로 불러오기

Code

```
import pandas as pd
import numpy as np
```

아래 예제는 리스트를 이용하여 데이터프레임을 생성한 예로, values만 지정해 주어서 행과 열 인덱스가 자동 부여되어 0부터 순서적인 값을 가지게 된다.

Code

```
df=pd.DataFrame([[1,2,3],[4,5,6],[7,8,9]])
df
```

Result

	0	1	2
0	1	2	3
1	4	5	6
2	7	8	9

← 열 인덱스 (0 1 2)

↑ 행 인덱스 (0 1 2)

데이터프레임을 생성할 때 index와 columns의 매개변수에 인자를 넘겨주면 행 인덱스와 열 인덱스를 지정해 줄 수 있다. 아래 예제에서 index=['a','b','c']로 행 인덱스를 지정하고,

columns=['A','B','C']을 통해 열 인덱스를 지정해 출력한 결과이다.

Code

```
df=pd.DataFrame([[1,2,3],[4,5,6],[7,8,9]],
                index=['a','b','c'],
                columns=['A','B','C'])
df
```

Result

	A	B	C
a	1	2	3
b	4	5	6
c	7	8	9

데이터 프레임의 생성은 pd.DataFrame( )을 사용하며, 리스트나 딕셔너리를 매개변수로 전달하면 된다. 시리즈는 하나의 컬럼 값으로 이루어진 반면 데이터 프레임은 여러 개의 컬럼 값을 가질 수 있다. 여러 개의 시리즈를 이용하여 데이터 프레임을 만들어 보자. 국가별 GDP시리즈 데이터와 국가별 인구 시리즈 데이터를 이용하여 GDP와 인구 데이터를 모두 나타내는 데이터 프레임을 만들어 보자. 먼저 국가별 인구와 gdp가 들어있는 딕셔너리을 사용해서 시리즈를 생성한다. 두 시리즈 데이터로 country라는 데이터 프레임을 pd.DataFrame( )의 매개변수로 넣어주어 데이터 프레임을 생성한다. 이때 컬럼명은 population, gdp의 순서로 만들어 준다. 데이터 프레임이 생성되면 출력하여 확인해 보자.

country=pd.DataFrame({'population':population, 'gdp':gdp})라고 하면 데이터 프레임 생성시 딕셔너리의 key가 컬럼명이 된다.

Code

```
import numpy as np
import pandas as pd

# 두 개의 시리즈 데이터
print("Population series data:")
population_dict = {
    'korea': 5180,
    'japan': 12718,
    'china': 141500,
    'usa': 32676
}
population = pd.Series(population_dict)
print(population, "\n")

print("GDP series data:")
gdp_dict = {
    'korea': 169320000,
    'japan': 516700000,
    'china': 1409250000,
    'usa': 2041280000,
}
gdp = pd.Series(gdp_dict)
print(gdp, "\n")

'''
2개의 시리즈 값이 들어간
데이터프레임 생성
'''
print("Country DataFrame")
country =pd.DataFrame(
          {'population':population,
           'gdp':gdp})
print(country)
# country의 인덱스와 컬럼 출력
print(country.index)
print(country.columns)
```

Result	Population series data: korea 5180 japan 12718 china 141500 usa 32676 dtype: int64 (Poulation Dictonary) GDP series data: korea 169320000 japan 516700000 china 1409250000 usa 2041280000 dtype: int64 (GDP Dictonary) Country DataFrame population gdp korea 5180 169320000 japan 12718 516700000 china 141500 1409250000 usa 32676 2041280000 (Country DataFrame) Index(['korea', 'japan', 'china', 'usa'], dtype='object') Country 인덱스 Index(['population', 'gdp'], dtype='object') Country 컬럼들

생성된 데이터프레임의 기본 정보를 확인해 보자. 아래코드를 통해 shape, size, ndim, values 속성을 사용하여 형태, 사이즈, 차원, 값들을 확인해 보자. country 데이터프레임은 형태는 4행 2열(4, 2)이고, 원소의 개수는 8, 차원은 2차원이며, 데이터프레임의 값들은 2차원 배열이다.

Code

```
print(country.shape)  #데이터프레임 형태
print(country.size)  #데이터프레임 사이즈
print(country.ndim)  #데이터프레임 차원
print(country.values) #데이터프레임 값들
```

Result

```
(4, 2)
8
2
[[      5180  169320000]
 [     12718  516700000]
 [    141500 1409250000]
 [     32676 2041280000]]
```

아래 코드를 통해 데이터프레임의 행 인덱스와 열 인덱스를 확인해 보자. 이때 인덱스는 행과 열의 특성을 나타내는 유일한 값이어야 한다. 행 인덱스는 ['korea', 'japan', 'china', 'usa']이고,

열 인덱스는 ['population', 'gdp']로 데이터의 특성을 나타난다.

Code	`country.index.name='Country'  #인덱스에 이름 지정`
	`country.columns.name='Info'  #컬럼에 이름 지정`
	
	`print(country.index)`
	`print(country.columns)`

Result	`Index(['korea', 'japan', 'china', 'usa'], dtype='object', name='Country')` `Index(['population', 'gdp'], dtype='object', name='Info')`

위의 예제에서는 딕셔너리(Dictionary)를 이용해서 시리즈를 생성하고, 두 개의 시리즈를 합쳐 데이터프레임을 생성하는 방법이다. 이때 시리즈의 인덱스가 데이터프레임의 행 인덱스가 되며, DataFrame( )의 인자로 딕셔너리를 넘겨주어 이때 key가 열 인덱스가 된다. 아래 예제는 리스트를 이용하여 데이터프레임을 생성한 예로 values만 지정해 주어서 행과 열 인덱스가 자동 부여되어 0부터 순서적인 값을 가지게 된다.

데이터 프레임의 저장과 로드

데이터를 분석하기 위해서는 원재료가 필요하다. 이때 모든 데이터를 직접 입력할 수는 없다. 데이터의 종류에는 텍스트, 이미지, 소리, 영상 데이터 등이 있으며, 데이터 수집 방법은 설문조사나 센서를 통한 수집과 제공하는 데이터를 내려받는 공공데이터나 민간 데이터가 있다.

외부 데이터를 가져오는 방법에는 2가지 방법이 있다. 로컬 폴더에 있는 파일을 Colab으로 업로드하는 방법과 Google Drive를 Colab에 연결해서 사용하는 방법이 있다. 먼저, 첫 번째 방법은 아래와 같이 코드를 실행하면 '파일 선택'이라는 명령 단추가 나타난다.

파일 선택 단추를 선택하면 탐색기 창이 팝업으로 나타나고 원하는 파일을 선택한 후 열기를 선택한다.

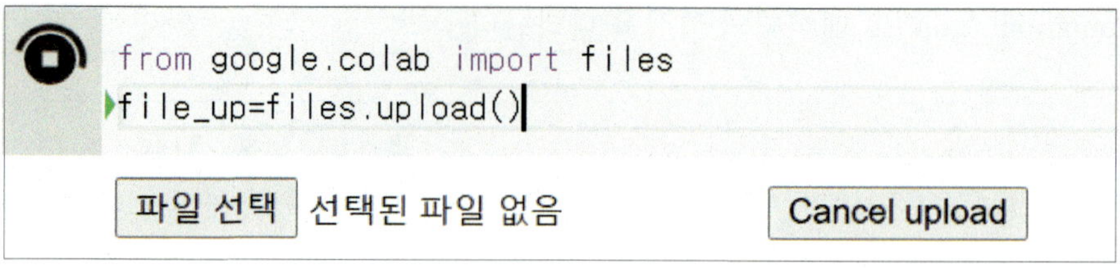

▲ 파일 업로드 실행

선택한 'andong.csv'파일이 Colab으로 업로딩되면 아래와 같이 '100% done'이라는 메시지와 함께 'Saving andong.csv to andong.csv'라는 안내 메시지가 나타난다.

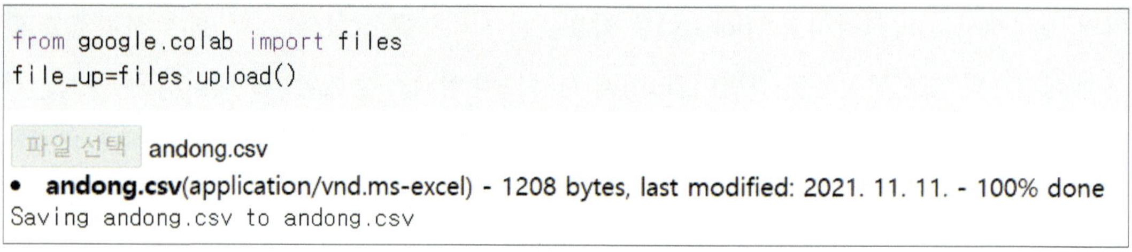

▲ 업로딩 완료

아래 그림과 같이 Colab Notebook 좌측 폴더 아이콘을 클릭하면 'andong.csv'파일이 업로드되어 있는 걸 확인할 수 있다. 하지만 이 방법은 현재 섹션이 끊어지면 파일도 함께 삭제가 된다.

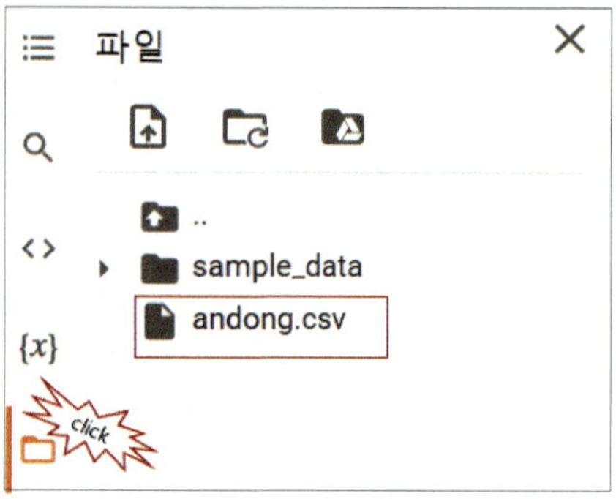

▲ 업로드된 파일 확인

두 번째 방법은 외부에서 데이터를 가져오기 위해서는 Google Colab에서 내 드라이브를 먼저 마운트해 주어야 한다. Google Colab은 가상환경에서 사용하는 것이므로 내 드라이브를 사용하기 위해서는 반드시 마운트하는 과정이 필요한다.

아래 그림은 구글 드라이브를 마운트하기 위한 코드이다.

```
from google.colab import drive
drive.mount('/gdrive',force_remount=True)
```

위의 코드를 실행하면 아래와 같이 '노트북에서 Google Drive파일에 액세스하도록 허용하시겠습니까?'라는 팝업창이 실행된다. 팝업창에서 [Google Drive에 연결] 버튼을 클릭한다.

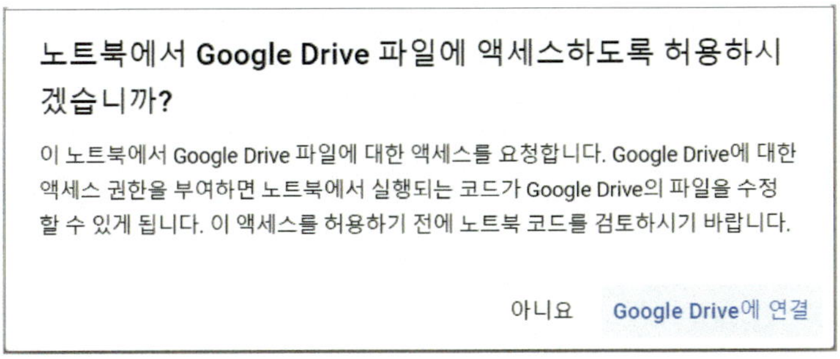

아래 그림과 같이 'Google 계정으로 로그인' 팝업 창이 뜨면 자신의 구글 계정을 선택한다. 'Google Drive for desktop에서 내 Google계정에 액세스하려고 합니다.'라고 뜨면 '허용'을 선택해준다. 허용을 선택하면 실행 결과창에 'Mounted at /gdrive'라는 메시지가 뜨면 드라이브 연동이 잘 된 것이다.

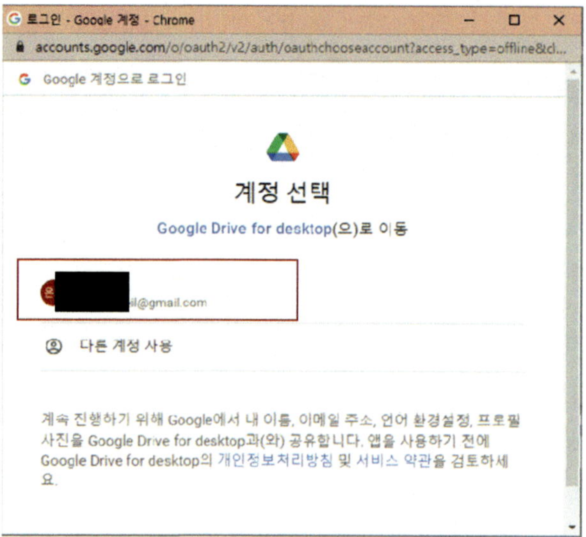

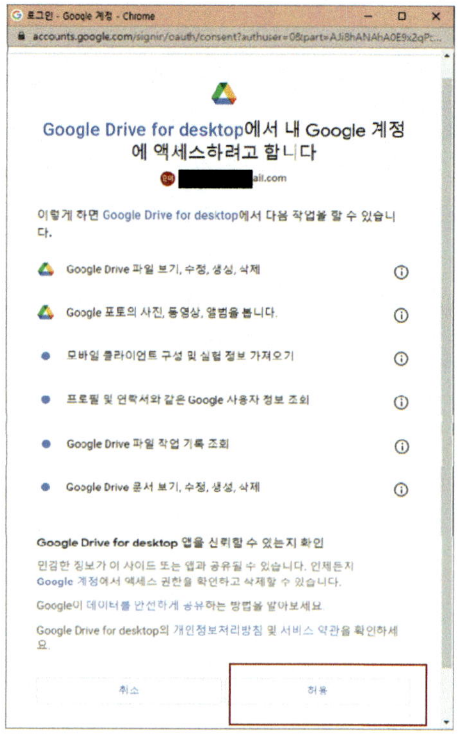


```
from google.colab import drive
drive.mount('/gdrive',force_remount=True)
```

```
Mounted at /gdrive
```

os모듈은 Operating System의 약자로 운영체제를 의미한다. 파이썬에 기본 내장된 모듈이며, 운영체제와의 상호작용을 돕는 다양한 기능을 제공한다. 운영체제의 시스템 명령을 사용하기 위해서는 먼저 os 모듈을 불러와야 한다. import os라는 코드를 통해 os모듈을 불러온다. os.getcwd( )를 통해 현재 디렉토리 위치를 확인해 보면 '/content'이다. 처음 drive를 연동하면 초기 경로는 '/content'이다.

os 모듈 함수

- 현재 디렉토리 확인: os.getcwd( )
- 디렉토리 변경: os.chdir('경로')

os.chdir('경로')를 이용해 작업폴더로 사용할 구글 드라이브 위치를 경로 위치에 적어준다. 기본적으로 따로 폴더를 생성하지 않았다면 '/gdirve/My Drive/Colab Notebooks'일 것이다. 만약 새로 폴더를 생성했다면 '/gdirve/My Drive/'이후에 이어서 생성한 폴더 이름을 적어 주면 된다.

Code

```
import os
os.chdir('/gdrive/My Drive/Colab Notebooks')
os.getcwd()
```

Result

```
'/gdrive/My Drive/Colab Notebooks'
```

위의 코드에서 생성한 country 데이터 프레임을 csv 텍스트 파일로 저장해 보자. CSV는 Comma Separated Values로 컬럼을 쉼표(,)로 구분한 텍스트 파일을 의미하는 확장자이다. to_csv( )함수를 통해 데이터프레임을 csv파일로 저장할 수 있다. 아래 코드는 country라는 데이터 프레임을 'country.csv' 파일 이름으로 저장하는 것이다. 이때 점(.)은 현재 위치를 의미한다.

Code

```
country.to_csv('./country.csv')
```

Result

파일로 잘 저장 되었는지를 확인하기 위해 저장된 파일 'country.csv'을 불러와 데이터프레임으로 저장해 보자. country_r=pd.read_csv('./country.csv')는 country.csv를 불러온 후 country_r에 저장하는 코드이다. country_r로 확인 해 보면 데이터프레임을 확인할 수 있다.

Code

```
country_r=pd.read_csv('./country.csv')
country_r
```

Result

	Unnamed: 0	population	gdp
0	korea	5180	169320000
1	japan	12718	516700000
2	china	141500	1409250000
3	usa	32676	2041280000

데이터프레임에서 데이터 선택–indexing/slicing

인덱싱(indexing)은 특정 위치에 값에 접근하는 방법이다. DataFrame에서 인덱싱 방법은 [ ], .loc[ ], .iloc[ ] 이렇게 세가지 방법이 있다. 별 다른 지정이 없다면 Series는 스칼라 값을, DataFrame은 행을 인덱싱한다. 행을 인덱싱한다는 것은 행에 해당하는 Series를 반환하는 것이다. Slicing은 데이터의 일부분을 참조하는 방법이다.

인덱싱 방법

- 대괄호 [ ] : 레이블을 넣으면 열 반환
- 명시적 인덱싱 .loc[인덱스] : 명시적 인덱스를 참조하는 방법(행 반환)
- 정수 인덱싱 .iloc[위치] : 위치 정수의 행을 반환

아래 그림은 country DataFrame이다.

	population	gdp
korea	5180	169320000
japan	12718	516700000
china	141500	1409250000
usa	32676	2041280000

▲ country DataFrame

.loc메소드는 명시적 인덱스를 참조하는 방식으로 정수가 아니라 반드시 명시적 인덱스를 인수로 넣어 주어야 한다. 다음은 .loc메서드를 사용한 예이다. 'china'를 인덱스로 하는 행이 Series로 반환된 결과이다.

Code

```
country.loc['china']
```

Result

```
population       141500
gdp          1409250000
Name: china, dtype: int64
```

다음 예제는 .loc메소드를 이용해 슬라이싱하는 방법이다. .loc 슬라이싱 방법은 인덱스와 컬

럼의 '이름'을 통해 데이터 프레임을 슬라이싱할 수 있다. 단 명시적 인덱스를 사용할 경우에는 .loc[행 인덱스, 열 인덱스] 순서로 표기하며, country.loc ['korea':'japan', :'population']이라는 코드는 'korea'인덱스에서 'japen'인덱스의 첫 번째 열부터 'population'열까지 데이터를 추출하라는 뜻이다. 따라서 아래 코드의 출력 결과와 같이 첫 번째, 두 번째 행의 population열이 추출된다.

Code

```
country.loc['korea':'japan',:'population']
```

Result

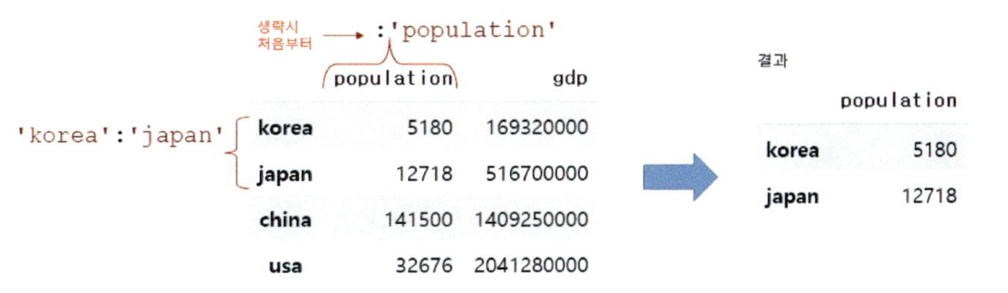

.iloc( )는 정수 인덱스를 참조하는 방법으로 데이터프레임의 행의 위치를 정수로 넣어주면 된다. 이때 첫 번째 행은 0이다. 다음은 .iloc 메서드를 활용하여 첫 번째 행을 참조하는 코드이다.

Code

```
country.iloc[0]
```

Result

```
population          5180
gdp            169320000
Name: korea, dtype: int64
```

.iloc를 이용하는 경우에는 행과 열의 인덱스를 정수로 넣어주면 된다. 1:3은 1번째 인덱스에서 2번째 인덱스까지 슬라이싱하라는 뜻이다. 이때 종료 인덱스는 포함하지 않는다. 아래 코드에서 행의 1:3은 1번째, 2번째 행을 의미하며, 열의 :2는 시작 부분이 생략되었으므로 0번째 열부터 1번째 열까지의 데이터를 추출하라는 의미이다. 따라서 출력결과는 아래와 같다.

Code

```
country.iloc[1:3,:2]
```

Result

결과

	population	gdp
japan	12718	516700000
china	141500	1409250000

:2 == 0,1

1:3 = 1,2

	population	gdp
korea	5180	169320000
japan	12718	516700000
china	141500	1409250000
usa	32676	2041280000

다음은 컬럼 선택에 대해 살펴보자. [ ](대괄호)안에 컬럼 이름을 넣어주면 해당 컬럼을 Series로 추출할 수 있다. type( )을 통해 확인해 보면 자료형이 Series임을 확인할 수 있다.

Code

```
country['gdp']
```

Result

	population	gdp
korea	5180	169320000
japan	12718	516700000
china	141500	1409250000
usa	32676	2041280000

결과

```
korea      169320000
japan      516700000
china     1409250000
usa       2041280000
Name: gdp, dtype: int64
```

Code

```
type(country['gdp'])
```

Result

```
pandas.core.series.Series
```

[ ](대괄호)에 컬럼 이름을 리스트 형태로 넣어 주면 Series 대신 DataFrame으로 반환받을 수 있다. 따라서 결과는 DataFrame형태의 gdp컬럼이 추출된다. type( )을 통해 확인해 보면 자료형이 DataFrame임을 확인할 수 있다.

Code	`country[['gdp']]`
Result	(아래 표)

	gdp
korea	169320000
japan	516700000
china	1409250000
usa	2041280000

Code	`type(country[['gdp']])`
Result	`pandas.core.frame.DataFrame`

컬럼 추가

데이터프레임에서 새로운 컬럼을 추가하는 방법은 df['새로운 필드명']=Value형식을 취한다. 이때 Value는 Series 형태로 넣어 주면 된다. 아래 예제는 country DataFrame에 1인당 GDP를 계산 후 'gdp_per_capita'라는 컬럼 명을 가진 컬럼을 추가하는 코드이다. 데이터 프레임에서 시리즈별 계산이 가능하다. gdp_per_capita = country['gdp'] / country['population']를 통해 1인당 GDP를 계산한 후, country ['gdp_per_capita'] = gdp_per_capita 코드를 통해 새로운 열을 추가한다. country로 확인해 보면 'gdp_per_capita' 컬럼이 추가된 데이터프레임을 확인할 수 있다.

Code	`gdp_per_capita=country['gdp']/country['population']`
	`country['gdp_per_capita']=gdp_per_capita`
	`country`

Result

	population	gdp	gdp_per_capita
korea	5180	169320000	32687.258687
japan	12718	516700000	40627.457147
china	141500	1409250000	9959.363958
usa	32676	2041280000	62470.314604

● 행 추가

데이터프레임에서 행을 추가하기 위해서는 country.loc['new 인덱스']를 적고 등호(=) 이후에 Series를 대입해 주면 된다. 아래 코드는 'india'인덱스에 population에는 1379619, gdp에는 3238200000을 넣기 위해 Series를 만든 후 대입해 주었다. 결과를 확인해 보면 india라는 행이 추가된 것을 알 수 있다. 하지만 gdp_per_capita 컬럼에는 값을 넣지 않아 결측값이 생성되었다. NaN은 결측값을 의미한다. 방법2와 같이 먼저 Series객체 india를 생성한 후 country.loc['india']=india 와 같이 대입해 주어도 행을 추가할 수 있다.

Code 방법1

```
country.loc['india','gdp_per_capita']=
        country.loc['india','gdp']/
        country.loc['india','population']
country
```

Code 방법2

```
india=pd.Series( data=[1379619,3238200000],
                 index=['population','gdp'])
country.loc['india']=india
country
```

Result

	population	gdp	gdp_per_capita
korea	5180.0	1.693200e+08	32687.258687
japan	12718.0	5.167000e+08	40627.457147
china	141500.0	1.409250e+09	9959.363958
usa	32676.0	2.041280e+09	62470.314604
india	1379619.0	3.238200e+09	NaN

위의 결과를 보면 결측값(NaN)이 존재하는 것을 알 수 있다. DataFrame에 결측값이 존재하는지를 확인 해 보지 위해서는 isnull( )이라는 메서드를 사용하여 확인 할 수 있다. 결측값이 존재하는 곳은 True로, 데이터가 존재할 경우는 False로 나타난다.

Code

```
country.isnull()
```

Result

	population	gdp	gdp_per_capita
korea	False	False	False
japan	False	False	False
china	False	False	False
usa	False	False	False
india	False	False	True

아래 예제에서 counry.isnull( ).sum( )을 통해 결측값의 개수를 확인해 보니, 컬럼 gdp_per_capita에 1개의 결측값이 존재함을 알 수 있다.

Code

```
country.isnull().sum()
```

Result

```
population        0
gdp               0
gdp_per_capita    1
dtype: int64
```

india 인덱스의 gdp_per_capita 컬럼의 결측값을 없애기 위해 특정 위치의 값을 변경하는 방법에 대해 살펴보자. country.loc['india','population']라고 하면 india행의 population열의 값인 1379619가 된다. 이를 이용하여 특정 위치의 값을 변경할 수 있다. 아래 예제는 결측값 위치에 인도의 1인당 Gdp를 계산해서 넣는 코드이다.

Code

```
country.loc['india','gdp_per_capita']=
        country.loc['india','gdp']/
        country.loc['india','population']
country
```

Result

	population	gdp	gdp_per_capita
korea	5180.0	1.693200e+08	32687.258687
japan	12718.0	5.167000e+08	40627.457147
china	141500.0	1.409250e+09	9959.363958
usa	32676.0	2.041280e+09	62470.314604
india	1379619.0	3.238200e+09	2347.169762

행 삭제

배열의 축(axis)에 대해 살펴보자. 배열에서 축이란 배열의 인덱스를 기술하는 방향이다. axis 0은 행 방향, 1은 열 방향을 의미한다. 따라서 새로 추가된 인도 행을 삭제하기 위해서는 drop( )이라는 메서드를 사용하며, 어떤 방향으로 인덱스를 잡아서 삭제 할 것인지를 알려 주어야 한다. axis=0 이면 행 방향으로, axis=1이면 열 방향으로 인덱스를 찾아 삭제한다. 아래 예제에서 country=country.drop('india',axis=0)은 행방향으로 india 인덱스를 찾아 삭제하라는 코드이다.

Code	

```
country=country.drop('india',axis=0)
country
```

Result

결과:

	population	gdp	gdp_per_capita
korea	5180.0	1.693200e+08	32687.258687
japan	12718.0	5.167000e+08	40627.457147
china	141500.0	1.409250e+09	9959.363958
usa	32676.0	2.041280e+09	62470.314604

해설:

axis=0

	population	gdp	gdp_per_capita
korea	5180	169320000	32687.258687
japan	12718	516700000	40627.457147
china	141500	1409250000	9959.363958
usa	32676	2041280000	62470.314604
~~**india**~~	~~1379619~~	~~3238200000~~	~~2347.169762~~

열 삭제

country데이터프레임에서 1인당 GDP 컬럼이 있으므로 총 GDP는 의미가 없다고 하자. 이때 gdp컬럼을 삭제하려면 axis=1로 열방향으로 찾아 삭제 하여야 한다. 아래 예제는 gdp컬럼을 삭제하는 코드이다. 하지만 이 코드는 gdp컬럼을 삭제 했을 경우를 뷰형태로 보여주는 것이다. 실제 데이터프레임에서 gdp컬럼이 삭제되지 않았다. 삭제시 원본에 반영하는 방법은 2가지 방법이 있다. drop( )함수의 inplace 매개변수에 True값을 인자로 넣어주는 방법과 행 삭제시 사용했던 방법과 같이 데이터프레임에 다시 대입해 주는 방법이 있다. 필자는 후자를 추천한다. 원본을 바로 변경하기 보다는 만약의 사고를 대비하여 원본을 보존할 수 있는 방법인 변수를 새로 만들어 대입해 주는 방식을 추천한다.

Code	`country.drop('gdp',axis=1)`

Result:

	population	gdp_per_capita
korea	5180.0	32687.258687
japan	12718.0	40627.457147
china	141500.0	9959.363958
usa	32676.0	62470.314604

위의 코드를 수행 후 country 데이터프레임을 확인해 보면 원본은 그대로 유지되어 있는 것을 확인 할 수 있다.

Code	`country`

Result:

	population	gdp	gdp_per_capita
korea	5180.0	1.693200e+08	32687.258687
japan	12718.0	5.167000e+08	40627.457147
china	141500.0	1.409250e+09	9959.363958
usa	32676.0	2.041280e+09	62470.314604

아래 예제의 출력 결과를 보면 country_df 데이터프레임에는 gdp컬럼이 존재하지 않지만 원본인 country는 삭제 후에는 원본을 유지하고 있는 것을 확인 할 수 있다.

Code	

	`country_df=country.drop('gdp',axis=1)`
	`print(country_df)`
	`print('원본')`
	`print(country)`

```
        population  gdp_per_capita
korea       5180.0    32687.258687
japan      12718.0    40627.457147      Country_df
china     141500.0     9959.363958
usa        32676.0    62470.314604
원본
        population           gdp  gdp_per_capita
korea       5180.0  1.693200e+08    32687.258687
japan      12718.0  5.167000e+08    40627.457147     country
china     141500.0  1.409250e+09     9959.363958
usa        32676.0  2.041280e+09    62470.314604
```

아래 예제는 inplace=True사용하여 drop( ) 수행하면 gdp를 삭제 후 원본 데이터프레임을 업데이트시켜준다.

Code

```
country.drop('gdp',axis=1, inplace=True)
```

Result

	population	gdp_per_capita
korea	5180.0	32687.258687
japan	12718.0	40627.457147
china	141500.0	9959.363958
usa	32676.0	62470.314604

조건을 충족하는 값 추출

데이터 프레임에서 각 컬럼마다 조건을 충족하는 값만 추출할 수 있다. Numpy의 마스킹 연산처럼 조건식을 직접 사용할 수도 있고, query( )함수를 이용하는 방법도 있다. 실습을 위해 컬럼 A, B를 가진 2차원 데이터 프레임을 생성하고 df에 할당한다. 데이터 프레임내에서 원하는 데이터에 조건을 주어 검색하는 방법에 대해 살펴보자. 넘파이의 random.rand( )를 사용하여 5행 2열의 2차원 배열을 생성 후 컬럼 이름이 A, B인 데이터 프레임을 생성한다.

pd.DataFrame(np.random.rand(5, 2), columns= ["A", "B"])을 통해 데이터프레임을 생성한다. A컬럼 값이 0.5보다 작고, B컬럼 값이 0.4보다 큰 값들을 마스킹 연산을 활용하여 출력하고, 아래에는 query( )함수를 활용하여 위의 조건과 같은 데이터를 추출하여 보자. 마스킹 연산 (df['A']<0.5) & (df['B']>0.4)이 True인 행만 추출되어 진다. query( )를 사용시는 sql문 where절에 들어 가는 쿼리문('A<0.5 and B>0.4')만 적어 주면 된다.

Code

```
import numpy as np
import pandas as pd
print("Masking & query")
df=pd.DataFrame(np.random.rand(5,2),
                columns=['A','B'])
print(df,'\n')
'''
A컬럼값이 0.5보다 작고
B컬럼값이 0.3보다 큰 값 추출
'''
#Masking 연산 활용
print(df[(df['A']<0.5)&(df['B']>0.4)])
#query함수 활용
print(df.query('A<0.5 and B>0.4'))
```

Result

```
Masking & query
          A         B
0  0.301539  0.964284
1  0.207087  0.412165
2  0.646120  0.384629
3  0.186744  0.490759
4  0.265301  0.089862

          A         B
0  0.301539  0.964284
1  0.207087  0.412165
3  0.186744  0.490759
          A         B
0  0.301539  0.964284
1  0.207087  0.412165
3  0.186744  0.490759
```

```
(df['A']<0.5) & (df['B']>0.4)

0     True
1     True
2    False
3     True
4    False
dtype: bool
```

CHAPTER 2.3

연습문제

※ pass, 밑줄, None 부분의 코드를 완성하세요.

1 라이브러리 불러오기

① Pandas 모듈을 pd라는 별칭으로 불러오기

② Numpy 모듈을 np라는 별칭으로 불러오기

Code

```
import pandas __________
pass
```

2 List를 활용하여 데이터프레임 생성하시오

Code

```
student_data = [['홍길동', 80, 70, 80],
                ['박철수', 60, 70, 80],
                ['김영희', 70, 90, 80]]
df =None
df
```

Result

	0	1	2	3
0	홍길동	80	70	80
1	박철수	60	70	80
2	김영희	70	90	80

3 2번의 출력결과를 보면 컬럼 이름이 지정되어 있지 않다. Columns옵션을 주어 컬럼(열)이름을 지정하여 데이터프레임을 생성하시오.

조건: 데이터프레임 생성시 student_data 리스트를 사용

Code	`df = None` `df`
Result	(table below)

	이름	국어	수학	영어
0	홍길동	80	70	80
1	박철수	60	70	80
2	김영희	70	90	80

4 데이터 프레임에서 '국어' 컬럼을 추출(조회)하시오.

Code

```
pass
```

Result

```
0    80
1    60
2    70
Name: 국어, dtype: int64
```

5 출력 결과와 같이 .iloc[ ]를 활용하여 '홍길동' 행(0번째 인덱스)을 조회하시오.

Code

```
pass
```

Result

```
이름     홍길동
국어      80
수학      70
영어      80
Name: 0, dtype: object
```

6 '사회' 컬럼을 데이터프레임에 추가하시오.

Code

```
Pass
df
```

Result

	이름	국어	수학	영어	사회
0	홍길동	80	70	80	50
1	박철수	60	70	80	60
2	김영희	70	90	80	70

7 추가한 '사회' 컬럼을 삭제하시오.

Code

```
Pass
df
```

Result

	이름	국어	수학	영어
0	홍길동	80	70	80
1	박철수	60	70	80
2	김영희	70	90	80

8 df.loc[행,열] 명령어를 사용하여 '박철수'가 출력 되도록 하시오.

Code

```
rest=None
rest
```

Result

```
'박철수'
```

9 철수의 영어 정수를 100으로 변경하시오.

Code

```
Pass
df
```

Result

	이름	국어	수학	영어
0	홍길동	80	70	80
1	박철수	60	70	100
2	김영희	70	90	80

10 국어가 70점 이상인 데이터만 추출하시오.

Code

```
pass
```

Result

	이름	국어	수학	영어
0	홍길동	80	70	80
2	김영희	70	90	80

11 국어 점수가 70점이고, 수학 점수가 80이 넘는 데이터만 추출 하시오.

Code

```
pass
```

Result

	이름	국어	수학	영어
2	김영희	70	90	80

12 국어점수가 80점이상이거나 영어점수가 80점 이상인 데이터만 추출하시오.

Code

```
pass
```

Result

	이름	국어	수학	영어
0	홍길동	80	70	80
1	박철수	60	70	100
2	김영희	70	90	80

13 set_index('컬럼명')을 사용하여 이름 컬럼을 행 인덱스로 적용하시오.

Code

```
df = None
df
```

Result

	국어	수학	영어
이름			
홍길동	80	70	80
박철수	60	70	100
김영희	70	90	80

14 홍길동의 국어 점수를 조회하시오.

Code

```
pass
```

Result

```
80
```

15 열 방향으로 합계를 계산하시오.

Code	pass
Result	국어 210 수학 230 영어 260 dtype: int64

16 행 방향으로 합계를 계산하시오.

Code	pass
Result	이름 홍길동 230 박철수 230 김영희 240 dtype: int64

17 행 방향으로 합계를 구해 '합계'라는 새로운 컬럼을 추가하시오.

Code

```
Pass
df
```

Result

	국어	수학	영어	합계
이름				
홍길동	80	70	80	230
박철수	60	70	100	230
김영희	70	90	80	240

18 본인의 성적을 추가하시오.

Code

```
Pass
df
```

Result

이름	국어	수학	영어	합계
홍길동	80.0	70.0	80.0	230.0
박철수	60.0	70.0	100.0	230.0
김영희	70.0	90.0	80.0	240.0
정은미	100.0	85.0	75.0	NaN

19 결측값을 확인하세요.

Code

```
pass
```

Result

이름	국어	수학	영어	합계
홍길동	False	False	False	False
박철수	False	False	False	False
김영희	False	False	False	False
정은미	False	True	False	True

20 결측값의 개수를 출력하시오.

Code

```
pass
```

Result

```
국어    0
수학    0
영어    0
합계    1
dtype: int64
```

21 '합계' 컬럼명을 '총점'이라는 이름으로 변경하시오.

```
열의 이름을 변경하는 경우 :
    데이터프레임명.rename(columns = {'기존 이름' : '바뀌는 이름'})
행의 이름을 변경하는 경우 :
    데이터프레임명.rename(index = {'기존 이름' : '바뀌는 이름'})
```

Code

```
df = None
df
```

Result

이름	국어	수학	영어	총점
홍길동	80.0	70.0	80.0	230.0
박철수	60.0	70.0	100.0	230.0
김영희	70.0	90.0	80.0	240.0
정은미	100.0	85.0	75.0	NaN

21 본인 이름(정은미)의 합계를 구해서 업데이트 하세요.

Code

```
pass
pass
df
```

Result

이름	국어	수학	영어	총점
홍길동	80.0	70.0	80.0	230.0
박철수	60.0	70.0	100.0	230.0
김영희	70.0	90.0	80.0	240.0
정은미	100.0	85.0	75.0	260.0

2.4 판다스(Pandas) 심화

DataFrame 정렬

데이터를 처리하다 보면 일정한 기준으로 정렬하는 일이 빈번히 발생한다. 데이터프레임에서 정렬하는 방식은 index값을 기준으로 정렬하는 방법과 입력되어 있는 값을 기준으로 정렬하는 방법이 있다. 기준에 따라 작은 것(사전순)으로 정렬하는 오름차순과 큰 것부터 정렬하는 내림차순 정렬이 있다. 먼저 아래 코드와 같이 데이터프레임(df)을 생성한다.

Code

```
import numpy as np
import pandas as pd

print("DataFrame: ")
df = pd.DataFrame({
    'col1' : [2, 1, 9, 8, 7, 4],
    'col2' : ['A', 'A', 'B', np.nan, 'D', 'C'],
    'col3': [0, 1, 9, 4, 2, 3],
}, index=[1,3,2,5,0,4])
df
```

Result

DataFrame:

	col1	col2	col3
1	2	A	0
3	1	A	1
2	9	B	9
5	8	NaN	4
0	7	D	2
4	4	C	3

다음으로 생성된 데이터프레임(df)을 이용하여 index 값 기준으로 정렬하는 방식에 대해 살펴보자. sort_index( )메서드는 index 값을 기준으로 정렬한다. 이때 axis=0을 인자로 설정해 주면 행 인덱스 기준으로 오름차순 정렬을 한다. 아래 예제는 행 인덱스를 기준으로 오름차순 정렬을 한 예이다. 정렬 방식 디폴트는 오름차순이다.

Code

```
df=df.sort_index(axis=0)
df
```

Result

원본

	col1	col2	col3
1	2	A	0
3	1	A	1
2	9	B	9
5	8	NaN	4
0	7	D	2
4	4	C	3

결과

	col1	col2	col3
0	7	D	2
1	2	A	0
2	9	B	9
3	1	A	1
4	4	C	3
5	8	NaN	4

아래 예제는 열 인덱스를 기준으로 내림차순 정렬을 한 코드이다. axis=1은 열방향을 의미하고, ascending=False는 내림차순 정렬을 의미한다.

Code

```
df=df.sort_index(axis=1, ascending=False)
df
```

Result

원본

	col1	col2	col3
0	7	D	2
1	2	A	0
2	9	B	9
3	1	A	1
4	4	C	3
5	8	NaN	4

결과

	col3	col2	col1
0	2	D	7
1	0	A	2
2	9	B	9
3	1	A	1
4	3	C	4
5	4	NaN	8

아래 코드는 Column값을 기준으로 정렬하는 방법이다. sort_values( )는 기준 컬럼과 정렬 방법을 인수로 주면 해당 컬럼을 기준으로 정렬해주는 메서드이다. 데이터프레임을 col1을 기준으로 오름차순 정렬한 결과를 sorted_df1에 저장하고 출력해 보자. 이때 col1컬럼 기준으로 정렬되며, 관련 인덱스(행:레코드)가 모두 이동한다.

Code

```python
sorted_df1=df.sort_values('col1', ascending=True)
print(sorted_df1)
```

Result

원본

	col3	col2	col1
0	2	D	7
1	0	A	2
2	9	B	9
3	1	A	1
4	3	C	4
5	4	NaN	8

결과

	col3	col2	col1
3	1	A	1
1	0	A	2
4	3	C	4
0	2	D	7
5	4	NaN	8
2	9	B	9

정렬 기준을 2개 이상을 줄 수 있다. 이때는 기준값을 리스트로, 정렬 방식도 리스트로 넣어 주어야 한다. 아래 예제는 데이터프레임을 col2를 기준으로 오름차순으로 정렬한 뒤, col2의 값이 같은 경우 col1을 기준으로 내림차순 정렬한 결과를 출력하는 예이다. 즉, 정렬 기준이 2개인 경우이다. 정렬한 결과를 sorted_df2에 저장하여 출력한다. col2의 인덱스1의 값과 인덱스 3의 값이 'A'로 동일한 값을 가지므로 col1을 내림차순 정렬하여 출력결과와 같은 데이터프레임이 된다.

Code

```python
sorted_df2=df.sort_values(['col2','col1'],
                          ascending=[True,False])
sorted_df2
```

Result

원본

	col3	col2	col1
3	1	A	1
1	0	A	2
4	3	C	4
0	2	D	7
5	4	NaN	8
2	9	B	9

결과

	col3	col2	col1
1	0	A	2
3	1	A	1
2	9	B	9
4	3	C	4
0	2	D	7
5	4	NaN	8

DataFrame 분석용 함수

집계함수는 많은 데이터 값을 입력으로 받아 이를 요약하는 하나의 값으로 반환하는 기능이다. 집계함수에는 count( ), max( ), min( ), sum( ), mean( ) 등과 같은 함수들이다. 실습을 통해 집계함수의 사용에 대해 살펴보자. 먼저 아래 코드와 같이 데이터프레임을 생성한다.

Code

```
import numpy as np
import pandas as pd

data = {
    'korean' : [50, 60, 70,30],
    'math' : [30, np.nan, 40,20]
}
df = pd.DataFrame(data, index = ['a','b','c','d'])
df
```

Result

	korean	math
a	50	30.0
b	60	NaN
c	70	40.0
d	30	20.0

위의 코드에서 생성한 데이터프레임 df의 index와 colums을 살펴보면 딕셔너리의 key값은 컬럼 이름이 되고, 인덱스는 ['a','b','c','d']이다.

Code
Result

```
df.index

Index(['a', 'b', 'c', 'd'], dtype='object')

df.columns

Index(['korean', 'math'], dtype='object')
```

count( )는 데이터 개수를 확인할 수 있다. 기본값으로 NaN값은 제외된다. axis=0을 인수로 넣어주면 열 기준(행 방향), axis=1은 행 기준(열 방향)으로 데이터 개수를 구해주며, 이때 NaN값은 제외된다.

Code

```
df.count(axis=0)
```

Result

	korean	math
a	50	30.0
b	60	NaN
c	70	40.0
d	30	20.0
	4	3

행방향

결과

열기준

```
korean    4
math      3
dtype: int64
```

Code

```
df.count(axis=1)
```

Result

	korean	math	
a	50	30.0	2
b	60	NaN	1
c	70	40.0	2
d	30	20.0	2

열방향

결과

행기준

```
a    2
b    1
c    2
d    2
dtype: int64
```

max( ), min( ) 메서드는 최대,최소값을 구해준다. 기본적으로 열 기준이며, NaN 값을 제외한다. 이때 결과는 Series이다. 이 메서드 역시 axis 매개변수를 통해 축 기준을 줄 수 있다.

Code	`print('최대값')`
	`print(df.max())`
	`print()`
	`print('최솟값')`
	`print(df.min())`

Result	`최대값`
	`korean    70.0`
	`math      40.0`
	`dtype: float64`
	
	`최솟값`
	`korean    30.0`
	`math      20.0`
	`dtype: float64`

Code	`print('최대값')`
	`print(df.max(axis=1))`
	`print()`
	`print('최솟값')`
	`print(df.min(axis=1))`

Result	`최대값`
	`a    50.0`
	`b    60.0`
	`c    70.0`
	`d    30.0`
	`dtype: float64`

sum( ), mean( ) 메서드는 합계와 평균을 계산해 준다. 역시 기본적으로 열 기준이며, NaN값은 제외된다. 역시 축 기준을 사용할 수 있으며, 평균을 구할 때 NaN값은 포함되지 않는다는 것을 기억하자. 출력 결과 역시 Series이다. 예제를 통해 살펴보자.

Code	`print('컬럼 합')`
	`print(df.sum())`
	`print('인덱스(행)의 합')`
	`print(df.sum(axis=1))`
	`print('컬럼 평균')`
	`print(df.mean())`
	`print('인덱스(행)의 평균')`
	`print(df.mean(axis=1))`

Result	`컬럼 합`
	`korean    210.0`
	`math       90.0`
	`dtype: float64`
	`인덱스(행)의 합`
	`a     80.0`
	`b     60.0`
	`c    110.0`
	`d     50.0`
	`dtype: float64`
	`컬럼 평균`
	`korean    52.5`
	`math      30.0`
	`dtype: float64`
	`인덱스(행)의 평균`
	`a    40.0`
	`b    60.0`
	`c    55.0`
	`d    25.0`
	`dtype: float64`

skipna인자를 활용하여 합계 및 평균 계산시 NaN값 포함여부를 결정할 수 있다. 평균에서 NaN 포함 여부는 중요한 문제이다. skipna=False 는 NaN값을 포함하라는 뜻이다. 위의 예제에서 잘 나왔던 평균이 NaN값을 포함시키면서 결과가 NaN값으로 나타난다. 예제를 통해 살펴보자.

Code	

```
print('컬럼 평균')
print(df.mean(skipna=False))
print('인덱스(행)의 평균')
print(df.mean(axis=1,skipna=False))
```

Result	

```
컬럼 평균
korean    52.5
math       NaN
dtype: float64
인덱스(행)의 평균
a    40.0
b     NaN
c    55.0
d    25.0
dtype: float64
```

따라서 NaN값이 존재하는 경우 NaN 값을 다른 값으로 대체해 주어야 한다. 아래 예제에서는 math 컬럼의 평균을 구한 후 값을 대체하는 방법이다. avg=df['math']. mean( )은 NaN값을 제외하고 평균을 구한 후, avg에 대입한다. fillna( ) 메서드는 결측값을 존재하는 값에 넘어온 인수로 대체한다. df['math']=df['math'].fillna(avg)는 avg의 값을 math 컬럼의 결측값에 채워 넣는다는 것이다. 따라서 데이터프레임 결과를 보면 'b' 인덱스의 math 컬럼의 NaN값이 30(avg)로 변경된 것을 확인 할 수 있다.

Code	

```
avg=df['math'].mean()
df['math']=df['math'].fillna(avg)
df
```

Result

	korean	math
a	50	30.0
b	60	30.0
c	70	40.0
d	30	20.0

그룹으로 묶기

단순 집계를 벗어나 조건부로 집계를 하고 싶은 경우가 있다. 이때 groupby( )메소드를 이용하면, key값을 기준으로 그룹핑 할 수 있다. 예를 들어 시험 성적 데이터에서 각 반을 그룹으로 묶어 각 반의 평균 점수를 구한다거나, 성별별로 응시 인원을 구하거나, 부서별로 최대 매출액을 구할 경우에 사용할 수 있다. 실습을 통해 살펴 보자. 먼저 아래 코드와 같이 사용할 데이터 프레임을 생성한다.

Code

```
import numpy as np
import pandas as pd

df = pd.DataFrame({
    'key': ['A', 'B', 'C', 'A', 'B', 'C'],
    'data1': [1, 2, 3, 1, 2, 3],
    'data2': [4, 4, 6, 0, 6, 1]
})
print("DataFrame:")
df
```

Result

DataFrame:

	key	data1	data2
0	A	1	4
1	B	2	4
2	C	3	6
3	A	1	0
4	B	2	6
5	C	3	1

데이터프레임의 key 컬럼을 기준으로 그룹을 묶고, key 별로 data1, data2의 합계를 구하여 보자. df.groupby('key').sum( )은 key별로 각 컬럼의 합을 구하라는 뜻이다. 출력 결과를 보면 데이터프레임 형태로 출력되며, 이때 인덱스는 'key'가 된다.

Code

```
df.groupby('key').sum()
```

Result

	key	data1	data2
0	A	1	4
1	B	2	4
2	C	3	6
3	A	1	0
4	B	2	6
5	C	3	1

key	data1	data2
A	2	4
B	4	10
C	6	7

다음은 그룹의 기준을 2개를 주는 방법을 살펴보자. 데이터프레임(df)의 key와 data1 컬럼을 그룹으로 묶어, key와 data1별로 data2의 합계를 구해 보자. 그룹의 기준이 두 개이므로 groupby( )의 인수로 리스트를 넘겨주어야 한다. 아래 예제를 통해 살펴보자.

Code

```
df.groupby(['key','data1']).sum()
```

Result

key	data1	data2
A	1	4
B	2	10
C	3	7

지금까지의 그룹으로 묶기는 그룹별 집계함수를 하나만 사용할 수 있다. 여러 집계함수를 사용해 한꺼번에 요약 통계량을 보고 싶다면 aggregate( )라는 메서드를 사용하면 된다. aggregate( ) 메서드를 활용하여 key값을 기준으로 그룹핑하고, 그룹별 요약 통계량을 살펴보자. aggregate( )의 결과값 또한 데이터프레임으로 반환되어 데이터 분석에 유용하게 사용된다. 실습을 통해 요약 통계량에 대해 살펴보자. 데이터프레임(df)을 key를 기준으로 묶고, key별 각 컬럼의 최솟값과 중앙값, 최댓값을 출력해보자. 이때 집계함수가 여러 개이므로 리스트로 넘겨주어야 한다. 또한 중앙값을 구하는 median은 넘파이 함수를 사용해야 한다.

Code

```
df.groupby('key').aggregate([min, np.median, max])
```

Result

	data1			data2		
	min	median	max	min	median	max
key						
A	1	1	1	0	2.0	4
B	2	2	2	4	5.0	6
C	3	3	3	1	3.5	6

aggregate( )를 이용하여 요약 통계량을 산출할 때 컬럼 별로 서로 다른 집계함수를 사용할 수 있다. 이때 컬럼별로 사용해야 하는 집계함수를 구분해야 하므로 딕셔너리안에 key값은 컬럼명, value는 함수로 설정해서 인수({'data1':max,'data2':sum})를 넘겨주어야 한다. 아래 예제를 통해 살펴보자. 데이터 프레임을 key로 묶고, data1은 최댓값을, data2는 합계를 구하기 위해서 'df.groupby('key').aggregate ({'data1':max,'data2':sum})'라고 한다.

Code

```
df.groupby('key').aggregate({
                     'data1':max,'data2':sum})
```

Result

	data1	data2
key		
A	1	4
B	2	10
C	3	7

filter( ) 메서드를 사용하여 groupby를 통해 그룹 속성을 기준으로 데이터를 필터링할 수 있다. 먼저 filter( )메서드에 대해 살펴보자. filter( )는 파이썬 내부적으로 메모리 자원을 효율적으로 사용하기 위해 iterator를 결과값으로 반환해 주는 함수이다. filter함수는 특정 조건으로 걸러서, 걸러진 요소들로 iterator 객체를 생성하여 반환한다. 함수의 결과가 참인지 거짓 인지 여부에 따라 해당 요소들을 포함할지를 결정한다. 숫자를 요소로 가지고 있는 iterable객체에서 짝수들만 골라 새로운 객체를 만드는 과정을 통해 원리를 살펴보자.

- 적용할 요소들
```
[1, 2, 3, ..., 10]
```
- 적용할 함수
```
def is_even(x):
return True if n%2==0 else False
```

아래 예제는 1에서 10까지 순차적인 값을 가지는 리스트 t를 생성하고, 결과를 담기 위해 result=[ ]과 같이 빈 리스트를 생성한다. is_even( )이라는 사용자 정의함수는 인수를 넘겨받아 짝수이면 True, 홀수이면 False를 반환한다. for-in은 t에서 원소를 하나씩 가져와 i에 할당하고, is_even( )에 인수로 넘겨주어 True가 리턴되는 원소만 result 리스트에 추가한다.

Code

```
t=list(range(1,11))
result=[]
def is_even(x):
  return True if x%2==0 else False

for i in t:
  if is_even(i):
    result.append(i)

print(result)
```

Result

```
[2, 4, 6, 8, 10]
```

위의 코드를 filter( )에 적용하면 filter(적용 시킬 함수, 적용할 요소들)로 짝을 지어주면 된다. filter(is_even, t)라고하면 숫자를 원소로 가지고 있는 iterable 객체에서 짝수들만 골라 새로운 객체를 반환하여 result에 할당한다. 이때 result는 iterator이기 때문에 바로 결과를 확인 할 수 없다. 따라서 list 타입으로 형변환 후 출력해야 한다.

Code	```t=list(range(1,11))```
	```result=[]```
	```def is_even(x):```
	``` return True if x%2==0 else False```
	
	```result=filter(is_even, t)```
	
	```print(list(result))```

Result	[2, 4, 6, 8, 10]

이때 함수를 재사용할 필요가 없다면 간결하게 lambda함수를 통해 0은 거짓, 그 외에 숫자는 참으로 취급받는 특성을 이용하여 아래 코드와 같이 축약할 수 있다.

Code	```t=list(range(1,11))```
	```result=[]```
	```result=filter(lambda x:x%2==0, t)```
	
	```print(list(result))```

Result	[2, 4, 6, 8, 10]

filter( )를 이용하여 그룹 속성을 기준으로 데이터를 필터링하는 방법에 대해 살펴 보자. 먼저 적용할 함수를 정의하고 filter( )의 인수로 함수명을 넘겨준다. key별 data2 컬럼의 평균이 3을 초과하는 데이터만 필터링해서 출력해보자. df.groupby('key').mean( )의 출력 결과를 살펴보면 data2의 그룹 평균이 3을 초과하는 그룹은 'B'와 'C'이다. Code 2의 예제와 같이 filter를 적용하면 그룹 평균이 3이하인 경우만 제외한 모든 행(그룹 평균이 3초과)이 출력된다.

Code1	`df.groupby('key').mean()`

Result1

key	data1	data2
A	1.0	2.0
B	2.0	5.0
C	3.0	3.5

Data2의 그룹 평균>3

Code2

```
def filter_mean(x):
  return x['data2'].mean()>3

df.groupby('key').filter(filter_mean)
```

Result2

	key	data1	data2
1	B	2	4
2	C	3	6
4	B	2	6
5	C	3	1

filter_mean( )함수가 재사용될 가능성이 없다면 lambda를 통해 축약할 수 있다.

Code

```
df.groupby('key').filter(
            lambda x: x['data2'].mean()>3
           )
```

Result

	key	data1	data2
1	B	2	4
2	C	3	6
4	B	2	6
5	C	3	1

get_group( ) 메서드로 특정 그룹의 데이터만를 가져올 수 있다. get_group( )에 가져올 그룹을 전달하면 해당 그룹 데이터만 볼 수 있다. 아래 예제는 key로 그룹을 하고 'A'그룹 데이터만 가져 온 결과이다. A그룹에 속한 데이터 개수를 확인하려면 len( )함수를 이용하면 된다.

Code1	`df.groupby('key').get_group('A')`
Result1	(see table below)
Code2	`len(df.groupby('key').get_group('A'))`
Result2	2

Result1:

	key	data1	data2
0	A	1	4
3	A	1	0

피봇(Pivot)과 피봇 테이블(Pivot_table)

여러 개의 분류로 섞인 행 데이터를 열 데이터로 회전시키는 것을 피봇이라 한다. 피봇을 실습하기 위해 사용할 데이터프레임을 아래와 같이 생성해 보자. 2차원 리스트를 사용하여 데이터프레임의 data로 사용하고, columns=['date', 'type', 'volume']을 통해 컬럼명을 지정한다. 인덱스에 대한 별도지정이 없으므로 인덱스는 0부터 순차적인 값을 갖는다.

Code

```
import pandas as pd
df = pd.DataFrame([
        ['20210901', 'A',   1],
        ['20210901', 'B',  10],
        ['20210901', 'C', 100],
        ['20210902', 'A',   2],
        ['20210902', 'B',  20],
        ['20210902', 'C', 200],
        ['20210903', 'A',   3],
        ['20210903', 'B',  30],
        ['20210903', 'C', 300],

], columns=['date', 'type', 'volume'])
df
```

Result

	date	type	volume
0	20210901	A	1
1	20210901	B	10
2	20210901	C	100
3	20210902	A	2
4	20210902	B	20
5	20210902	C	200
6	20210903	A	3
7	20210903	B	30
8	20210903	C	300

date를 행 인덱스, type을 열 인덱스로 하는 volume값을 확인하는 피봇(pivot)을 만들어 보자. pivot( )메서드의 매개변수를 index='date', columns='type', values= 'volume'로 설정하면 date는 행, type은 열 인덱스로 하는 volume값을 확인하는 pivot이 생성된다. 이는 단순히 date가 '20210901'이고, type이 'A'인 volume 데이터를 찾은 것이다. 행 인덱스와 열 인덱스는 데

이터를 찾는 키의 역할을 한다. 따라서 키 값으로 하나의 데이터만 찾아진다.

Code

```
df_pivoted1 = df.pivot(index='date',
                       columns='type',
                       values='volume' )
df_pivoted1
```

Result

type	A	B	C
date			
20210901	1	10	100
20210902	2	20	200
20210903	3	30	300

위의 코드에서 행 인덱스는 Data로 활용가치가 충분하다. 행 인덱스를 없애고 Data로 변경이 가능하다. reset_index( )를 이용하여 행 인덱스를 Data로 변경할 수 있다. 'date'행 인덱스를 기능을 해제하여 date라는 컬럼으로 변경하시오. 먼저 위 피봇 결과를 보면 컬럼 인덱스의 이름이 type으로 설정되어 있는 것을 알 수 있다. 이때 컬럼 이름을 없애기 위해서 df_pivoted1.columns.values을 통해 컬럼 인덱스의 값을 추출하여 columns 속성에 대입해 준다. 결과1과 같이 컬럼 인덱스 이름이 없어진 것을 확인 할 수 있다. 행 인덱스를 reset_index( )을 이용하여 Data로 변경하면 행 인덱스는 0부터 시작하는 값으로 자동 부여된다.

Code1	`df_pivoted1.columns = df_pivoted1.columns.values` `df_pivoted1`

```python
df_pivoted1.columns = df_pivoted1.columns.values
df_pivoted1
```

Result1

	A	B	C
date			
20210901	1	10	100
20210902	2	20	200
20210903	3	30	300

Code2

```python
df_pivoted1.reset_index(level=0, inplace=True)
df_pivoted1
```

Result2

	date	A	B	C
0	20210901	1	10	100
1	20210902	2	20	200
2	20210903	3	30	300

다시 date를 행 인덱스로 설정하려면 set_index( ) 메서드를 사용하면 된다.

Code

```python
df_pivoted1=df_pivoted1.set_index('date')
```

Result

	A	B	C
date			
20210901	1	10	100
20210902	2	20	200
20210903	3	30	300

시각화의 자세한 설명은 3장을 참조하기 바란다. 피봇을 통해 얻은 데이터를 시각화하는 예를 살펴보자.

Code

```python
import matplotlib.pyplot as plt
fig,ax=plt.subplots(1,2)
fig.set_size_inches(20,8)
df_pivoted1.plot(kind='bar', ax=ax[0])
df_pivoted1.plot(kind='barh', ax=ax[1])
```

Result

```
<matplotlib.axes._subplots.AxesSubplot at 0x7f8e23efe050>
```

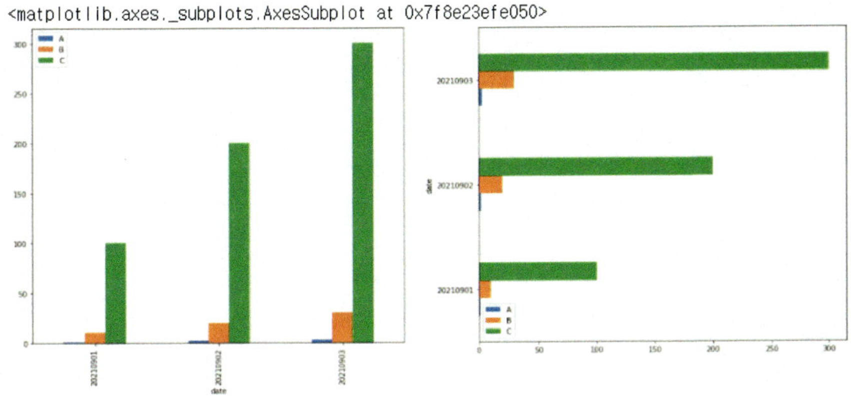

Pivot_table(피봇테이블)은 기능적으로 pivot(피봇)과 동일하지만, 중복되는 모호한 값이 있을 경우 aggregation 함수를 사용하여 값을 채울 수 있다는 차이가 있다. 피봇 테이블이란 데이터 열 중에서 두 개의 열을 각각의 행 인덱스, 열 인덱스로 사용하여 데이터를 조회하여 펼쳐 놓은 것을 말한다. 피봇 테이블을 실습하기 위해 먼저 데이터프레임을 아래 코드와 같이 생성한다.

Code

```
import numpy as np
import pandas as pd
df=pd.DataFrame({
    '지역':['안동','안동','안동','경기',
           '경기','부산','서울','안동'],
    '요일':['월','월','수','월','화',
           '월','목','금'],
    '강수확률':[80,70,90,10,20,30,40,80],
    '강수량':[80,50,100,200,200,100,50,1000]})
df
```

Result

	지역	요일	강수확률	강수량
0	안동	월	80	80
1	안동	월	70	50
2	안동	수	90	100
3	경기	월	10	200
4	경기	화	20	200
5	부산	월	30	100
6	서울	목	40	50
7	안동	금	80	1000

피봇 테이블을 생성할 때는 pivot_table( )메서드를 사용한다. 요일별 지역별 강수확률과 강수량의 최댓값을 구하는 피봇 테이블을 생성해 보자. index='요일', columns= '지역'을 이용해 행 인덱스와 열 인덱스를 설정해 주고, aggfunc 매개변수에 사용할 함수를 인자로 넣어주면 된다. 최댓값을 구하기 위해서 aggfunc에 np.max를 대입해 주면 된다. 이때 해당하는 값이 없을 경우에는 NaN 결측값이 들어간다. 이때 fillna(' ')을 이용해 NaN 값 대신 공백으로 채워 넣을 수 있다. code 2는 NaN 값을 공백으로 채워 넣은 예이다.

Code1

```
pd.pivot_table(df,  index='요일',
                    columns='지역',
                    aggfunc=np.max )
```

Result1

	강수량				강수확률			
지역	경기	부산	서울	안동	경기	부산	서울	안동
요일								
금	NaN	NaN	NaN	1000.0	NaN	NaN	NaN	80.0
목	NaN	NaN	50.0	NaN	NaN	NaN	40.0	NaN
수	NaN	NaN	NaN	100.0	NaN	NaN	NaN	90.0
월	200.0	100.0	NaN	80.0	10.0	30.0	NaN	80.0
화	200.0	NaN	NaN	NaN	20.0	NaN	NaN	NaN

Code2

```
pd.pivot_table(df,  index='요일',
                    columns='지역',
                    ggfunc=np.max ) .fillna(' ')
```

Result2

	강수량				강수확률			
지역	경기	부산	서울	안동	경기	부산	서울	안동
요일								
금				1000				80
목			50				40	
수				100				90
월	200	100		80	10	30		80
화	200				20			

CHAPTER 2.4
연습문제

※ pass, 밑줄, None 부분의 코드를 완성하세요.

※ 데이터 출처: 캐글(https://www.kaggle.com/c/titanic/data)

1 라이브러리 불러오기

① Pandas 모듈을 pd라는 별칭으로 불러오기

② Numpy 모듈을 np라는 별칭으로 불러오기

Code
```
import pandas ________
pass
```

2 외부 데이터를 불러오기 위해 필요한 라이브러리 불러오기

① os 모듈 불러오기

② google.colab으로부터 drive를 불러오기(from A import B 형식 사용)

Code
```
pass
pass
```

3 현재 경로를 확인 하시오.

Code
```
pass
```

Result
```
/content
```

4 구글 드라이브를 마운트하시오.

Code	pass
Result	Mounted at /gdrive

5 캐글의 타이타닉 데이터 셋을 현재 Colab 파일과 같은 폴더에 넣어 둔다.

```
필자는 파일명을 titanic.csv로 저장함.
URL:  https://www.kaggle.com/c/titanic/data
```

6 os.chdir()을 이용하여 '타이타닉' 데이터 셋이 들어있는 경로로 이동한다.

Code	pass
Result	

7 현재 경로를 확인하여 데이터가 있는 폴더로 변경되었는지 확인한다.

Code	pass
Result	/gdrive/My Drive/Colab Notebooks

8 'titanic.csv'을 불러와 titanic_df에 할당하시오.

Code	pass
Result	

9 데이터프레임(titanic_df)의 상위 5개의 데이터를 확인하시오.

Code

```
pass
```

Result

	PassengerId	Survived	Pclass	Name	Sex	Age	SibSp	Parch	Ticket	Fare	Cabin	Embarked
0	1	0	3	Braund, Mr. Owen Harris	male	22.0	1	0	A/5 21171	7.2500	NaN	S
1	2	1	1	Cumings, Mrs. John Bradley (Florence Briggs Th...	female	38.0	1	0	PC 17599	71.2833	C85	C
2	3	1	3	Heikkinen, Miss. Laina	female	26.0	0	0	STON/O2. 3101282	7.9250	NaN	S
3	4	1	1	Futrelle, Mrs. Jacques Heath (Lily May Peel)	female	35.0	1	0	113803	53.1000	C123	S
4	5	0	3	Allen, Mr. William Henry	male	35.0	0	0	373450	8.0500	NaN	S

10 데이터프레임(titanic_df)의 크기(형태)를 확인하시오.

Code

```
pass
```

Result

```
(891, 12)
```

11 데이터프레임(titanic_df)에 대한 요약 정보를 확인하시오.

Code

```
pass
```

Result

```
<class 'pandas.core.frame.DataFrame'>
RangeIndex: 891 entries, 0 to 890
Data columns (total 12 columns):
 #   Column       Non-Null Count  Dtype
---  ------       --------------  -----
 0   PassengerId  891 non-null    int64
 1   Survived     891 non-null    int64
 2   Pclass       891 non-null    int64
 3   Name         891 non-null    object
 4   Sex          891 non-null    object
 5   Age          714 non-null    float64
 6   SibSp        891 non-null    int64
 7   Parch        891 non-null    int64
 8   Ticket       891 non-null    object
 9   Fare         891 non-null    float64
 10  Cabin        204 non-null    object
 11  Embarked     889 non-null    object
dtypes: float64(2), int64(5), object(5)
memory usage: 83.7+ KB
```

12 데이터프레임(titanic_df)에 대한 기초 통계량을 확인하시오.

Code	
	pass

Result

	PassengerId	Survived	Pclass	Age	SibSp	Parch	Fare
count	891.000000	891.000000	891.000000	714.000000	891.000000	891.000000	891.000000
mean	446.000000	0.383838	2.308642	29.699118	0.523008	0.381594	32.204208
std	257.353842	0.486592	0.836071	14.526497	1.102743	0.806057	49.693429
min	1.000000	0.000000	1.000000	0.420000	0.000000	0.000000	0.000000
25%	223.500000	0.000000	2.000000	20.125000	0.000000	0.000000	7.910400
50%	446.000000	0.000000	3.000000	28.000000	0.000000	0.000000	14.454200
75%	668.500000	1.000000	3.000000	38.000000	1.000000	0.000000	31.000000
max	891.000000	1.000000	3.000000	80.000000	8.000000	6.000000	512.329200

13 다음 조건에 해당하는 데이터를 필터링 하세요.

```
조건:
- Age와 Name 열만 출력
- Age가 60세 이상
- 상위 3개만 출력
```

Code

```
pass
```

Result

	Age	Name
33	66.0	Wheadon, Mr. Edward H
54	65.0	Ostby, Mr. Engelhart Cornelius
96	71.0	Goldschmidt, Mr. George B

14 다음 조건에 해당하는 데이터를 필터링 하세요.

```
조건:
- Name, Pclass, Age 열만 출력
- Survived가 1인 경우
- 상위 5개만 출력
```

Code	pass
Result	

	Name	Pclass	Age
1	Cumings, Mrs. John Bradley (Florence Briggs Th...	1	38.0
2	Heikkinen, Miss. Laina	3	26.0
3	Futrelle, Mrs. Jacques Heath (Lily May Peel)	1	35.0
8	Johnson, Mrs. Oscar W (Elisabeth Vilhelmina Berg)	3	27.0
9	Nasser, Mrs. Nicholas (Adele Achem)	2	14.0

15 다음 조건에 해당하는 데이터의 개수를 출력하시오.

```
조건:
- Age는 60세이상
- Pclass가 1등급
- Sex가 female
```

Code	pass
Result	3

16 Pclass별 여성 생존자의 수를 출력하시오.

Code	pass
Result	1등급 여성 생존자 91 2등급 여성 생존자 70 3등급 여성 생존자 72

17 Pclass를 인덱스로 하여 각 컬럼의 개수를 구하시오.

(조건: groupby( )이용)

Code

```
pass
```

Result

Pclass	PassengerId	Survived	Name	Sex	Age	SibSp	Parch	Ticket	Fare	Cabin	Embarked
1	216	216	216	216	186	216	216	216	216	176	214
2	184	184	184	184	173	184	184	184	184	16	184
3	491	491	491	491	355	491	491	491	491	12	491

18 제공된 iris.csv파일을 불러와 iris에 할당하시오.

Code

```
pass
iris
```

Result

	sepal length	sepal width	petal length	petal width	class
0	5.1	3.5	1.4	0.2	setosa
1	4.9	3.0	1.4	0.2	setosa
2	4.7	3.2	1.3	0.2	setosa
3	4.6	3.1	1.5	0.2	setosa
4	5.0	3.6	1.4	0.2	setosa
...	...	...	...	...	...
145	6.7	3.0	5.2	2.3	virginica
146	6.3	2.5	5.0	1.9	virginica
147	6.5	3.0	5.2	2.0	virginica
148	6.2	3.4	5.4	2.3	virginica
149	5.9	3.0	5.1	1.8	virginica

150 rows × 5 columns

19 class 컬럼의 고유한 데이터가 어떤 것들이 있는지 확인하시오.

Code	`pass`
Result	`array(['setosa', 'versicolor', 'virginica'], dtype=object)`

20 class 컬럼의 고유한 데이터가 몇 개인지 확인하시오.

Code	`pass`
Result	3

21 class컬럼의 데이터가 각 개체별로 몇 개씩 있는지 확인 하시오.

Code
```
pass
```

Result
```
versicolor    50
virginica     50
setosa        50
Name: class, dtype: int64
```

22 iris의 꽃받침(sepal) 길이만 상위 10개를 살펴보세요.

Code
```
pass
```

Result
```
0    5.1
1    4.9
2    4.7
3    4.6
4    5.0
5    5.4
6    4.6
7    5.0
8    4.4
9    4.9
Name: sepal length, dtype: float64
```

23 iris의 꽃받침의 5행~19행까지 sclicing하시오.

Code	pass
Result	5 5.4 6 4.6 7 5.0 8 4.4 9 4.9 10 5.4 11 4.8 12 4.8 13 4.3 14 5.8 15 5.7 16 5.4 17 5.1 18 5.7 19 5.1 Name: sepal length, dtype: float64

24 컬럼(Series)별로 일괄 계산이 가능한다. 'sepal length' 컬럼을 'petal length' 컬럼으로 나눈 값(Series)을 출력하시오.

Code	pass
Result	0 3.642857 1 3.500000 2 3.615385 3 3.066667 4 3.571429 ... 145 1.288462 146 1.260000 147 1.250000 148 1.148148 149 1.156863 Length: 150, dtype: float64

25 'sepal length'가 5보다 큰 데이터만 추출하시오.

Code

```
pass
```

Result

	sepal length	sepal width	petal length	petal width	class
0	5.1	3.5	1.4	0.2	setosa
5	5.4	3.9	1.7	0.4	setosa
10	5.4	3.7	1.5	0.2	setosa
14	5.8	4.0	1.2	0.2	setosa
15	5.7	4.4	1.5	0.4	setosa
...	...	...	...	...	...
145	6.7	3.0	5.2	2.3	virginica
146	6.3	2.5	5.0	1.9	virginica
147	6.5	3.0	5.2	2.0	virginica
148	6.2	3.4	5.4	2.3	virginica
149	5.9	3.0	5.1	1.8	virginica

118 rows × 5 columns

26 sepal length가 5보다 크거나, petal(꽃잎) length 가 1.5보다 작은 데이터만 추출하시오.

Code

```
pass
```

Result

	sepal length	sepal width	petal length	petal width	class
0	5.1	3.5	1.4	0.2	setosa
1	4.9	3.0	1.4	0.2	setosa
2	4.7	3.2	1.3	0.2	setosa
4	5.0	3.6	1.4	0.2	setosa
5	5.4	3.9	1.7	0.4	setosa
...	...	...	...	...	...
145	6.7	3.0	5.2	2.3	virginica
146	6.3	2.5	5.0	1.9	virginica
147	6.5	3.0	5.2	2.0	virginica
148	6.2	3.4	5.4	2.3	virginica
149	5.9	3.0	5.1	1.8	virginica

135 rows × 5 columns

27 sepal length가 5보다 크면서 petal length 가 1.5보다 작은 데이터만 추출하시오.

Code

```
pass
```

Result

	sepal length	sepal width	petal length	petal width	class
0	5.1	3.5	1.4	0.2	setosa
14	5.8	4.0	1.2	0.2	setosa
16	5.4	3.9	1.3	0.4	setosa
17	5.1	3.5	1.4	0.3	setosa
28	5.2	3.4	1.4	0.2	setosa
33	5.5	4.2	1.4	0.2	setosa
36	5.5	3.5	1.3	0.2	setosa

28 'sepal length'>5 이고 'petal length' < 1.5인 'petal width' 열만 추출하시오.

Code

```
pass
```

Result

```
0     0.2
14    0.2
16    0.4
17    0.3
28    0.2
33    0.2
36    0.2
Name: petal width, dtype: float64
```

29 class별로 각 컬럼의 합을 출력하시오.(groupby()사용)

Code

```
pass
```

Result

	sepal length	sepal width	petal length	petal width
class				
setosa	250.3	171.4	73.1	12.3
versicolor	296.8	138.5	213.0	66.3
virginica	329.4	148.7	277.6	101.3

30 class별로 각 컬럼의 가장 큰값과 가장 작은 값의 차이를 출력하시오.

Code

```
pass
```

Result

	sepal length	sepal width	petal length	petal width
class				
setosa	1.5	2.1	0.9	0.5
versicolor	2.1	1.4	2.1	0.8
virginica	3.0	1.6	2.4	1.1

2.5 데이터 시각화

◆ Matplotlib 데이터 시각화

맷플롯립(Matplotlib)는 파이썬의 대표적인 과학 계산용 그래프 라이브러리를 담고 있는 패키지이다. 주로 선 그래프, 히스토그램, 산점도 등 2D형태의 그래프를 지원한다. 탐색적 데이터 분석의 데이터 시각화에 주로 사용된다. Matplotlib 패키지에서 그래프를 그릴 때 pyplot 라이브러리를 주로 사용하고 별칭으로는 관례적으로 plt를 사용한다. 아래 예제는 맷플롯립 라이브러리를 plt라는 별칭으로 불러오는 코드이다. 기본 구성으로 그림(figure)와 축(axes)가 있다. 아나콘다 jupyter notebook내에서 output을 보여주려면 '% matplotlib inline'이라고 하면 notebook내에서 그래프를 볼 수 있다.

Code
```
import matplotlib.pyplot as plt
```

● 시각화 한글 처리

이 책은 모든 실습을 Google Colab Notebooks에서 진행을 한다. Google Colab 가상환경에서는 한글 폰트가 설치되어 있지 않다. 따라서 그래프에서 한글을 사용시 아래 그림처럼 한글 깨짐 현상이 생긴다. 이를 해결하기 위해서는 한글 폰트를 설치해 주어야 한다. Colab 환경에서 시각화가 포함된 프로젝트를 수행할 경우에는 반드시 첫 번째 cell에서 나눔 폰트를 설치하고 런타임을 재시작해 준다.

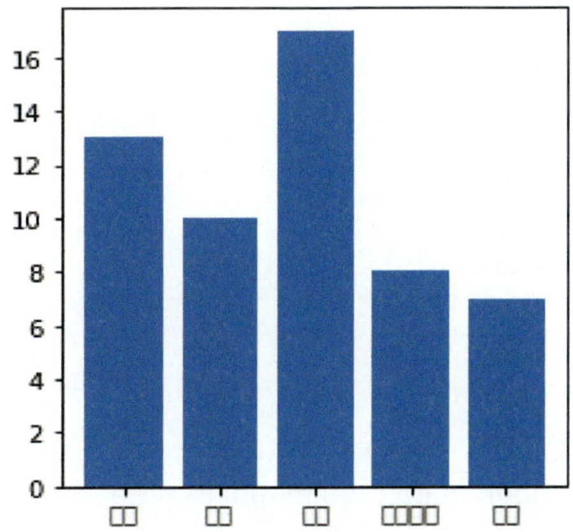

▲ 한글 깨짐 그래프

한글 깨짐 현상 해결 순서

① 나눔 폰트 설치
② 코랩의 런타임을 재시작
③ matplotlib의 폰트를 나눔 폰트로 저장

위의 순서를 따라 실습을 진행해 보자. 먼저 나눔 폰트 설치를 위해 Colab 파일을 연 다음 첫 번째 cell에 아래 코드를 입력하고 실행한다. 설치가 완료되면 fc-cach: succeeded라는 메시지가 뜬다.

Code

```
!sudo apt-get install -y fonts-nanum
!sudo fc-cache -fv
!rm ~/.cache/matplotlib -rf
```

Result

```
/usr/share/fonts/truetype/nanum: caching, new cache contents: 10 fonts, 0 dirs
/usr/local/share/fonts: caching, new cache contents: 0 fonts, 0 dirs
/root/.local/share/fonts: skipping, no such directory
/root/.fonts: skipping, no such directory
/var/cache/fontconfig: cleaning cache directory
/root/.cache/fontconfig: not cleaning non-existent cache directory
/root/.fontconfig: not cleaning non-existent cache directory
fc-cache: succeeded
```

아래 그림과 같이 설치가 완료되면 코랩의 런타임을 재시작한다. [런타임]-[런타임 다시 시작]

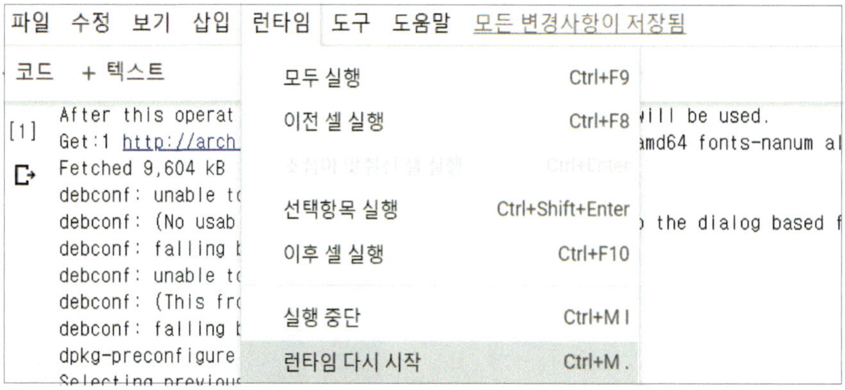

▲ 런타임 다시 시작

import matplotlib.pyplot as plt을 통해 라이브러리를 불러온 후 rc()메서드를 통해 사용한 나눔 폰트로 설정한다. plt.rc('font', family='NanumBarunGothic')은 그래프의 전체 글꼴을 나눔바른고딕으로 설정하는 것이다. 이후에 한글을 포함하여 시각화를 하면 한글 깨짐 현상 없이 한글이 잘 출력되게 된다.

Code	예

Code

```python
import matplotlib.pyplot as plt
plt.rc('font', family='NanumBarunGothic')
```

예

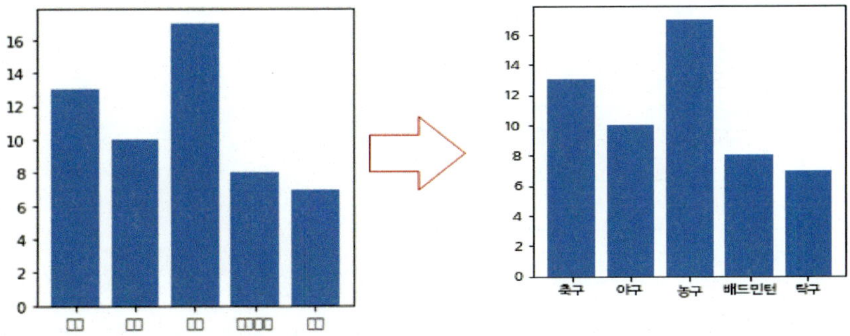

한글 폰트 설정 후 한글 깨짐 현상 해결 예

그래프 속성

그래프는 속성값 변경을 통하여 다양한 방법으로 그래프를 그릴 수 있다. 자주 사용하는 옵션에 대해 살펴보자. 차트의 구성요소(왼)와 matplotlib에서 그래프를 구성하는 객체는 아래 그림과 같다. 그래프 전체 영역을 Figure 객체와 x 축과 y축으로 감싸진 축 영역인 Axis 객체로 구성되어 진다. Figure는 하나 이상의 subplot() Axis 객체가 필요하다. Axis 객체는 두 개의 x축과 y축을 나타낸다.

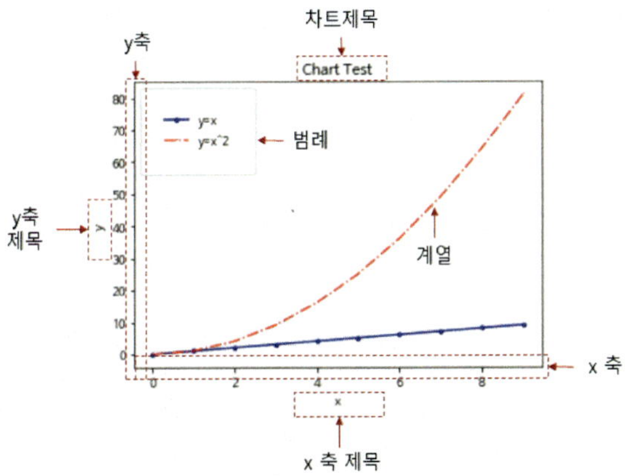

▲ 차트 구성요소

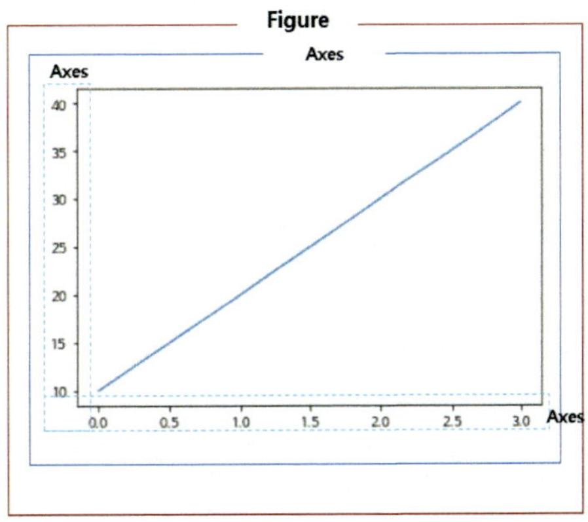

▲ matplotlib 그래프 객체

아래 표는 라인 스타일을 나타내는 표이다. linestyle은 선의 종류를 설정하는 속성이며, marker는 마커를 지정, markerfacecolor는 마커색, markersize는 마커 크기를 지정할 때 사용하는 속성이다.

◆ Line Style

기호	의미
–	실선
—	대시 선
–.	대시 점 선
:	점선

◆ Marker

기호	의미
.	점
o	원
v, 〈, ^, 〉	삼각형
p	오각형
+	plus
D	다이아몬드

기호	의미
,	픽셀
s	사각형
1, 2, 3, 4	삼각선
H, h	육각형
x	x
d	thin_diamond

◆ Color Table

문자	색상
b	blue
g	green
r	red
c	cyan(청록색)

문자	색상
m	magenta
y	yellow
k	black
w	white

◆ loc:범례 표시 위치

문자열	code
'best'	0
'upper right'	1
'upper left'	2
'lower left'	3
'lower right'	4
'right'	5

문자열	code
'center left'	6
'center right'	7
'lower center'	8
'upper center'	9
'center'	10

한 화면에 여러 개의 그래프를 그리는 방법에 대해 살펴보자. plt.subplots()를 이용해 행렬로 그래프를 그릴 영역을 나눌 수 있다. plt.subplots()안에 인수를 넣지 않으면 code1의 결과와 같이 1 x 1로 하나의 그래프만 그릴 수 있는 영역이 생긴다. plt.subplots(1,2)로 실행을 시키면 1행 2열로 Result2와 같이 가로로 두 개의 그래프를 그릴 수 있는 영역이 생성된다. plt.subplots(2,1)은 2행 1열이 생성되고 첫번째가 ax[0], 두 번째가 ax[1]이 된다.

Code1	`fig, ax = plt.subplots()`
Result1	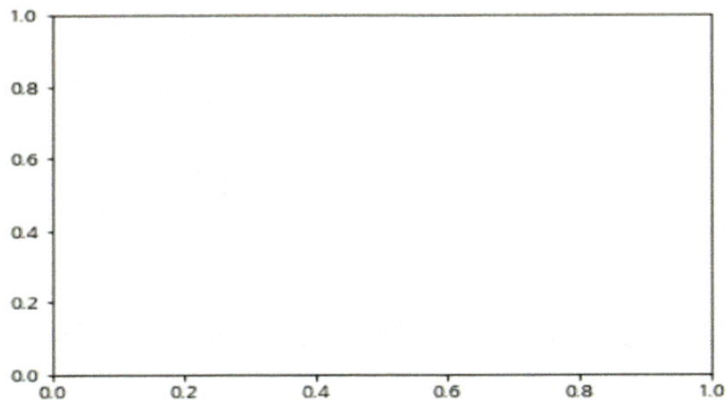
Code2	`fig, ax = plt.subplots(1,2)`
Result2	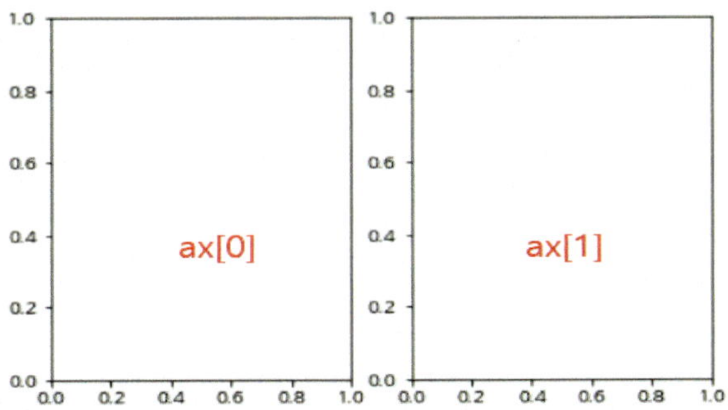
Code3	`fig, ax = plt.subplots(2,1)`
Result3	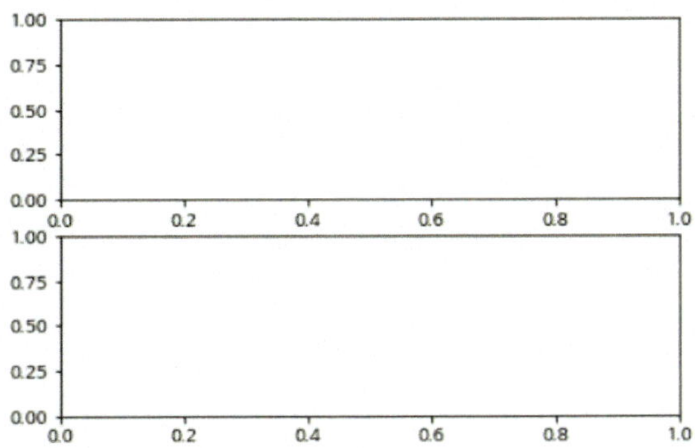

그래프 종류

선 그래프는 시간에 따른 변화 즉, 추세, 경향 등을 나타내는 용도로 많이 사용된다. 선 그래프는 plot() 메서드를 사용하여 표현한다. y축에 해당하는 데이터는 반드시 입력해 주어야 한다. x축은 생략 시 0부터 시작해서 (y축 데이터의 개수 - 1)까지 자동 생성이다. show()를 통해 그래프를 보여준다.

Code

```
plt.plot([10,20,30,40])
plt.show()
```

Result

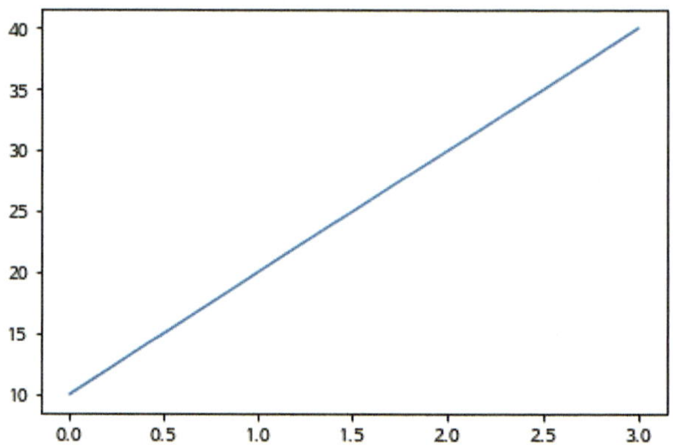

numpy 라이브러리를 활용하여 사인과 코사인 그래프를 표현해 보자. x축 데이터는 np.arange(0, 2*np.pi , 0.01)로 설정하여 0부터 시작하여 0.01씩 증가하면서 $2 \times \pi - 1$까지의 값을 가진다. plt.plot(x, np.sin(x))는 x축 데이터를 sin( )함수에 인수로 넣어 그 결과 사인값을 y축 데이터로 사용한다. 따라서 sin 곡선 그래프가 그려진다. plt.plot(x, np.cos(x))는 코사인 값을 구해 y축 데이터로 사용하여 코사인 그래프가 그려진다.

Code

```
x=np.arange(0,2*np.pi,0.01)
plt.plot(x, np.sin(x))
plt.plot(x, np.cos(x))
plt.show()
```

Result

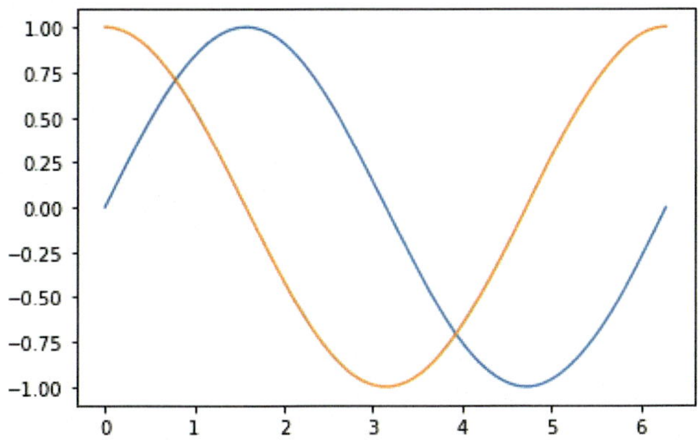

막대 그래프는 각 항목의 크기를 막대의 길이로 나타내는 그래프로 항목과 항목을 비교할 때 사용한다. 막대 그래프를 그리기 위해서는 plt.bar()를 사용하며, 선그래프와 달리 x축에 해당하는 값을 입력해 주어야 한다. plt.bar([1,2,3,4],[10,20,30,40])은 x축 값으로 [1,2,3,4]를 y축 값으로 [10,20,30,40]으로 하는 막대 그래프를 그릴 수 있도록 축값을 설정해주는 것이다. plt.show()는 그래프를 보여준다.

Code

```
plt.bar([1,2,3,4],[10,20,30,40])
plt.show()
```

Result

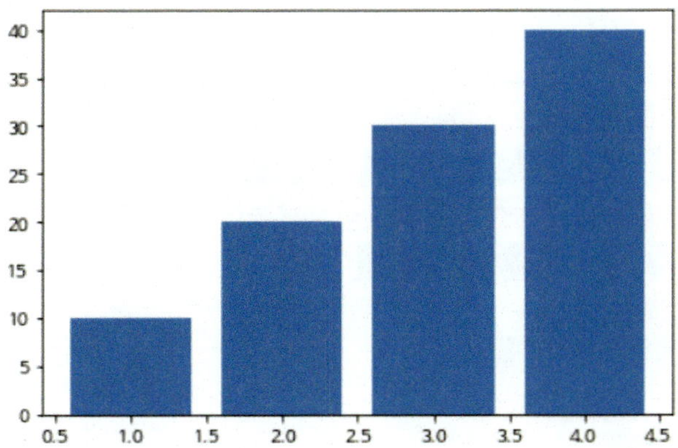

x축의 값을 연속적인 값으로 설정할 경우에는 range()메소드를 사용해도 된다. 막대의 너비는

width라는 속성을 이용해 설정할 수 있다. width가 1인 경우는 히스토그램처럼 간격없이 막대가 붙어 나온다. 아래 예제는 x축의 값을 range()를 사용하고 막대의 너비를 조정한 예이다.

Code

```
plt.bar(range(1,5),[10,20,30,40],width=0.5)
plt.show()
```

Result

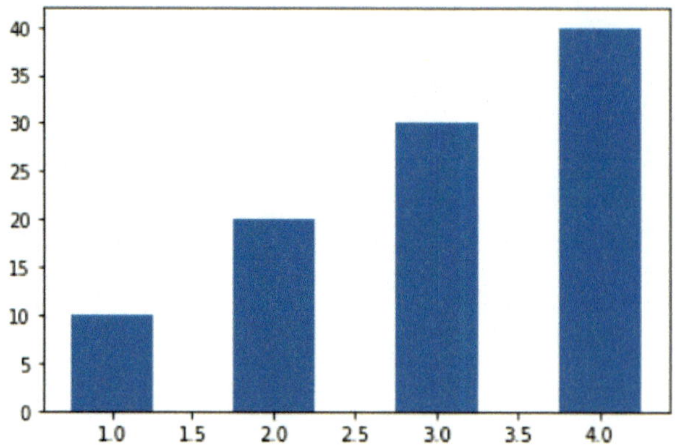

여러 개의 막대 그래프를 하나의 차트에 표현하려면 x축의 위치를 조정해서 사용하면 가능하다. 위의 예제는 plt.bar()로 세로 막대 그래프를 그리고 있다. 수평 막대 그래프를 그리고 싶다면 plt.barh()를 사용하면 된다. 이때 x축과 y축이 바뀌어 표현 되므로 width속성 대신 너비를 조정하려면 height 속성을 이용해야 한다. 너비 속성은 디폴트가 0.8이다.

Code

```
plt.barh(range(1,8,2),[10,20,30,40],height=0.9)
plt.barh(range(2,9,2),[20,15,50,40],height=0.9)
plt.show()
```

Result

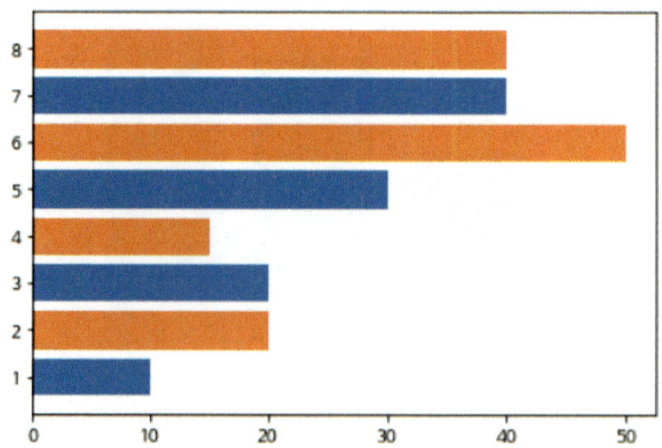

히스토그램은 데이터의 빈도를 직사각형 모양의 막대그래프로 나타내는 것으로 데이터의 빈도가 높을수록 막대의 길이가 길어진다. 도수분포표를 그래프로 나타낼 때 사용되며, 연속적 자료를 계급으로 나누어 계급별 도수를 막대로 나타낸다. 주로 데이터의 분포를 표현할 때 사용하며 구간의 개수는 별도로 지정하지 않을 경우 기본값으로 10으로 정해져 있다. 구간의 개수를 설정하려면 bins 속성에 값을 설정해 주면 된다. bins의 수가 작을수록 막대의 폭이 넓어진다. 아래에서 plt.hist()는 y값을 넣어주면 히스토그램으로 표현 가능하며, bins속성을 이용해 히스토그램을 4개의 구간으로 나누어 표현한다. x축값을 생략하면 0부터 (y축 값 개수 - 1)로 설정된다.

Code

```
plt.hist([1,1,2,3,4,5,6,6,7,8,10],bins=4)
plt.show()
```

Result

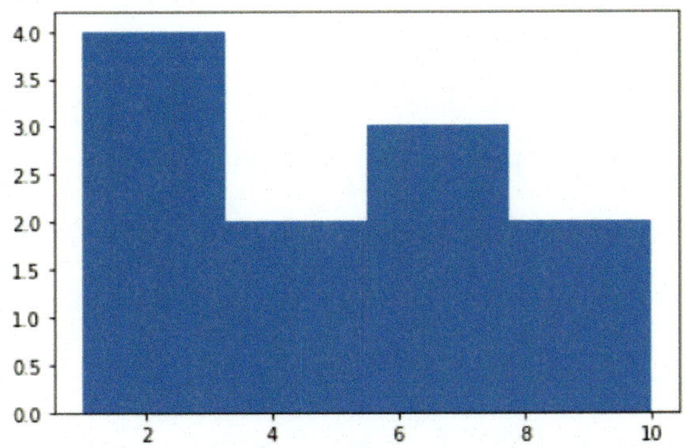

여기 저기 점이 흩어진 정도를 나타내는 그래프를 산점도라 한다. 데이터 간의 상관관계를 보고 싶을 때 주로 사용한다. 두 개의 축을 기준으로 데이터가 얼마나 흩어져 있는지를 알 수 있다. 흩어져 있는 정도를 산포도라 한다. x축과 y축에 해당하는 데이터를 임의로 지정하여 산점도를 그려보자. plt.scatter()로 산점도를 그릴 수 있다. 산점도 그래프도 x축값을 생략할 수 없다.

Code

```
plt.scatter(range(1,11),[30,12,15,14,44,50,60,80,10,15])
plt.show()
```

Result

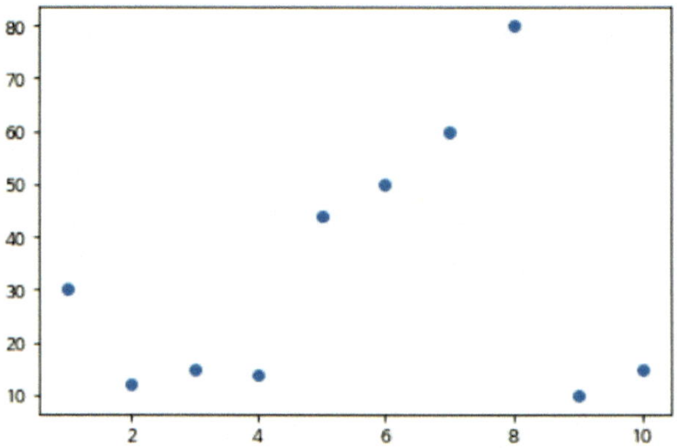

numpy.random.randint( )를 이용하여 간단한 데이터를 생성하여 산점도 표현에 대해 좀 더 상세히 살펴보자. x=np.random.randint(-100,100,100)은 −100이상 100미만의 정수 100개를 생성하여 x축 값으로 설정한다. y=np.random.randint (-200,200,100)은 −200이상 200미만의 정수 100개를 생성하여 y축 값으로 설정한다. scatter는 x, y축 값 외에 각 원들의 크기를 size 속성으로 설정할 수 있다.

Code

```
x=np.random.randint(-100,100,100)
y=np.random.randint(-200,200,100)
size=np.random.randint(-200,200,100)
plt.scatter(x,y,s=size)
plt.show()
```

Result

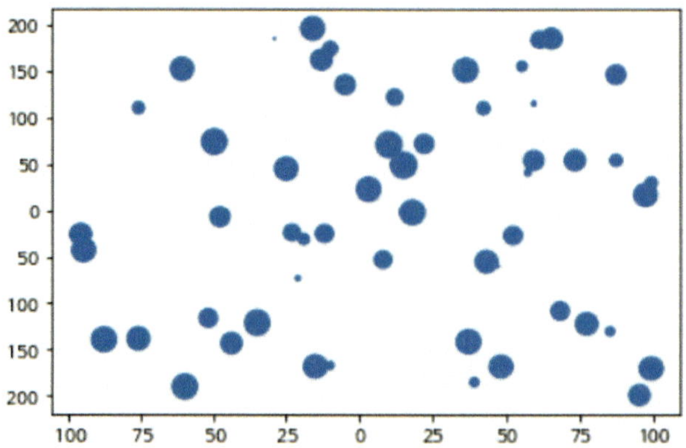

c 속성을 통해 데이터 값에 따라 색깔을 정해 줄 수 있으며, alpha 속성으로 투명도를 설정해 줄 수도 있다. x축 값의 변화에 따라 원의 색깔 변화를 볼 수 있으며, 컬러바를 보면 해당 색이 어떤 값에 해당하는지를 대략적으로 확인할 수 있다. plt.colorbar( )는 색깔이 표현하는 수치를 알려 주는 컬러바를 표시한다.

Code

```
x=np.random.randint(-100,100,100)
y=np.random.randint(-200,200,100)
size=np.random.randint(-200,200,100)
color=np.random.randint(0,100,100)

plt.scatter(x,y,s=size,c=color, alpha=0.7)
plt.colorbar()
plt.show()
```

Result

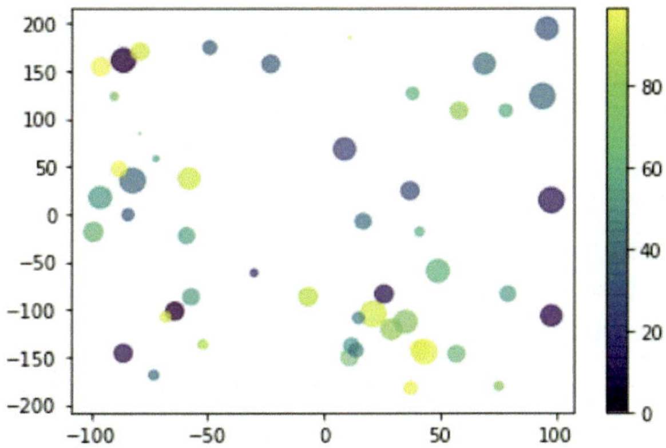

원 그래프는 plt.pie() 메서드를 통해 그릴 수 있다. 배열 x의 원형 차트를 만들어 준다. 각 조각의 면적은 각 데이터를 전체 합으로 나눈 값으로 주어진다. wedges는 기본적으로 시계 반대 방향으로 플롯 된다. 아래 예제는 리스트로 주어진 값을 이용해 원형 차트를 그린 예이다. figure와 Axes 객체를 생성하지 않으면 matplotlib.pyplot 모듈의 그래프 출력 함수가 호출될 때 자동으로 객체를 생성한다. 이때 첫 번째 조각이 시작되는 각도는 기본값이 0도이다.

Code	Result
`plt.pie([20,80,10])` `plt.show()`	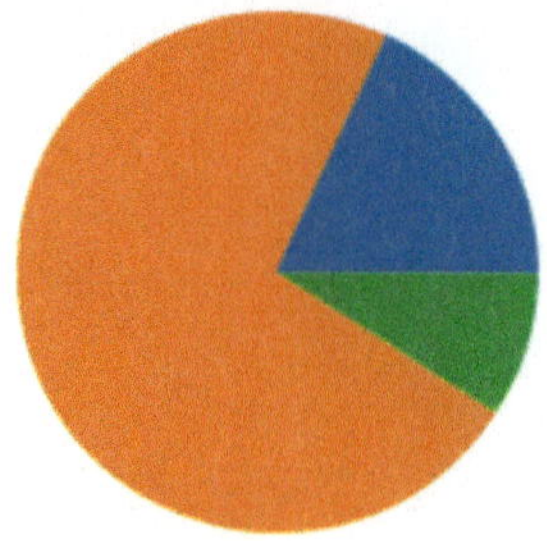

원그래프에서 첫 번째 계열의 시작 위치(각도)를 startangle이라는 매개변수을 이용해 지정할 수 있다. 3시 방향이 0도이며, 시계 반대 방향으로 각도를 지정하면 된다. 디폴트는 0도이다. 아래 예제의 plt.pie([20,80,10],startangle=90)는 첫 번째 계열의 시작 위치를 90으로 지정하여 12시에서 첫 번째 계열이 시작된다.

Code

```
plt.pie([20,80,10],startangle=90)
plt.show()
```

Result

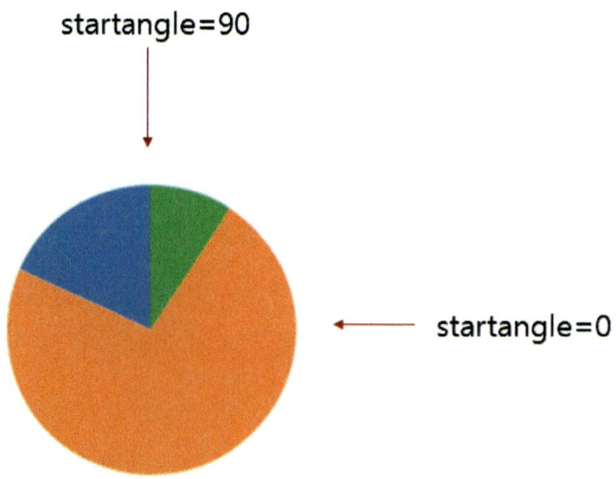

원 그래프에서 계열의 이름(각 영역의 이름)을 지정하기 위해서는 labels이라는 매개변수에 값을 설정해 주면 된다. 원 그래프에서 하나의 계열을 조각을 내려면 explode라는 매개변수에 중심에서 벗어나는 정도를 설정해 주면 된다. autopct는 각 조각 안에 표시될 숫자 형식을 지정한다. 각 조각의 색상을 지정하려면 colors에 각 영역의 색상을 지정해 주면 된다. 아래 코드에서

plt.pie(size, labels = label, autopct = '%.1f%%', explode = (0,0,0.1,0), colors = color)는 각 영역의 이름을 표시하고, '%.1f%%'를 통해 각 영역의 비율을 소수 이하 1자리까지 표시한 후 %를 붙여서 표시한다. AB형 조각은 반지름의 10%만큼 벗어나도록 설정한 예이다. colors를 통해 각 조각의 색상을 ['darkmagenta', 'deeppink', 'hotpink', 'pink']로 지정한다.

Code

```
size = [2441, 2312, 1031, 1233]
label = ['A형','B형','AB형', 'O형']
color = ['darkmagenta', 'deeppink', 'hotpink', 'pink']
plt.axis('equal')
plt.pie(size, labels = label, autopct = '%.1f%%',
        explode = (0,0,0.1,0), colors = color)

plt.legend()
plt.show()
```

Result

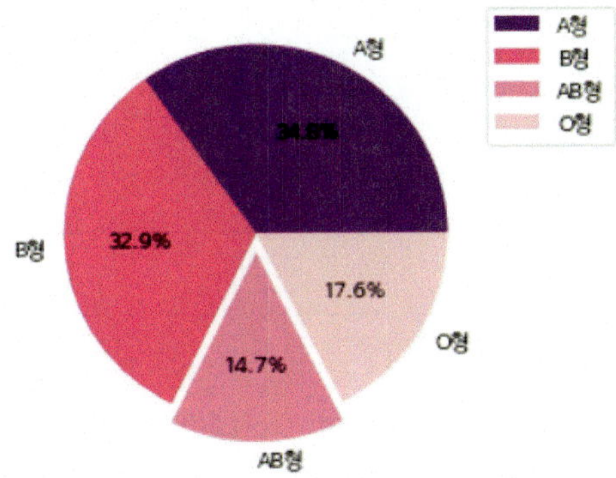

이미지는 작은 사각형 모양의 픽셀을 모아서 구성한다. 이미지의 크기는 (세로 픽셀수 × 가로 픽셀수)로 표현한다. 이미지를 저장할 때는 색을 표현하는 스칼라 값이나 2차원 vector로 표현한다. RGB는 색 공간을 말한다. Red, Green, Blue로 세 개가 합쳐진 벡터이다. skimage(Scikit-image)는 이미지 처리를 위한 파이썬 라이브러리이다. numpy array로 동작한다. Matplotlib으로 이미지를 표시하는 방법에 대해 살펴보자. imshow( )는 maplotlib.pyplot를 이용하여 이미지를 표시할 때 사용하는 메소드이다. skimage의 imread( )를 통해 이미지를 읽어온다. type( )을 통해 확인해 보면 넘파이 배열인 것을 확인 할 수 있다. shape를 통해 형태를 확인해 보면 3차원 array인 것을 확인할 수 있다. shape의 결과(1908, 4032, 3)가 의미하는 것은 이미지 크기가 가로 4032 픽셀, 세로 1908픽셀이며, 3은 RGB값을 나타낸다. 읽어온 이미지의 최대값과 최솟값을 확인해 보니 0과 255이다. RGB 색상값은 0~255까지 표현할 수 있다.

plt.imshow(img)는 읽어온 이미지 파일을 표시하는 코드이다. 컬러 이미지 그대로 표시해준다. plt.imshow(img[::-1])는 이미지를 거꾸로 출력해 주는 코드이다. 이미지의 색상 체계를 변경하려면 import를 통해 scimage패키지의 color모듈을 불러와야 한다. color.rgb2gray(img)는 rgb를 gray모드로 변경하는 코드이다. cmap=plt.cm.gray는 plt에서 표현할 색상맵을 지정해주는 것으로 cmap에 plt.cm.gray를 넘겨주어 이미지를 그레이로 표시하게 된다.

Code

```
import numpy as np
from skimage import io
import matplotlib.pyplot as plt

img=io.imread('house.jpg')
type(img)
```

Result

```
numpy.ndarray
```

Code

```
img.shape
```

Result

```
(1908, 4032, 3)
```

Code

```
np.min(img), np.max(img)
```

Result

```
(0, 255)
```

Code

```
plt.imshow(img)
```

Result

```
<matplotlib.image.AxesImage at 0x7fad1fbedd50>
```

Code

```
plt.imshow(img[::-1])
```

Result

```
<matplotlib.image.AxesImage at 0x7fad1f72c5d0>
```

Code

```
from skimage import color
plt.imshow(color.rgb2gray(img),cmap=plt.cm.gray)
```

Result

```
<matplotlib.image.AxesImage at 0x7fad154ee310>
```

◆ Seaborn을 사용한 데이터 분포 시각화

Seanborn은 시각화 패키지로 맷플롭립을 기반하여 다양한 색상 테마와 통계용 차트 등의 기능이 추가되어 있다. 시각화는 Matplotlib 패키지에 의존하고, 통계기능은 Statasmodels패키지에 의존한다.

먼저 데이터를 시각화 하기 위해서는 seaborn 패키지를 불러와야 한다(import). 이때 seaborn을 줄여서 별칭인 sns로 사용한다. as는 패키지 이름을 사용자 지정으로 바꿔준다. 패키지 이름을 줄여서 편하게 사용할 수 있다. 원활한 소통을 위해 다수가 사용하는 축약어를 사용하는 것을 권장한다.

Code

```python
import seaborn as sns
```

iris_dataset은 가장 기초적이면서도 오래되었고 쉽고 간단한 데이터이다. 붓꽃의 꽃받침의 길이/너비와 꽃잎의 길이/너비를 Feature로 사용하여 [setosa, versicolor, virginica]라는 세 종류 중 어떤 종의 iris인지 예측하는 머신러닝에 사용되는 데이터셋이다. 먼저 Seaborn에 내장되어 있는 데이터 셋을 불러와 보자.

Code

```python
iris = sns.load_dataset('iris')
iris
```

Result

	sepal_length	sepal_width	petal_length	petal_width	species
0	5.1	3.5	1.4	0.2	setosa
1	4.9	3.0	1.4	0.2	setosa
2	4.7	3.2	1.3	0.2	setosa
3	4.6	3.1	1.5	0.2	setosa
4	5.0	3.6	1.4	0.2	setosa
...	...	...	...	...	...
145	6.7	3.0	5.2	2.3	virginica
146	6.3	2.5	5.0	1.9	virginica
147	6.5	3.0	5.2	2.0	virginica
148	6.2	3.4	5.4	2.3	virginica
149	5.9	3.0	5.1	1.8	virginica

150 rows × 5 columns

데이터의 종류(형태)를 파악하여야, 어떠한 그래프(plot)로 시각화할지를 선택할 수 있다.

Numerical (수치형) 또는 Quantitative (양적) 데이터

Discrete (이산형, 불연속형) 데이터
: 숫자로 셀 수 있는 것, 특정 값, 정수형태 (1개, 2명 등)
Continuous (연속형) 데이터
: 측정해야 하는 것, 연속 범위내 실수 값
(온도(21.3℃), 무게(72.5kg), 길이(183m), 비율(57%) 등)

Categorical (범주형) 또는 Qualitative (질적) 데이터

Nominal (명목형) 데이터
: 순서가 없는 것 (성별, 동물의 종류 등)
Ordinal (순서형) 데이터
: 순서가 있는 것 (수능 등급, 좌석 등급, 순위 등)

1차원 시각화는 1차원, 즉 변수 한 개의 분포를 알아보기 위한 시각화이다. 수치형 변수의 분포를 알아보기 위해서는 distplot을 사용하고, 범주형 변수의 분포를 알아보기 위해서는 countplot을 사용한다. distplot은 수치형 데이터를 한눈에 파악하기 쉽지만, 형태가 범주형 데이터인 경우에는 적용할 수 없다는 단점이 있다. 이럴 때 사용하는 것이 countplot이다. 아래 코드는 iris의 sepal_length의 분포를 알아보기 위해 distplot한 결과이다.

분포를 알아 보기 위한 distplot

– hist = True : 히스토그램 On
– kde = True : 커널밀도추정 On
※ kde는 'kernel density estimate'의 약자로서, 히스토그램보다 부드러운 형태의 분포 곡선을 보여주는 방법이다.

Code

```
sns.distplot(a=iris.sepal_length)
# hist=True, kde =True :
```

Result

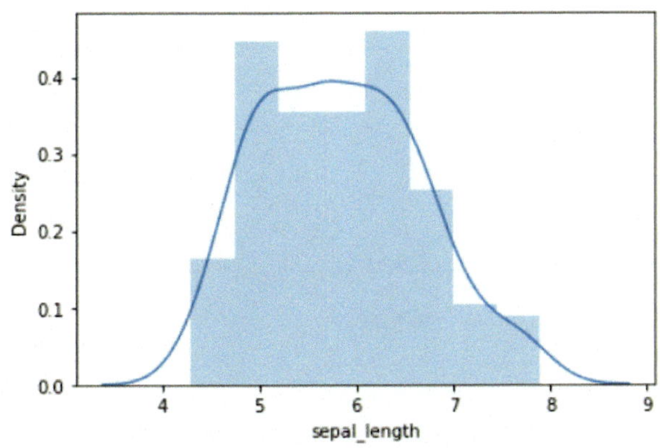

위의 코드 분포를 계산하여 다시 그래프를 그려보자. bins의 기본값은 10이다. 이를 30으로 변경해 보자. bins를 늘릴수록 구간이 더 촘촘하게 설정되는 것을 볼 수 있다.

Code

```
sns.distplot(a=iris.sepal_length, bins=30, kde=False)
히스토그램(막대그래프)만 보이는 상태
```

Result

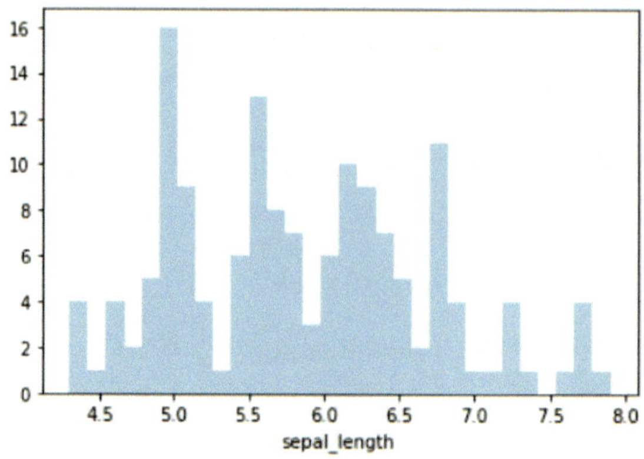

위의 코드에서 kde=True, hist=False로 설정하면 kge 곡선만 볼 수 있다.

Code

```
sns.distplot(a=iris.sepal_length, bins=30,
             kde=True, hist=False)
```

Result

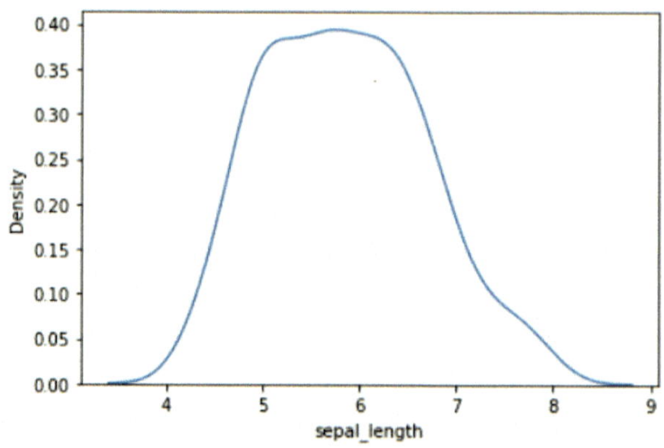

다음은 범주형 변수들의 분포를 알아보기 위해 countplot에 대해 살펴보자. countplot은 각 카테고리 별로 데이터가 몇 개나 되는지를 표시할 수 있다. 즉, 범주형 데이터의 빈도수를 시각화하는 것이다. countplot은 data에는 데이터프레임을, x는 카테고리형 컬럼 이름을 넣어주면 된다. iris의 데이터셋 중 ‘species’열을 countplot 해 보자. 먼저 iris.species.unique()을 통해 몇 개의 종인지 확인해 보면 ['setosa', 'versicolor', 'virginica']와 같이 총 3개의 종이 있다. countplot으로 분포를 확인해 보니 세 종류가 동일한 분포를 보인다. countplot은 x축으로 사용할 항목과 데이터셋을 넣어주면 알아서 종류별로 개수를 세어 플롯 해준다.

Code1	`iris.species.unique()`
Result1	`array(['setosa', 'versicolor', 'virginica'], dtype=object)`
Code2	`sns.countplot(data=iris, x='species')`
Result2	<matplotlib.axes._subplots.AxesSubplot at 0x7f0bcd4087d0> 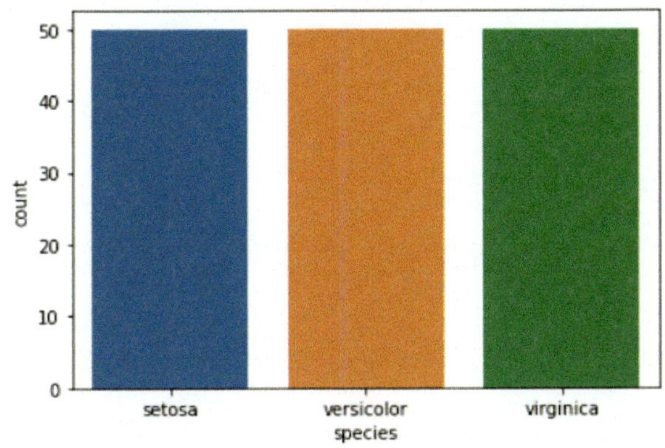

지금까지 1차원, 즉 한 개의 feature만을 가지고 시각화하는 방법에 대해 살펴보았다. 이번에는 2차원, 두 개 이상의 feature 간에 상관관계를 분석할 때 사용하는 시각화 기법에 대해 살펴보자. pairplot 함수를 사용하면 데이터셋의 모든 numerical feature들 간의 2차원 scatterplot을 그려주게 된다. 같은 데이터가 만나는 대각선 영역에는 해당 데이터의 히스토그램을 그려준다. 매개변수로 데이터셋만 넘겨주면 알아서 변수들간의 상관관계를 scatterplot으로 그려준다. 만약 categorical data가 섞여 있는 경우, hue인수에 카테고리 변수 이름을 지정하면 카테고리 값에 따라 색상을 다르게 하여 시각화할 수 있다. hue='species'를 이용해 품종별로 색상을 다르게 시각화하고 있다.

Code

```
sns.pairplot(data=iris, hue='species')
```

Result

```
<seaborn.axisgrid.PairGrid at 0x7f41fd6d10b8>
```

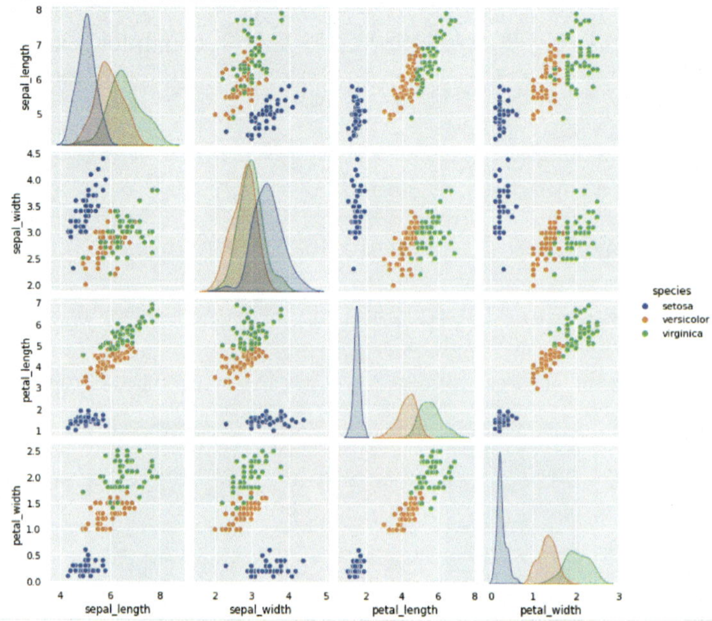

다음은 lmplot을 이용해 데이터셋의 분포와 회귀선을 나타내는 시각화를 출력해 보자. data는 iris로 x축값으로는 ‘sepal_length’, y축값으로는 ‘sepal_width’, hue는 ‘species’로 품종에 따라 색을 구분하도록 해보자.

Code

```
sns.lmplot(data=iris, x='sepal_length',
           y='sepal_width', hue='species')
```

Result

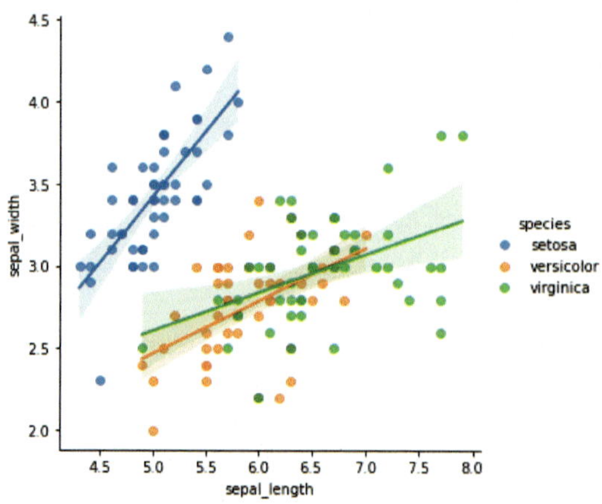

위 코드에서 'setosa' 종은 꽃받침의 길이와 꽃받침의 넓이가 양의 상관관계가 있어 보인다. 따라서 'setosa' 종에 대해 별도의 lmplot으로 시각화해보자. 직선은 추정 회귀선을 나타내고, 선 주변의 하늘색 면적은 신뢰구간을 의미한다.

Code	

```
sns.lmplot(data=iris[iris['species']=='setosa'],
           x='sepal_length', y='sepal_width',
           hue='species')
```

Result

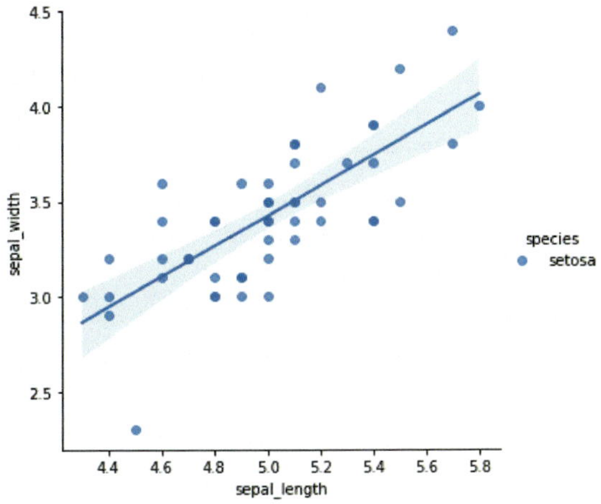

미국 레스토랑에서는 팁 문화가 발달되어 있다. 팁은 종업원의 급여에 많은 부분을 차지하고 있다. 따라서 팁을 많이 줄 것 같은 손님을 한 종업원이 몰아서 받는다면 문제가 발생될 소지가 있다. 이러한 이유로 최대한 공평한 분배를 위해 손님을 종업원에게 배정하는 것이 매니저에게는 중요한 일이다. 따라서 seaborn 패키지에 내장된 tips라는 데이터 셋을 이용하여 매니저를 도와 주도록 하자. 먼저 tips 데이터를 불러와 tips변수에 할당한다.

Code

```
tips = sns.load_dataset('tips')
tips
```

Result

	total_bill	tip	sex	smoker	day	time	size
0	16.99	1.01	Female	No	Sun	Dinner	2
1	10.34	1.66	Male	No	Sun	Dinner	3
2	21.01	3.50	Male	No	Sun	Dinner	3
3	23.68	3.31	Male	No	Sun	Dinner	2
4	24.59	3.61	Female	No	Sun	Dinner	4
...	...	...	...	...	...	...	...
239	29.03	5.92	Male	No	Sat	Dinner	3
240	27.18	2.00	Female	Yes	Sat	Dinner	2
241	22.67	2.00	Male	Yes	Sat	Dinner	2
242	17.82	1.75	Male	No	Sat	Dinner	2
243	18.78	3.00	Female	No	Thur	Dinner	2

244 rows × 7 columns

컬럼 설명

total_bill = 총 금액
tip = 팁 금액
sex = 계산한 사람의 성별
smoker = 흡연 여부
day = 요일
time = 런치 or 디너
size = 테이블당 사람 수

relplot( )은 산점도와 선 그래프를 모두 그릴 수 있다. kind는 'scatter'가 기본값이며, kind='line'을 입력하면 선 그래프로 표현해 준다. hue를 이용해 카테고리별로 색상을 표현할 수도 있다.

아래 코드는 총금액과 팁과의 관계가 요일별로 어떠한 관계가 있는지를 시각화 해 본 결과이다.

Code

```
sns.relplot(data=tips, x='total_bill',
                 y='tip', hue='day')
```

Result

```
<seaborn.axisgrid.FacetGrid at 0x7f41fbc0eda0>
```

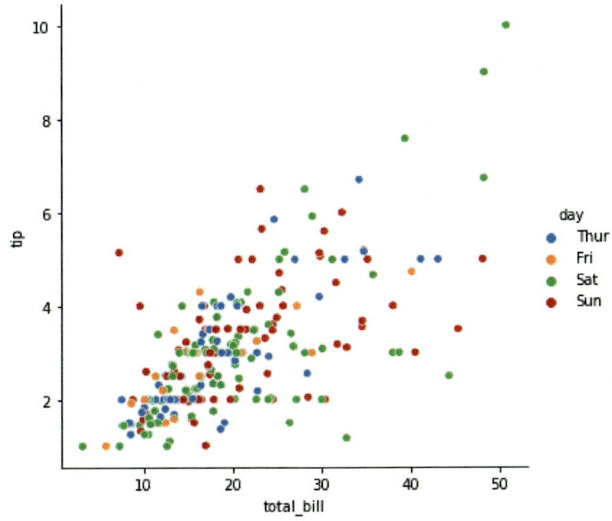

다음은 흡연여부에 따라 총금액과 팁금액과의 상관관계를 시각화해 본 결과이다.

Code

```
sns.lmplot(data=tips, x='total_bill',
               y='tip', hue='smoker')
```

Result

```
<seaborn.axisgrid.FacetGrid at 0x7f41fd50f908>
```

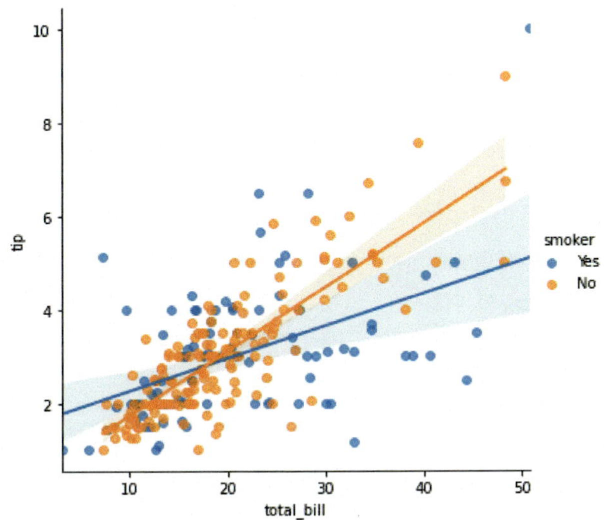

catplot( )을 이용하여 좀 더 간단히 범주형 데이터를 시각화 할 수 있다. 범주형 데이터와 수치형 데이터 간의 관계를 시각화할 수 있다. 범주형 산점도로 카테고리별로 수치형 데이터의 분포를 확인할 수 있다. 아래 예제는 성별별로 팁의 분포도를 확인해 본 결과이다.

Code	`sns.catplot(data=tips, x='sex', y='tip')`
Result	<seaborn.axisgrid.FacetGrid at 0x7f41fb774d68> 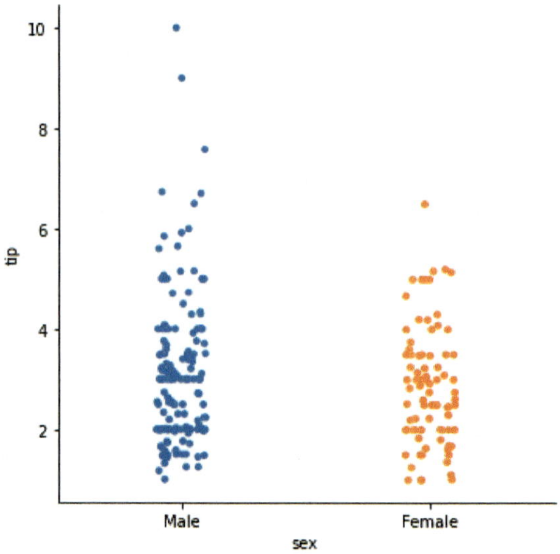

boxplot은 박스와 박스 바깥의 선으로 이루어진다. 최소값, 1사분위수(Q1), 중앙값, 3사분위수(Q3), 최대값 등 5개의 숫자를 기반으로 데이터의 분포를 표시하는 표준화된 방법이다. 이상값과 데이터가 대칭인지, 데이터가 얼마나 밀접하게 그룹화되었는지, 데이터가 왜곡되었는지 여부를 알려준다.

Box plot을 구성하는 다섯 가지 수치 요약

- 최솟값(Min) : 제1사분위에서 1.5*IQR을 뺀 범위 내 최소값
- 제1사분위(Q1) : 25%의 위치
- 제2사분위(Median) : 50%의 위치 = 중앙값
- 제3사분위(Q3) : 75%의 위치
- 최댓값(Max): 제 3사분위에서 1.5*IQR을 더한 위치 내 최댓값
- ※ 1 ~ 5사이의 범위 밖에 있는 값은 이상치(outlier)라 부릅니다.
- ※ IQR: 제3사분위에서 제1사분위 사이의 범위

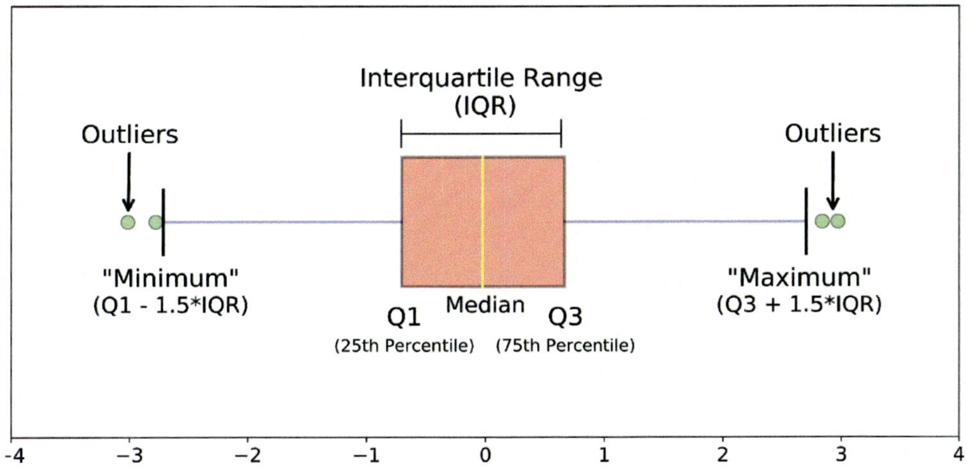

(출처:https://towardsdatascience.com/understanding-boxplots-5e2df7bcbd51)

▲ 박스 플롯

아래 코드는 총금액(total_bill)에 대한 수평 박스 플롯이다. 총금액의 기술통계량과 비교하여 살펴보기 바란다. 총 금액이 높은 outliers만 존재함을 알 수 있다. 많은 금액을 쓰는 사람은 있어도 아주 작은 금액으로 이용하는 사람은 존재하지 않는다는 것을 알 수 있다.

Code

```
tips['total_bill'].describe()
```

Result

```
count    244.000000
mean      19.785943
std        8.902412
min        3.070000
25%       13.347500
50%       17.795000
75%       24.127500
max       50.810000
Name: total_bill, dtype: float64
```

Code

```
sns.boxplot(x=tips["total_bill"])
```

Result

```
<matplotlib.axes._subplots.AxesSubplot at 0x7f0bd1d67250>
```

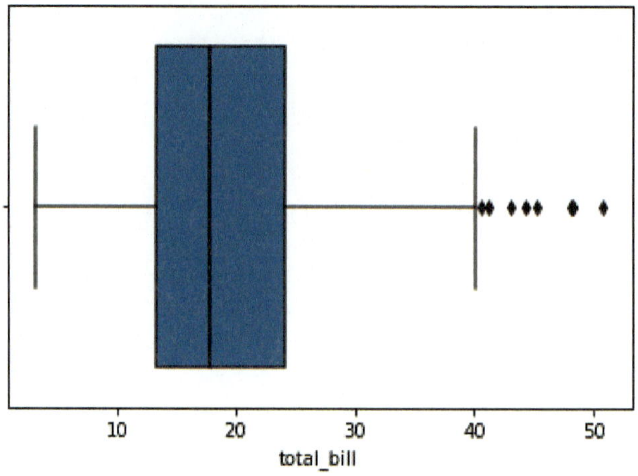

다음은 요일별로 총금액의 박스 플롯을 수직으로 시각화해 보자.

Code

```
sns.boxplot(x="day", y="total_bill", data=tips)
```

Result

```
<matplotlib.axes._subplots.AxesSubplot at 0x7f0bc42b9cd0>
```

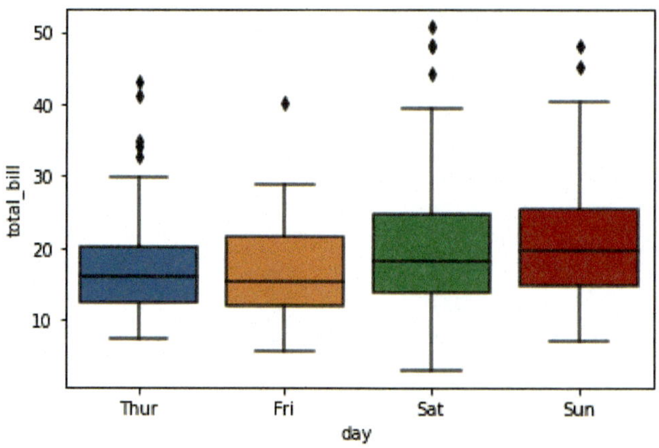

time별로 팁금액을 박스플롯해 보았다. 박스의 순서는 order=["Dinner", "Lunch"]를 이용하여 디너, 런치 순서로 보여주고 있다. 박스플롯 결과에 따르면 점심보다 저녁에 팁을 더 많이 주는 것으로 보인다.

Code

```
sns.boxplot(x="time", y="tip", data=tips,
            order=["Dinner", "Lunch"])
```

Result

```
<matplotlib.axes._subplots.AxesSubplot at 0x7f0bc4250090>
```

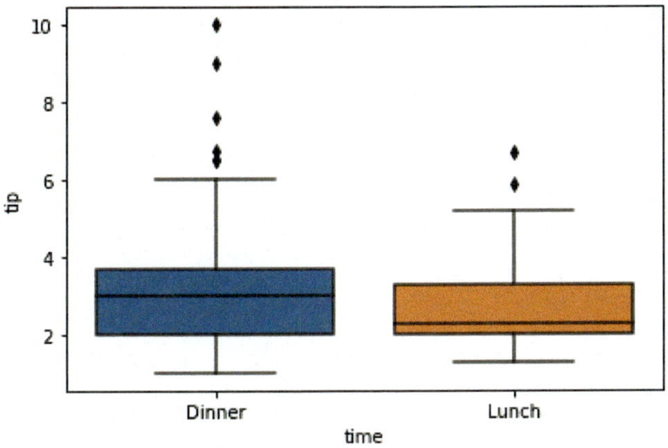

CHAPTER 2.4

연습문제

※ None이나, pass부분을 지우고 코드를 완성하시오.

1 seaborn에서 제공하는 tips 데이터셋을 이용하여 요일과 흡연여부에 따른 총 금액에 대한 박스 플롯을 시각화 하시오. 두 개의 범주형 변수(요일, 흡연여부)로 중첩된 그룹화를 사용하여 상자 그림을 그립니다.(출력 결과 참조)

Code

```
sns.boxplot(x=None, y=None, hue=None,
            data=tips, palette="Set3")
```

Result

```
<matplotlib.axes._subplots.AxesSubplot at 0x7f0bc416cf90>
```

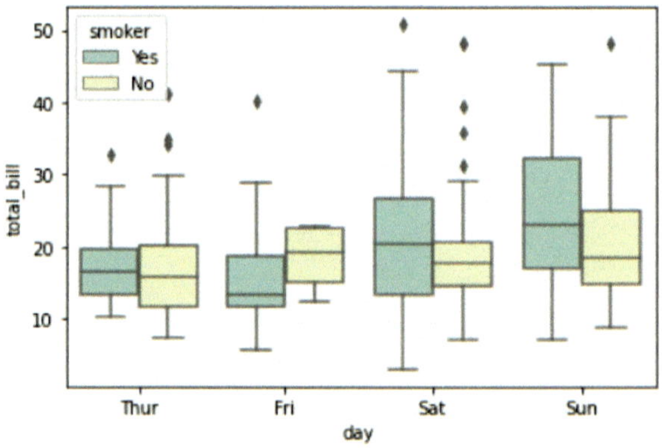

2 pairplot으로 수치형 데이터들간의 2차원 scatterplot을 그리세요.(데이터셋: tips)

Code	`pass`
Result	`<seaborn.axisgrid.PairGrid at 0x7f41fdf3b390>` 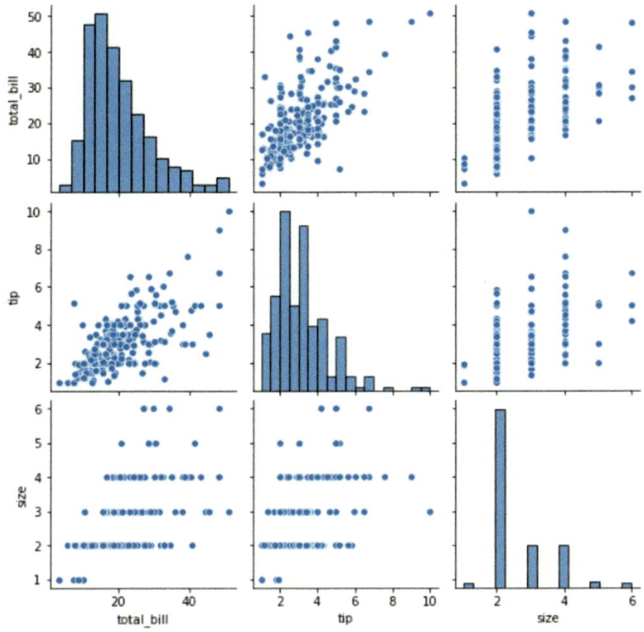

3 흡연 여부의 빈도수를 시각화 하세요.(데이터셋: tips)

Code	`pass`
Result	`<matplotlib.axes._subplots.AxesSubplot at 0x7f41fe16a2e8>` 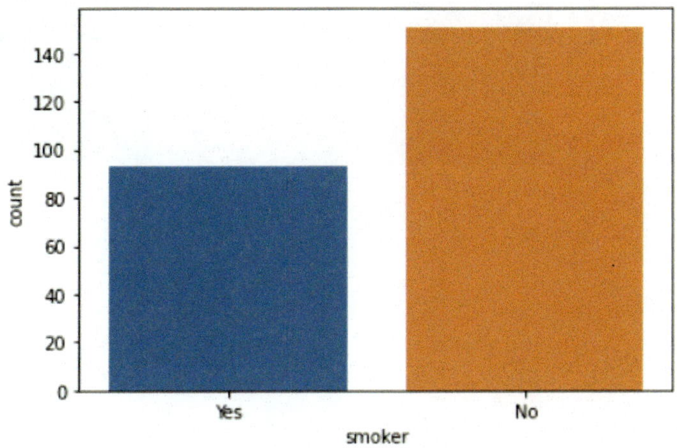

4 seaborn에 내장되어 있는 'titanic' 데이터셋을 불러오세요.

Code

```python
titanic = None
titanic
```

Result

	survived	pclass	sex	age	sibsp	parch	fare	embarked	class	who	adult_male	deck	embark_town	alive	alone
0	0	3	male	22.0	1	0	7.2500	S	Third	man	True	NaN	Southampton	no	False
1	1	1	female	38.0	1	0	71.2833	C	First	woman	False	C	Cherbourg	yes	False
2	1	3	female	26.0	0	0	7.9250	S	Third	woman	False	NaN	Southampton	yes	True
3	1	1	female	35.0	1	0	53.1000	S	First	woman	False	C	Southampton	yes	False
4	0	3	male	35.0	0	0	8.0500	S	Third	man	True	NaN	Southampton	no	True
...	...	...	...	...	...	...	...	...	...	...	...	...	...	...	...
886	0	2	male	27.0	0	0	13.0000	S	Second	man	True	NaN	Southampton	no	True
887	1	1	female	19.0	0	0	30.0000	S	First	woman	False	B	Southampton	yes	True
888	0	3	female	NaN	1	2	23.4500	S	Third	woman	False	NaN	Southampton	no	False
889	1	1	male	26.0	0	0	30.0000	C	First	man	True	C	Cherbourg	yes	True
890	0	3	male	32.0	0	0	7.7500	Q	Third	man	True	NaN	Queenstown	no	True

891 rows × 15 columns

5 타이타닉 pclass별로 빈도수를 시각화하세요.

Code

```python
pass
```

Result

```
<matplotlib.axes._subplots.AxesSubplot at 0x7f41fe59a9e8>
```

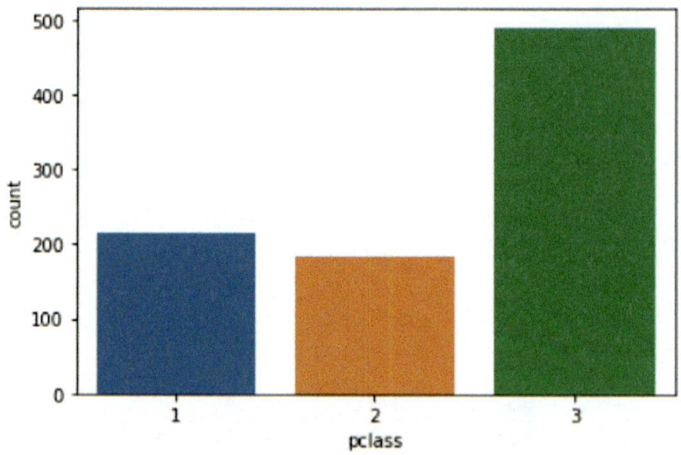

6 'survived' 컬럼은 생존여부를 나타낸다. 생존여부의 빈도수를 시각화하세요.

Code

```
pass
```

Result

```
<matplotlib.axes._subplots.AxesSubplot at 0x7f41fe1faf98>
```

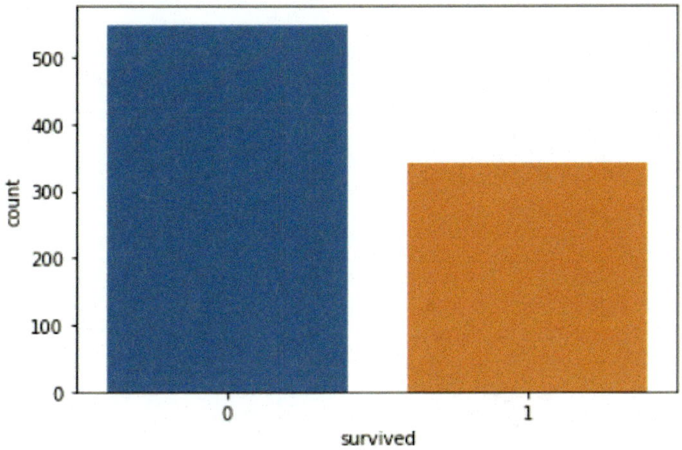

7 seaborn에 내장된 iris 데이터셋을 이용하여 꽃받침의 길이와 너비가 어떤 상관관계를 가지는지 산점도로 시각화 하시오.

Code

```
import matplotlib.pyplot as plt
pass
plt.show()
```

Result

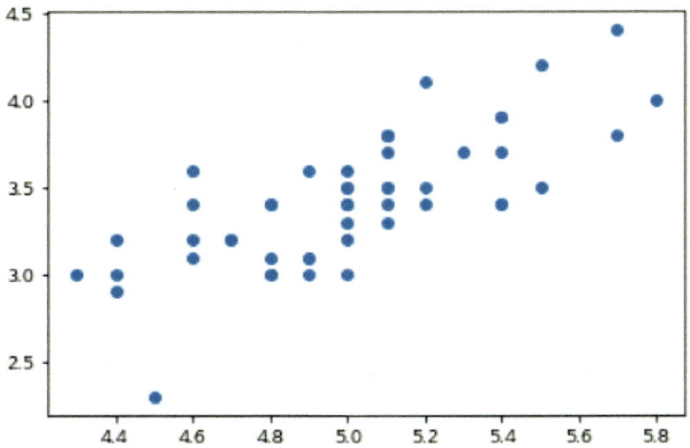

8 꽃받침의 길이('sepal_length')와 꽃받침의 너비('sepal_width')의 상관관계를 파악하기 위해 산점도로 시각화 하세요. 세 가지 품종을 구분하기 위해 color를 지정하세요.

먼저 품종별로 색을 지정하기 위해 'species'의 값을 수치로 치환하여 target이라는 새로운 컬럼을 생성한다. 딕셔너리 {'setosa':0,'versicolor':1,'virginica':2}를 이용하여 값을 치환 한다. 그래프 옆에 컬러바도 표시하시오.

Code

```
iris['target']=iris['species'].replace(
                    {'setosa':0,'versicolor':1,'virginica':2})
pass#산점도
pass #컬러바 표시
plt.show()
```

Result

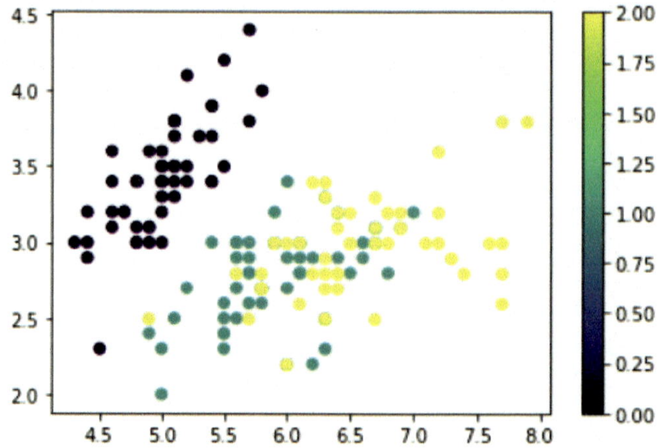

9 하나의 figure에 2개의 그래프를 가로로 배치하세요. axes[0]은 막대 그래프, axes[1]은 히스토그램으로 시각화하세요. matplotlib의 pyplot은 한글폰트를 지원하지 않습니다. 나눔폰트를 설치하고 한글 글꼴을 지정후 사용하세요.(한글폰트설치는 3장 1절을 참고)

Code

```
import matplotlib.pyplot as plt

plt.rc('font', family='NanumBarunGothic')

# Data set
x = np.array(["축구", "야구", "농구", "배드민턴", "탁구"])
y = np.array([13, 10, 17, 8, 7])
z = np.random.randn(1000)

fig, axes = plt.subplots(1, 2, figsize=(8, 4))

# Bar 그래프
pass
# 히스토그램
pass

fig.savefig("plot.png") #그래프 그림 파일로 저장
```

Result

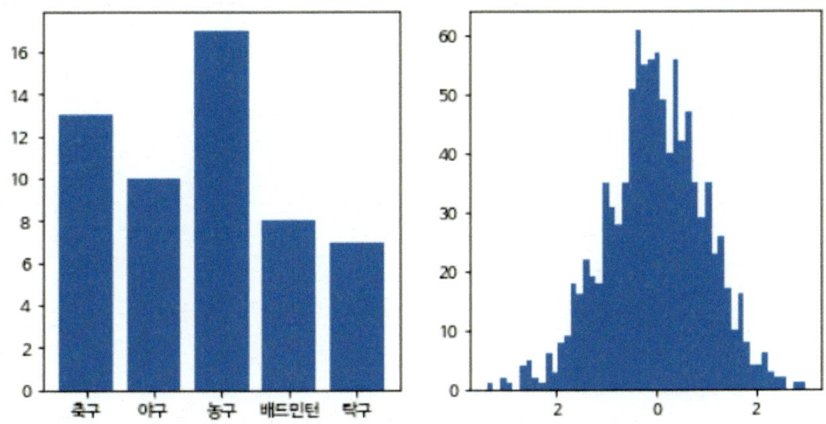

빅데이터 분석 프로젝트

Big data analysis and AI basics

제3장

탐색적 데이터 분석 프로젝트(EDA:Exploratory Data Analysis))는 데이터를 다양하게 표현하면서 새로운 지식과 통찰을 얻기 위함이다. 데이터에 대한 통찰을 극대화하기 위해서는 다양한 시각화를 활용하여 데이터의 형태, 중심, 퍼짐 등을 확인하면서 데이터를 탐색할 필요가 있으며, 시각화를 통해 데이터를 이해하는 것이 중요하다. 따라서 본 프로젝트는 시각화할 때 한글을 표현하기 위해 모든 프로젝트에 앞서 공통적으로 아래 단계를 반드시 수행 후 진행하기 바란다.

프로젝트 선행 작업

① 한글 폰트 설치
② 코랩의 런타임 재시작
③ matplotlib의 폰트를 Nanum폰트로 지정
④ 필요한 라이브러리 불러오기
⑤ 구글 드라이브 마운트
⑥ 작업 폴더로 이동

①

```
!sudo apt-get install -y fonts-nanum
!sudo fc-cache -fv
!rm ~/.cache/matplotlib -rf
```

②

[런타임]-[런타임 다시 시작]

③

```
path = '/usr/share/fonts/truetype/nanum/NanumGothic.ttf'
font_name = fm.FontProperties(fname=path, size=10).get_name()
plt.rc('font', family=font_name)
```

④

```
import matplotlib.font_manager as fm
import matplotlib.pyplot as plt
import pandas as pd
import numpy as np
import datetime
import seaborn as sns
import missingno as missingno
```

⑤

```
from google.colab import drive
drive.mount('/gdrive', force_remount=True)
```

⑥

```
import os
os.chdir('/gdrive/My Drive/Colab Notebooks/작업폴더')
```

3.1 코로나19 데이터 분석 프로젝트

서울시 코로나19 확진자 현황 데이터를 바탕으로 탐색적 데이터 분석(EDA)를 수행해 보자.

- 데이터 출처 : http://data.seoul.go.kr/dataList/OA-20279/S/1/datasetView.do
- 다운받아 구글드라이브 작업폴더에 업로드(파일명: seoul_corona.csv)

※ 공공데이터는 상황에 따라 변경될 수 있음

◆ 데이터 읽기

코로나 데이터를 불러오고 DataFrame 구조를 확인한다.

Pandas를 사용하여 데이터를 읽고 어떠한 데이터가 저장되어 있는지를 확인한다.

pd.read_csv를 이용해 DataFrame형태로 불러온다. head()를 이용해 상위 5개의 데이터를 출력해 본다.

Code

```
df_corona = pd.read_csv("seoul_corona.csv")
```

Code

```
df_corona.head()
```

Result

	연번	확진달	확진일	환자번호	국적	환자정보	지역	여행력	접촉력	조치사항	상태	이동경로	등록일	수정일	노출여부
0	5748	10	21	25530	NaN	NaN	양천구	NaN	감염경로 조사중	NaN	NaN	NaN	2020-10-22 10:58	2020-10-22 10:58	Y
1	5747	10	21	25528	NaN	NaN	강동구	NaN	강남서초 지인모임	NaN	NaN	NaN	2020-10-22 10:58	2020-10-22 10:58	Y
2	5746	10	21	25525	NaN	NaN	강남구	NaN	기타 확진자 접촉	NaN	NaN	NaN	2020-10-22 10:58	2020-10-22 10:58	Y
3	5745	10	21	25517	NaN	NaN	관악구	NaN	감염경로 조사중	NaN	NaN	NaN	2020-10-22 10:58	2020-10-22 10:58	Y
4	5744	10	21	25504	NaN	NaN	관악구	NaN	기타 확진자 접촉	NaN	NaN	NaN	2020-10-22 10:58	2020-10-22 10:58	Y

DataFrame 정보를 요약하여 출력해 보자. 5748개의 행과 15개의 컬럼으로 데이터프레임이 구성되어 있다. 국적, 환자 정보, 조치사항은 모두 널값으로 이루어져 있고, 여행력의 경우 458개로, (5748-458)개의 데이터는 널 값으로 여행력이 없는 경우를 나타냈다. Dtype은 각 컬럼의 데이터의 자료형을 나타내고 있다.

Code

```
df_corona.info()
```

Result

```
<class 'pandas.core.frame.DataFrame'>
RangeIndex: 5748 entries, 0 to 5747
Data columns (total 15 columns):
 #   Column  Non-Null Count  Dtype
---  ------  --------------  -----
 0   연번      5748 non-null   int64
 1   확진달     5748 non-null   int64
 2   확진일     5748 non-null   int64
 3   환자번호    5748 non-null   int64
 4   국적      0 non-null      float64
 5   환자정보    0 non-null      float64
 6   지역      5748 non-null   object
 7   여행력     458 non-null    object
 8   접촉력     5748 non-null   object
 9   조치사항    0 non-null      float64
 10  상태      5357 non-null   object
 11  이동경로    5520 non-null   object
 12  등록일     5748 non-null   object
 13  수정일     5748 non-null   object
 14  노출여부    5748 non-null   object
dtypes: float64(3), int64(4), object(8)
memory usage: 673.7+ KB
```

◆ 데이터 정제

데이터를 읽고 확인했으면 결측값(missing data), 이상치(outlier)등 비어있거나 쓸모 없는 데이터에 대한 정제 과정이 필요하다. 먼저 df_corona.info()코드를 통해 국적, 환자정보, 조치사항에 해당하는 데이터는 존재하지 않는 것을 확인할 수 있다. drop()을 사용하여 불필요한 컬럼을 삭제하고, DataFrame을 업데이트해 보자. 방법1 또는 방법2을 사용하여 삭제 후 head()를 이용해 데이터프레임을 확인해 보자.

방법1

```
df_corona.drop(columns=['국적','환자정보','조치사항'],
                    inplace=True)
```

방법2

```
df_corona=df_corona.drop(
             columns = ['국적','환자정보','조치사항'])
```

Result

	연번	확진달	확진일	환자번호	지역	여행력	접촉력	상태	이동경로	등록일	수정일	노출여부
0	5748	10	21	25530	양천구	NaN	감염경로 조사중	NaN	NaN	2020-10-22 10:58	2020-10-22 10:58	Y
1	5747	10	21	25528	강동구	NaN	강남서초 지인모임	NaN	NaN	2020-10-22 10:58	2020-10-22 10:58	Y
2	5746	10	21	25525	강남구	NaN	기타 확진자 접촉	NaN	NaN	2020-10-22 10:58	2020-10-22 10:58	Y
3	5745	10	21	25517	관악구	NaN	감염경로 조사중	NaN	NaN	2020-10-22 10:58	2020-10-22 10:58	Y
4	5744	10	21	25504	관악구	NaN	기타 확진자 접촉	NaN	NaN	2020-10-22 10:58	2020-10-22 10:58	Y

정제된 DataFrame의 정보를 다시 확인해 보면, 5748개의 행과 12개의 컬럼으로 구성되어 진 것을 확인할 수 있다.

Code

```
df_corona.info()
```

Result

```
<class 'pandas.core.frame.DataFrame'>
RangeIndex: 5748 entries, 0 to 5747
Data columns (total 12 columns):
 #   Column  Non-Null Count  Dtype
---  ------  --------------  -----
 0   연번      5748 non-null   int64
 1   확진달     5748 non-null   int64
 2   확진일     5748 non-null   int64
 3   환자번호    5748 non-null   int64
 4   지역      5748 non-null   object
 5   여행력     458 non-null    object
 6   접촉력     5748 non-null   object
 7   상태      5357 non-null   object
 8   이동경로    5520 non-null   object
 9   등록일     5748 non-null   object
 10  수정일     5748 non-null   object
 11  노출여부    5748 non-null   object
dtypes: int64(4), object(8)
memory usage: 539.0+ KB
```

◆ 데이터 시각화

각 변수 별로 추가적인 정제 또는 Feature Engineering과정을 거쳐 시각화를 통해 데이터의 특성을 파악한다. 결측값을 처리한 df_corona데이터를 바탕으로 각 컬럼의 변수별로 어떠한 데이터 분포를 하고 있는지 시각화를 통해 살펴보자.

확진달과 확진일 데이터를 출력해보고 어떠한 데이터가 있는지 확인해 본다.

Code

```
df_corona['확진달']
```

Result

```
0       10
1       10
2       10
3       10
4       10
        ..
5743     1
5744     1
5745     1
5746     1
5747     1
Name: 확진달, Length: 5748, dtype: int64
```

Code

```
df_corona['확진일']
```

Result

```
0       21
1       21
2       21
3       21
4       21
        ..
5743    31
5744    30
5745    30
5746    30
5747    24
Name: 확진일, Length: 5748, dtype: int64
```

월별 확진자 수를 막대그래프로 출력해 보자. 확진달은 범주형 데이터이므로 seaborn의 countplot을 이용해 월별 빈도수를 빠르게 시각화할 수 있다. 그 결과 8월 달이 가장 많은 확진자가 발생 되었다는 것을 알 수 있다.

Code

```
plt.figure(figsize=(10,5))

# 한글 출력 폰트 옵션 설정
sns.set(font=font_name,
        rc={"axes.unicode_minus":False},
        style='darkgrid')
ax = sns.countplot(x='확진달',
                   data=df_corona,
                   palette="Set1")
```

Result

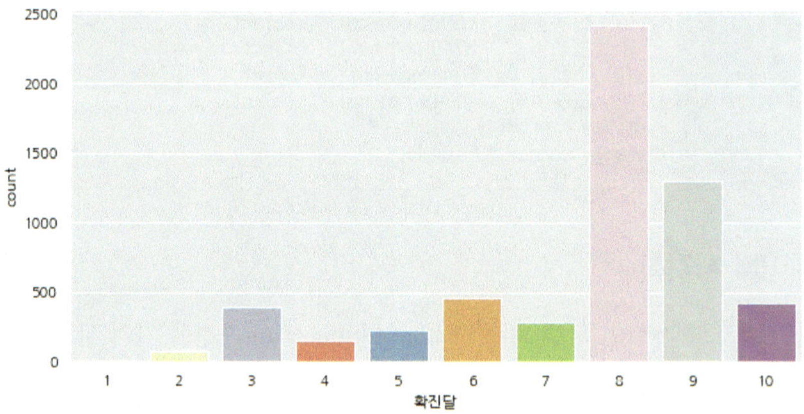

Seaborn의 countplot이 아닌 Series의 plot함수를 사용해서도 월별 확진자수를 시각화할 수 있다. countplot과 다른 점은 확진자수에 따른 내림차순으로 그래프를 보여주고 있다. value_counts()는 각 데이터를 세어서 내림차순으로 정리하는 함수이다.

Code

```
df_corona['확진달'].value_counts()
                    .plot(kind='bar')
```

Result

```
<matplotlib.axes._subplots.AxesSubplot at 0x7f0c46b62810>
```

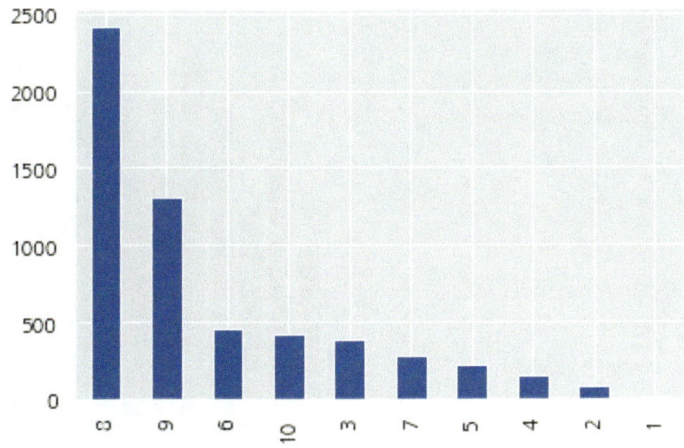

Code

```
df_corona['확진달'].value_counts()
```

Result

```
8     2416
9     1304
6      460
10     425
3      391
7      281
5      228
4      156
2       80
1        7
Name: 확진달, dtype: int64
```

월별 확진자수를 확인해 보니 2416명으로 가장 많았다. 가장 많았던 8월 동안 확진자 수가 어떻게 늘었는지 일별 확진자 수를 막대 그래프로 출력해 보자.

Code	`plt.figure(figsize=(20,10))`
	`ax =sns.countplot(x='확진일',`
	`    data=df_corona[df_corona['확진달']==8])`

Result	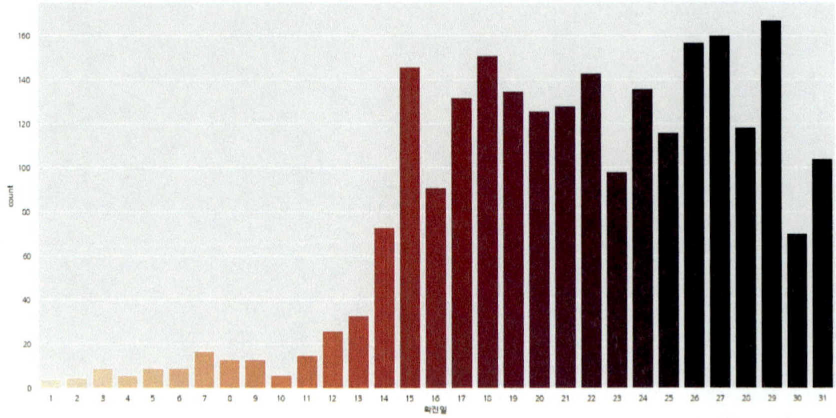

지역별로 확진자가 얼마나 있는지 막대 그래프로 시각화해 보자. 먼저 지역 데이터를 먼저 살펴보면 ㅇㅇ구 형태의 문자열임을 알 수 있다.

Code

```
df_corona['지역']
```

Result

```
0       양천구
1       강동구
2       강남구
3       관악구
4       관악구
         ...
5743    성북구
5744    마포구
5745    종로구
5746    중랑구
5747    강서구
Name: 지역, Length: 5748, dtype: object
```

지역별로 확진자 빈도수를 countplot()을 이용해 시각화해 보자. 지역별로 확진자수를 시각화 본 결과 관악구가 제일 확진자가 많음을 알 수 있다.

Code

```
plt.figure(figsize=(20,10))
ax = sns.countplot(x="지역",
     data=df_corona, palette="Set2")
```

Result

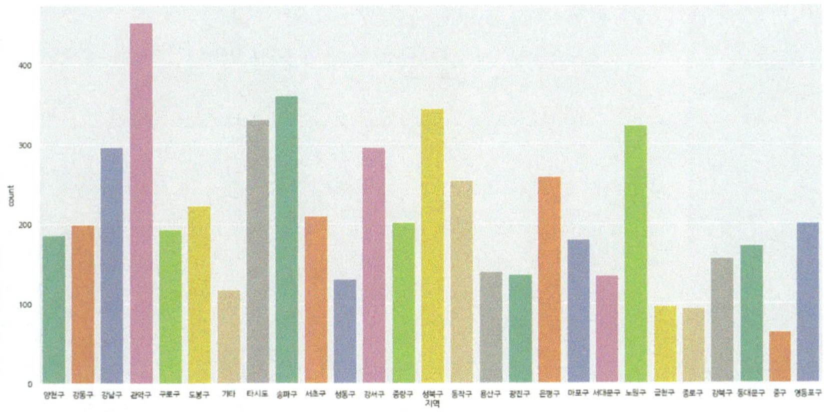

감염자가 가장 많았던 8월에는 지역별로 확진자가 어떻게 분포되어 있는지 확인해 보자. 확인 결과 8월에는 성북구가 가장 많은 확진자 수가 있었다. 이때 어떤 일이 있었는지 검색을 해보면 성북구 사랑제일교회 광복절 집회에서 집단감염이 있었다.

Code

```
plt.figure(figsize=(20,10))
ax = sns.countplot(x="지역",
     data=df_corona[df_corona['확진달'] == 8],
     palette="CMRmap")
```

Result

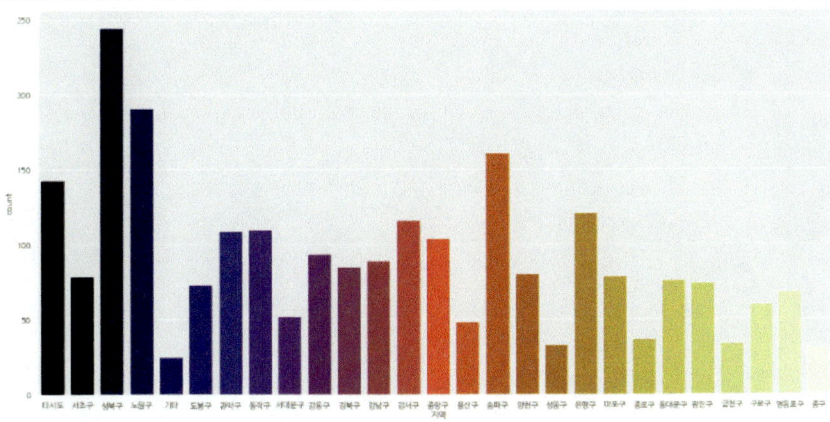

이번에는 확진자수가 가장 많았던 관악구 내의 확진자가 월별로 어떻게 증가했는지 그 분포를

시각화해 보자. 관악구에서도 8월부터 9월에 가장 많은 확진자가 발생하였다.

Code

```
plt.figure(figsize=(10,5))

ax = sns.countplot(x='확진달',
     data=df_corona[df_corona['지역'] == '관악구'],
     palette="rocket_r")
```

Result

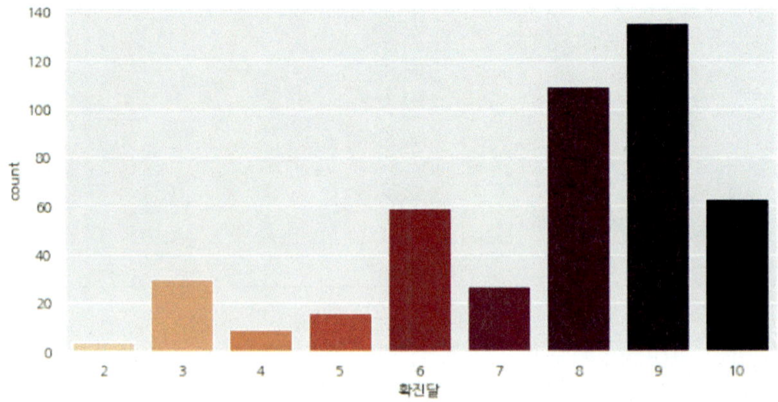

서울 지역 확진자수를 지도에 출력해 보자. 지도를 출력하기 위해서는 라이브러리는 folium을 사용해야 한다. 먼지 지도출력을 위한 라이브러리 folium을 import한다. map함수를 사용하여 지도를 출력해본다. location=[37.529622, 126.984307]는 지도를 표시할 서울 중심 좌표값이다. zoom_start는 지도 줌 비율이다. folium.Map()을 이용해 지도 객체를 생성하여 map_osm에 할당하고 출력해보면 결과와 같다.

Code

```python
import folium

map_osm = folium.Map(
          location=[37.529622, 126.984307],
          zoom_start=11)
map_osm
```

Result

지역마다 지도에 정보를 출력하기 위해서는 각 지역의 좌표 정보가 필요하다. 이를 해결하기 위해서는 서울시 행정구역 시군 정보 데이터를 불러와 사용한다.

- 데이터 출처: https://data.seoul.go.kr/dataList/OA-11677/S/1/datasetView.do
- 다운받아 구글드라이브 작업폴더에 저장(파일명: seoul_info.csv)

pd.read_csv를 이용해 DataFrame형태로 불러온다. head()를 이용해 상위 5개의 데이터를 출력해 본다.

Code

```python
CRS=pd.read_csv("seoul_info.csv")
CRS.head()
```

Result

	순번	시군구코드	시군구명_한글	시군구명_영문	ESRI_PK	위도	경도
0	1	11320	도봉구	Dobong-gu	0	37.665861	127.031767
1	2	11380	은평구	Eunpyeong-gu	1	37.617612	126.922700
2	3	11230	동대문구	Dongdaemun-gu	2	37.583801	127.050700
3	4	11590	동작구	Dongjak-gu	3	37.496504	126.944307
4	5	11545	금천구	Geumcheon-gu	4	37.460097	126.900155

저장된 데이터에서 지역명이 도봉구인 데이터를 뽑아 확인해 보자.

Code

```
CRS[CRS['시군구명_한글'] == '도봉구']
```

Result

	순번	시군구코드	시군구명_한글	시군구명_영문	ESRI_PK	위도	경도
0	1	11320	도봉구	Dobong-gu	0	37.665861	127.031767

반복문을 이용해 지역마다 확진자 수를 이용하여 원형 마커를 사용하여 지도에 표시해보자.

먼저 서울시 행정구역 시군 정보 데이터에 없는 '타시도', '기타'를 데이터프레임에서 제외시킨다. 서울 가운데 좌표를 잡아 지도 객체를 생성한 후 set()을 이용해 25개의 고유의 지역을 뽑고 하나씩 가져와 해당지역의 데이터 개수를 count에 저장한다. 해당 지역의 위치정보를 CRS에서 위도와 경도값을 가져온다. 지도위의 원형 마커는 가장 확진자가 많았던 관악구의 색깔은 'red'로, 나머지 지역은 'green'으로 채운다. 원의 반지름은 해당지역의 (데이터 개수/5+10)을 한 크기로 정한다. +10은 확진자 수가 5미만일 경우 0이 되므로 기본값을 10으로 설정해 주는 것이다.

Code

```
set(df_corona['지역'])
```

Result

```
{'강남구',
 '강동구',
 '강북구',
 '강서구',
 '관악구',
 '광진구',
 '구로구',
 '금천구',
 '기타',
 '노원구',
 '도봉구',
 '동대문구',
 '동작구',
 '마포구',
 '서대문구',
 '서초구',
 '성동구',
 '성북구',
 '송파구',
 '양천구',
 '영등포구',
 '용산구',
 '은평구',
 '종로구',
 '중구',
 '중랑구',
 '타시도'}
```

Code

```
corona_seoul = df_corona.drop(
      df_corona[df_corona['지역'] == '타시도'].index)
corona_seoul = corona_seoul.drop(
      corona_seoul[corona_seoul['지역'] == '기타'].index)

# 서울 가운데 좌표
map_osm = folium.Map(
          location=[37.529622, 126.984307],
          zoom_start=12)

# set 함수: 25개 고유의 지역 추출
for region in set(corona_seoul['지역']):

    # 해당 지역의 데이터 개수를 count에 저장.
    count = len(
      corona_seoul[corona_seoul['지역'] == region])

    CRS_region = CRS[CRS['시군구명_한글'] == region]
    lat = float(CRS_region['위도'])
    lng = float(CRS_region['경도'])

    #CircleMarker: 원형마커
    if region == '관악구' :
      folium.CircleMarker(location=[lat,lng],
                          radius=count/5 + 10,
                          fill=True,
                      fill_color='red').add_to(map_osm)
    else :
      folium.CircleMarker(location=[lat, lng], # 위치
                     radius=count/5 + 10,
                     fill=True,
                     fill_color='green').add_to(map_osm)
map_osm
```

Result

원형 마커 대신 Marker로 변경하고 tooltip에 region을 주어 마우스 포인터가 마커위에 있을 때 풍선 도움말로 지역명이 뜨게 설정해 보자.

Code

```
# 서울 가운데 좌표
map_osm = folium.Map(
          location=[37.529622, 126.984307],
          zoom_start=12)


for region in set(corona_seoul['지역']):

    # 해당 지역의 데이터 개수를 count에 저장
    count = len(
        corona_seoul[corona_seoul['지역'] == region])
    CRS_region = CRS[CRS['시군구명_한글'] == region]
    lat = float(CRS_region['위도'])
    lng = float(CRS_region['경도'])

    folium.Marker(location=[lat, lng], # 위치
                  tooltip=region ).add_to(map_osm)

map_osm
```

Result

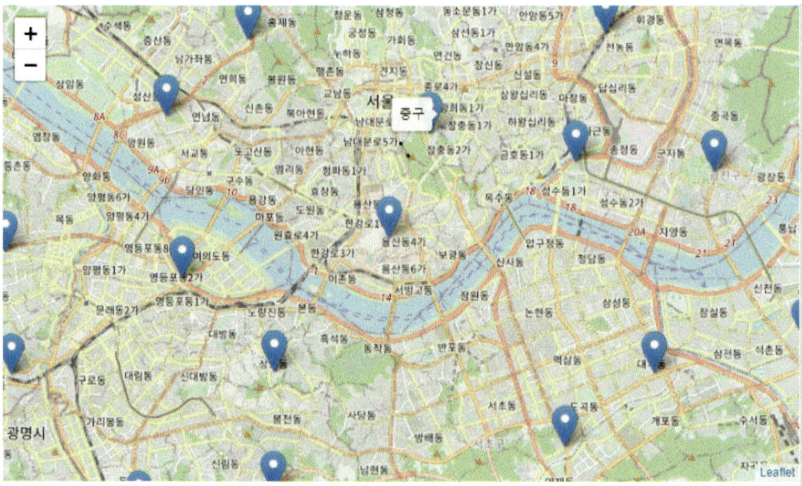

퀴즈 마커 위에 지역명과 확진자수가 함께 표시되도록 수정하시오.

Code	
Result	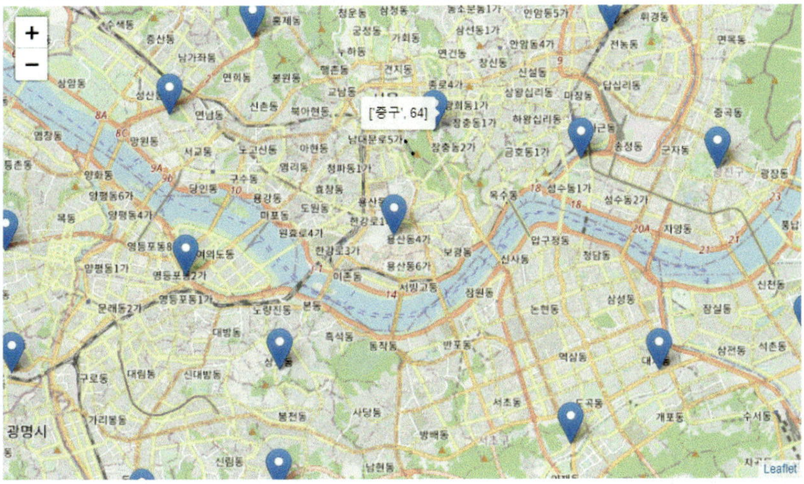

여행력 데이터를 간단히 출력해 보고 NaN과 해외 지역명의 문자열 데이터임을 확인해 보세요.

Code

```
df_corona['여행력'][df_corona['여행력'].isnull()==False].head(20)
```

Result

```
18      키르기스스탄
19      키르기스스탄
21          미국
25          인도
47          이란
53          체코
54          체코
68          인도
69          미국
97         폴란드
115         체코
123         미국
127        프랑스
133        필리핀
177       방글라데시
181         일본
194         인도
210         미국
216        브라질
220      우즈베키스탄
Name: 여행력, dtype: object
```

먼저 여행력이 있는 사람과 없는 사람이 어느 정도인지를 비교해 보자. 여행력이 없는 사람은 NaN에 해당하는 사람으로 비어있는 데이터의 수를 세어 계산하면 된다.

Code	Result

Code

```
sum_travel_no = sum(df_corona['여행력'].isnull())
print(f"여행력이 없는 사람의 수: {sum_travel_no}")
```

Result

```
여행력이 없는 사람의 수: 5290
```

여행력이 있는 사람은 전체 인원에서 여행력이 없는 사람의 수를 뺀 값이다.

Code

```
# 전체 샘플 수를 구합니다.
sum_travel_all = len(df_corona['여행력'])
print(f"전체 확진자 수: {sum_travel_all}")

# 여행력이 있는 사람들의 수를 계산합니다.
sum_travel_yes = sum_travel_all-sum_travel_no
print(f"여행력이 있는 사람의 수: {sum_travel_yes}")
```

Result

```
전체 확진자 수: 5748
여행력이 있는 사람의 수: 458
```

matplotlib의 bar함수를 사용하여 막대 그래프를 출력해 보자. xlabel과 ylabel을 이용해 축제목을 정해 주고, x축과 y축에 해당되는 데이터를 list형태로 입력해 주면 된다.

※ 한글이 깨질 경우 2.5 데이터시각화 첫파트를 다시 한번 참고하시기 바람.

Code

```
plt.rc('font', family="NanumGothic")

plt.ylabel('확진자 수')
plt.xlabel('여행력 여부')

plt.bar(['있다', '없다'],
        [sum_travel_yes, sum_travel_no])
```

Result

```
<BarContainer object of 2 artists>
```

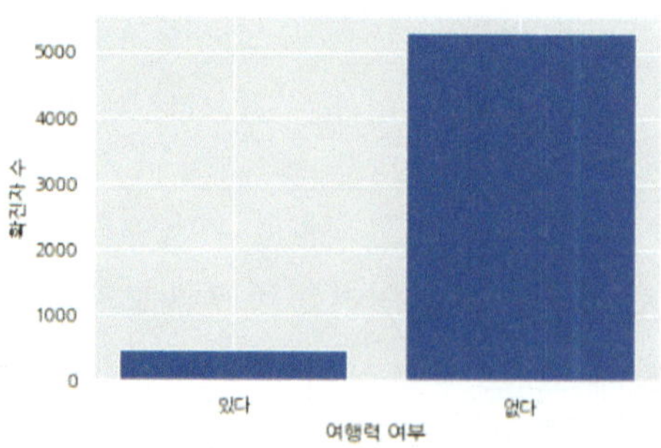

여행지의 분포를 확인하기 위해 먼저 여행지 데이터에서 중복을 제외한 모든 종류의 여행지를 출력해 보자. set()함수를 사용하여 중복을 제외한 여행지를 출력해 본다. 출력 결과를 보니 한 사람이 여행한 곳이 여러 나라일 경우 하나의 문자열로 들어가 있는 것을 확인 할 수 있다.

Code	`set(df_corona['여행력'])`
Result	{'UAE', nan, '나이지리아', '네팔', '독일', '독일프랑스', '러시아', '말레이시아', '멕시코', '멕시코 미국', '모로코 터키', '모로코 프랑스 오스트리아', '몰타', '미국', '미국 뉴욕', '미국 멕시코', '미국 브라질', '미국 캐나다', '미국 캐나다 멕시코', '방글라데시', ...

value_counts()함수를 통해 도수 분포표를 확인해 보자. 출력 결과를 보면 여러 나라의 여행력이 있는 사람들의 결과를 고려하지 않고 있다. 예를 들어 미국 데이터인 경우 순수하게 미국만 방문한 사람과 '미국 캐나다 멕시코'등 여러 나라를 여행을 한 경우 나라별로 분리되어 빈도수가 구해 줘야 하지만 이를 고려하지 않고 계산되었다.

Code

```
df_corona['여행력'].value_counts()
```

Result

```
미국            153
영국             50
필리핀           25
프랑스           13
우즈베키스탄        13
인도             13
스페인           12
이라크           10
카자흐스탄        10
일본            10
인도네시아         7
멕시코            7
태국             6
키르기스스탄        6
브라질            5
캐나다            5
체코             5
러시아            5

        .......

...
멕시코 미국                      2
스페인 프랑스                     1
오스트리아                       1
프랑스 스페인                     1
요르단                         1
영국 프랑스                      1
호주 인도네시아                    1
나이지리아                       1
중국 청도                       1
카타르                         1
말레이시아                       1
스페인체코                       1
스페인 카타르                     1
우한교민                        1
미국 캐나다 멕시코                  1
미국 캐나다                      1
미국 멕시코                      1
프랑스 스페인 독일 이탈리아 네덜란드         1
모로코 프랑스 오스트리아               1
모로코 터키                      1
미국 브라질                      1
콩고 프랑스                      1
미국 뉴욕                       1
케냐                          1
몰타                          1
페루 미국                       1
싱가포르                        1
```

따라서 나라별로 도수를 구하기 위해서는 공백을 기준으로 나라를 분리하여 새롭게 리스트를 생성 후 도수 분포표를 만들어야 한다. '여행력' 데이터를 하나씩 가져와 공백을 기준으로 분리한 후 pd.Series()를 통해 생성된 리스트를 시리즈로 변경하고 value_counts()를 통해 빈도수를 구한다.

Code

```
list_country = []
for country in df_corona['여행력']:
    if type(country) == str:
        list_country =
         list_country + country.split(' ')

se_country = pd.Series(list_country)
se_country.value_counts()
```

Result

```
미국          161
영국           51
필리핀          27
프랑스          24
스페인          16
인도           13
우즈베키스탄       13
멕시코          11
일본           10
```

퀴즈 상태별 확진자 수의 분포를 시각화 하세요.
각 상태에 따른 확진자 수를 계산한 후 확인하고, 막대 그래프로 표현해 보자.

Code

Result

```
사망자 수: 74
퇴원자 수: 5283
상태를 알 수 없는 사람들의 수: 391

<BarContainer object of 3 artists>
```

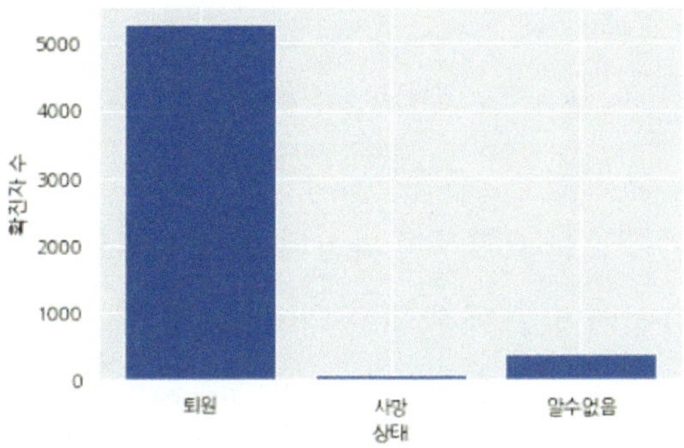

3.2 지하철 승하차 인원 분석 프로젝트

승차 또는 하차시 해당 시간, 해당 역의 승객수를 확인하기 위해 개찰구 통과 승객수 데이터와 지하철 위치 좌표 데이터를 활용하여 탐색적 데이터 분석을 해보자. 지하철 이용 승객수를 확인해 보고 혼잡도가 높은 지역을 확인해 보자. 서울 열린 광장에서 제공하는 서울시 지하철 호선별 역별 승하차 인원 정보 데이터를 분석하여 어떤 역이 가장 혼잡한지를 확인해 보도록 하자.

- 데이터 출처: http://data.seoul.go.kr/dataList/OA-12252/S/1/datasetView.do
- 다운받아 구글 드라이브 작업폴더에 복사(파일명: 지하철승하차인원.csv)

◆ 데이터 읽고 확인하기

승하차 인원 정보 데이터를 불러와 DataFrame구조를 확인해 보자. 서울시 지하철 호선별 승하차 인원 정보 데이터를 불러와 metro_all에 저장해 보자. 한글이 깨지지 않도록 'cp494'로 인코딩해서 불러온다.

Code

```
metro_all = pd.read_csv( "지하철승하차인원.csv", encoding = 'cp949')
metro_all.head()
```

Result

	사용월	호선명	지하철역	04시-05시 승차인원	04시-05시 하차인원	05시-06시 승차인원	05시-06시 하차인원	06시-07시 승차인원	06시-07시 하차인원	07시-08시 승차인원	07시-08시 하차인원	08시-09시 승차인원	08시-09시 하차인원	09시-10시 승차인원	09시-10시 하차인원	10시-11시 승차인원	10시-11시 하차인원	11시-12시 승차인원	11시-12시 하차인원	12시-13시 승차인원	12시-13시 하차인원	13시-14시 승차인원	13시-14시 하차인원
0	202106	1호선	동대문	715	14	13235	2131	8936	6979	14776	12395	18660	24732	16788	22866	15988	21388	17257	22109	20561	21732	21099	20786
1	202106	1호선	동묘앞	51	1	3218	1100	3422	4802	5896	9703	9194	24921	8022	17333	9687	19292	14091	24305	20089	26186	24776	28141
2	202106	1호선	서울역	654	17	9008	6400	12474	37203	37253	91875	59876	187805	44619	118679	42611	57710	49533	50003	59357	53317	61171	53687
3	202106	1호선	시청	37	0	1881	4340	2948	21443	6280	62346	7740	167991	8117	72853	9284	29250	14030	27989	15295	25037	18849	24492
4	202106	1호선	신설동	343	3	8150	3192	8131	10929	17021	25745	24583	62999	16472	33400	14689	20639	16427	17238	17625	16913	19712	17440

승하차 인원 정보 데이터프레임 정보를 요약하여 확인해 보자. 총 45338개의 행과 52개의 컬럼으로 구성되어 있다. 널(Null) 값이 없는 매우 좋은 데이터이다. 매시간 마다 승하차 인원이 널(Null) 값이 없는 데이터로 구성되어 있다. 데이터 타입(Dtype)도 수치형 데이터로 되어 있는 아주 좋은 데이터이다.

Code

```
metro_all.info()
```

Result

```
<class 'pandas.core.frame.DataFrame'>
RangeIndex: 45338 entries, 0 to 45337
Data columns (total 52 columns):
 #   Column         Non-Null Count  Dtype
---  ------         --------------  -----
 0   사용월            45338 non-null  int64
 1   호선명            45338 non-null  object
 2   지하철역           45338 non-null  object
 3   04시-05시 승차인원  45338 non-null  int64
 4   04시-05시 하차인원  45338 non-null  int64
 5   05시-06시 승차인원  45338 non-null  int64
 6   05시-06시 하차인원  45338 non-null  int64
 7   06시-07시 승차인원  45338 non-null  int64
 8   06시-07시 하차인원  45338 non-null  int64
 9   07시-08시 승차인원  45338 non-null  int64
 10  07시-08시 하차인원  45338 non-null  int64
 11  08시-09시 승차인원  45338 non-null  int64
 12  08시-09시 하차인원  45338 non-null  int64
 13  09시-10시 승차인원  45338 non-null  int64
 14  09시-10시 하차인원  45338 non-null  int64
 15  10시-11시 승차인원  45338 non-null  int64
 16  10시-11시 하차인원  45338 non-null  int64
 17  11시-12시 승차인원  45338 non-null  int64
 18  11시-12시 하차인원  45338 non-null  int64
 19  12시-13시 승차인원  45338 non-null  int64
 20  12시-13시 하차인원  45338 non-null  int64
 21  13시-14시 승차인원  45338 non-null  int64
 22  13시-14시 하차인원  45338 non-null  int64
 23  14시-15시 승차인원  45338 non-null  int64
 24  14시-15시 하차인원  45338 non-null  int64
```

불러온 데이터프레임의 '사용월' 컬럼 데이터를 중복없이 오름차순 정렬하여 확인해 보자. 중복없이 고유값만 가져오려면 set()을 이용하면 된다. 이를 list()로 변경 후 정렬을 해서 보여 주면 아래 코드의 결과와 같이 2015년 1월~2021년 6월까지의 데이터임을 알 수 있다.(**※ 최신 데이터를 다운받았다면 기간이 다를 수 있음**)

Code

```
sorted(list(set(metro_all['사용월'])))
```

Result

```
[201501,        201912,
 201502,        202001,
 201503,        202002,
 201504,        202003,
 201505,        202004,
 201506,        202005,
 201507,        202006,
 201508,        202007,
 201509,        202008,
 201510,        202009,
 201511,        202010,
 201512,        202011,
                202012,
                202101,
                202102,
 ...            202103,
                202104,
 ...            202105,
                202106]
```

퀴즈 지하철 호선명도 중복없이 오름차순 정렬하여 확인해 보자.

Result

```
['1호선',
 '2호선',
 '3호선',
 '4호선',
 '5호선',
 '6호선',
 '7호선',
 '8호선',
 '9호선',
 '9호선2~3단계',
 '9호선2단계',
 '경강선',
 '경부선',
 '경원선',
 '경의선',
 '경인선',
 '경춘선',
 '공항철도 1호선',
 '과천선',
 '분당선',
 '수인선',
 '안산선',
 '우이신설선',
 '일산선',
 '장항선',
 '중앙선']
```

지하철역 데이터 개수를 확인해 보자. 확인 결과 579개의 역이 존재함을 알 수 있다.

Code	`len(list(set(metro_all['지하철역'])))`
Result	579

◆ 데이터 정제

데이터를 확인해 보니 2015년 1월부터 2021년 6월까지 수집된 데이터인 것을 알 수 있다. 가장 최근 한달간 수집된 데이터를 기준으로 특정 호선에서 어떤 역이 가장 혼잡한지 확인해 보도록 하자.

먼저 2021년 6월 승하차 인원만 추출하고 블필요한 컬럼은 제거해 보자.

metro_all['사용월']==202106은 사용월이 2021년 6월인 경우에만 True가 된다. 이렇게 추출된 행만 metro_recent에 저장된다. 확인 결과 총 608개의 데이터가 존재한다.

Code

```
metro_recent = metro_all[metro_all['사용월']==202106]
metro_recent
```

Result

	사용월	호선명	지하철역	04시-05시 승차인원	04시-05시 하차인원	05시-06시 승차인원	05시-06시 하차인원	06시-07시 승차인원	06시-07시 하차인원	07시-08시 승차인원	07시-08시 하차인원	08시-09시 승차인원	08시-09시 하차인원	09시-10시 승차인원	09시-10시 하차인원	10시-11시 승차인원	10시-11시 하차인원	11시-12시 승차인원	11시-12시 하차인원	12시-13시 승차인원
0	202106	1호선	동대문	715	14	13235	2131	8936	6979	14776	12395	18660	24732	16788	22866	15988	21388	17257	22109	20561
1	202106	1호선	동묘앞	51	1	3218	1100	3422	4802	5896	9703	9194	24921	8022	17333	9687	19292	14091	24305	20089
2	202106	1호선	서울역	654	17	9008	6400	12474	37203	37253	91875	59876	187805	44619	118679	42611	57710	49533	50003	59357
3	202106	1호선	시청	37	0	1881	4340	2948	21443	6280	62346	7740	167991	8117	72853	9284	29250	14030	27989	15295
4	202106	1호선	신설동	343	3	8150	3192	8131	10929	17021	25745	24583	62999	16472	33400	14689	20639	16427	17238	17625
...	...	...	...	...	...	...	...	...	...	...	...	...	...	...	...	...	...	...	...	...
603	202106	중앙선	원덕	47	1	350	7	653	225	882	535	838	736	851	751	736	974	608	872	591
604	202106	중앙선	중랑	160	1	6077	564	9670	2216	22839	3018	20427	5876	14565	4808	8834	4350	7786	4759	7930
605	202106	중앙선	지평	0	0	0	0	1	0	377	320	256	312	17	0	319	447	2	2	4
606	202106	중앙선	팔당	2	1	267	132	722	675	1546	1589	1389	2952	1239	3401	1237	3454	1227	2802	1492
607	202106	중앙선	회기	819	8	12044	3526	20777	11468	55410	27861	70655	49572	43513	31396	33996	26376	34204	24523	36135

608 rows × 52 columns

마지막 컬럼인 '작업일자'는 데이터분석에 불필요함으로 제거한다. 그 결과 52개의 컬럼이 51개 컬럼으로 변경된 것을 확인할 수 있다.

Code

```
metro_recent = metro_recent.drop(columns=['작업일자'])
metro_recent
```

Result

	사용월	호선명	지하철역	04시-05시 승차인원	04시-05시 하차인원	05시-06시 승차인원	05시-06시 하차인원	06시-07시 승차인원	06시-07시 하차인원	07시-08시 승차인원	07시-08시 하차인원	08시-09시 승차인원	08시-09시 하차인원	09시-10시 승차인원
0	202106	1호선	동대문	715	14	13235	2131	8936	6979	14776	12395	18660	24732	16788
1	202106	1호선	동묘앞	51	1	3218	1100	3422	4802	5896	9703	9194	24921	8022
2	202106	1호선	서울역	654	17	9008	6400	12474	37203	37253	91875	59876	187805	44619
3	202106	1호선	시청	37	0	1881	4340	2948	21443	6280	62346	7740	167991	8117
4	202106	1호선	신설동	343	3	8150	3192	8131	10929	17021	25745	24583	62999	16472
...	...	...	...	...	...	...	...	...	...	...	...	...	...	...
603	202106	중앙선	원덕	47	1	350	7	653	225	882	535	838	736	851
604	202106	중앙선	중랑	160	1	6077	564	9670	2216	22839	3018	20427	5876	14565
605	202106	중앙선	지평	0	0	0	0	1	0	377	320	256	312	17
606	202106	중앙선	팔당	2	1	267	132	722	675	1546	1589	1389	2952	1239
607	202106	중앙선	회기	819	8	12044	3526	20777	11468	55410	27861	70655	49572	43513

608 rows × 51 columns

◆ 데이터 시각화

2021년 6월 데이터만 추출한 metro_recent를 활용하여 다양한 시각화 및 혼잡도를 분석해 보자.

metro_recent 데이터를 활용해서 이용객 수가 가장 많은 호선 순으로 막대 그래프를 출력해 보자. 먼저 호선명을 기준으로 그룹핑 후 평균을 구하고, 그 결과 인덱스를 확인해 보자.

Code

```
metro_recent.groupby(['호선명']).mean().index
```

Result

```
Index(['1호선', '2호선', '3호선', '4호선', '5호선', '6호선', '7호선', '8호선', '9호선',
       '9호선2~3단계', '경강선', '경부선', '경원선', '경의선', '경인선', '경춘선', '공항철도 1호선', '과천선',
       '분당선', '수인선', '안산선', '우이신설선', '일산선', '장항선', '중앙선'],
      dtype='object', name='호선명')
```

metro_recent.groupby(['호선명']).mean()의 결과를 보면 그룹시 사용된 킷값이 인덱스가 된다. 하지만 호선명을 데이터로 사용하기 위해 킷값을 인덱스로 지정하지 않게 하려면 .reset_index()를 하면 된다. 따라서 호선명이 인덱스가 아닌 컬럼이 되고 자동으로 0부터 시작하는 인덱스가 부여되게 되었다.

Code

```
metro_line = metro_recent.groupby(['호선명']).mean().reset_index()
metro_line
```

Result

	호선명	사용월	04시-05시 승차인원	04시-05시 하차인원	05시-06시 승차인원	05시-06시 하차인원	06시-07시 승차인원	06시-07시 하차인원	07시-08시 승차인원	07시-08시 하차인원	08시-09시 승차인원	08시-09시 하차인원
0	1호선	202106.0	366.300000	8.000000	5813.500000	3558.600000	6760.200000	16527.200000	15481.000000	40058.800000	21904.000000	94382.800000
1	2호선	202106.0	234.680000	3.540000	8671.220000	2514.300000	16267.300000	14946.140000	42759.060000	37907.120000	59619.800000	96418.320000
2	3호선	202106.0	53.911765	2.558824	4100.058824	1067.941176	9848.588235	10097.941176	25856.852941	24008.352941	30868.970588	49624.705882
3	4호선	202106.0	144.153846	4.307692	7265.615385	1289.730769	16421.807692	9961.269231	40458.461538	22896.346154	44537.615385	52690.807692
4	5호선	202106.0	15.357143	0.303571	4578.035714	912.017857	10518.892857	6287.678571	29706.785714	16561.250000	33651.035714	38608.267857

호선명별 열 방향(axis=1)으로 평균을 구한 후 내림차순 정렬한 결과를 metro_line에 저장한다. 가장 많은 승하차 인원은 1번 인덱스로 호선명은 1호선이다.

Code

```
metro_line = metro_line.mean(axis=1).sort_values(ascending=False)
metro_line
```

Result

```
1     33073.678776
0     27583.373469
3     23855.128728
2     20087.842137
14    19396.573469
6     18500.410564
17    17099.540816
11    16240.575615
4     16139.487609
8     15855.498776
7     15720.783914
18    15350.901458
22    14444.638219
20    14195.941915
5     12992.041863
9     11721.739403
12    11189.104082
16    11163.674927
24     8845.973761
13     8119.277973
21     7757.731554
19     7614.934240
10     6976.886827
23     6376.680272
15     6367.325456
dtype: float64
```

2021년 6월 데이터만 추출한 metro_recent를 활용하여 호선명별 평균을 구하고, 동일한 값이 들어 있는 사용월 컬럼을 삭제한 후 '호선명'을 다시 인덱스로 설정 후 metro_line변수에 저장한다. metro_line의 데이터프레임에서 인덱스별로 평균을 구한 후 내림차순 정렬하여 metro_line 변수에 다시 저장한다. 데이터프레임에 있는 plot()을 이용해 호선명 별 승하차인원의 평균을 시각화하면 아래와 같다. 시각화 결과 평균적으로 2호선의 승하차인원이 제일 많은 것을 알 수 있다.

Code

```
metro_line = metro_recent.groupby(['호선명']).mean().reset_index()
metro_line = metro_line.drop(columns='사용월').set_index('호선명')
metro_line = metro_line.mean(axis=1).sort_values(ascending=False)
plt.figure(figsize=(20,10))
metro_line.plot(kind=('bar'))
plt.show()
```

Result

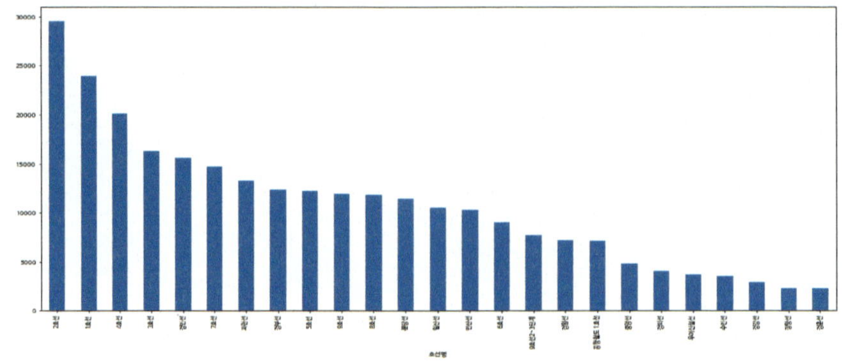

다양한 호선에서 역별 평균 승하차 인원이 많은 역은 어디일까? 이용객이 가장 많은 2호선 기준으로 확인해 보자.

metro_recent.groupby(['호선명','지하철역']).mean().reset_index()은 호선명과 지하철역을 기준으로 그룹을 하고 평균을 구한 후 인덱스를 해제해 자동 인덱스를 부여한다.

metro_st[metro_st['호선명']==line] 호선명, 지하철역을 기준으로 그룹하고 평균을 구해 저장한 데이터프레임에서 2호선만 추출해 metro_st_line2에 저장한다.

Code

```
line = '2호선'
metro_st = metro_recent.groupby(['호선명','지하철역']).mean().reset_index()
metro_st_line2 = metro_st[metro_st['호선명']==line]
metro_st_line2
```

Result

	호선명	지하철역	사용월	04시-05시 승차인원	04시-05시 하차인원	05시-06시 승차인원	05시-06시 하차인원	06시-07시 승차인원	06시-07시 하차인원	07시-08시 승차인원	07시-08시 하차인원	08시-09시 승차인원
10	2호선	강남	202106	68	5	5634	10898	15798	49800	37686	150575	60412
11	2호선	강변(동서울터미널)	202106	18	0	8295	2136	27343	21465	77995	24424	106012
12	2호선	건대입구	202106	176	7	14205	2139	20389	19701	52326	26069	88094
13	2호선	교대(법원.검찰청)	202106	18	1	2366	6923	11842	25344	24154	58254	33988

2호선만 저장되어 있는 데이터프레임에서 승차인원만 추출하여 데이터프레임을 생성한다. 승차 컬럼은 3번째 컬럼부터 한 칸씩 건너 띄어져 있다. 따라서 3+2*i는 3번째 컬럼부터 홀수번째 컬럼만을 추출하게 된다. set_index('지하철역')는 '지하철역' 컬럼을 인덱스로 설정하는 코드이다. 새롭게 생성된 데이터프레임을 확인해 보면 아래 결과와 같다.

Code

```
metro_get_on = pd.DataFrame()
metro_get_on['지하철역'] = metro_st_line2['지하철역']
for i in range(int((len(metro_recent.columns)-3)/2)):
    metro_get_on[metro_st_line2.columns[3+2*i]] = \
              metro_st_line2[metro_st_line2.columns[3+2*i]]
metro_get_on = metro_get_on.set_index('지하철역')
metro_get_on
```

Result

	04시-05시 승차인원	05시-06시 승차인원	06시-07시 승차인원	07시-08시 승차인원	08시-09시 승차인원	09시-10시 승차인원	10시-11시 승차인원	11시-12시 승차인원	12시-13시 승차인원	13시-14시 승차인원	14시-15시 승차인원	15시-16시 승차인원
지하철역												
강남	68	5634	15798	37686	60412	47444	47162	63593	80198	96731	104901	130240
강변(동서울터미널)	18	8295	27343	77995	106012	72448	50860	45540	45801	43734	39557	42320
건대입구	176	14205	20389	52326	88094	58146	33837	31591	36562	39017	39510	44476
교대(법원.검찰청)	18	2366	11842	24154	33988	26824	25349	30985	34406	40404	47657	52623

승차 인원 추출과 같은 방법으로 하차 인원 컬럼만 추출하여 새로운 데이터프레임을 생성한다. 하차 인원 컬럼은 4번째 컬럼부터 짝수번째 컬럼이므로 4+2*i 번째 컬럼을 추출해 오면 된다.

Code

```
metro_get_off = pd.DataFrame()
metro_get_off['지하철역'] = metro_st_line2['지하철역']
for i in range(int((len(metro_recent.columns)-3)/2)):
    metro_get_off[metro_st_line2.columns[4+2*i]] = \
            metro_st_line2[metro_st_line2.columns[4+2*i]]
metro_get_off = metro_get_off.set_index('지하철역')
metro_get_off
```

Result

	04시-05시 하차인원	05시-06시 하차인원	06시-07시 하차인원	07시-08시 하차인원	08시-09시 하차인원	09시-10시 하차인원	10시-11시 하차인원	11시-12시 하차인원	12시-13시 하차인원	13시-14시 하차인원	:
지하철역											
강남	5	10898	49800	150575	319617	310538	146907	104498	102420	121091	1
강변(동서울터미널)	0	2136	21465	24424	46063	36699	34309	31714	35111	39567	
건대입구	7	2139	19701	26069	61058	47220	36298	37929	46292	52863	
교대(법원.검찰청)	1	6923	25344	58254	157982	137549	66113	51410	46562	53373	
구로디지털단지	6	5663	22522	85822	268761	152613	57973	43450	44629	51260	

다음은 역별 평균 승하차 인원을 구한 후 정수로 형 변환하여 데이터프레임에 저장한다.

Code

```
df = pd.DataFrame(index = metro_st_line2['지하철역'])
df['평균 승차 인원 수'] = metro_get_on.mean(axis=1).astype(int)
df['평균 하차 인원 수'] = metro_get_off.mean(axis=1).astype(int)
df
```

Result

지하철역	평균 승차 인원 수	평균 하차 인원 수
강남	92076	90468
강변(동서울터미널)	34935	34220
건대입구	39514	42484
교대(법원.검찰청)	35937	40503
구로디지털단지	66141	66032
구의(광진구청)	25803	25432
낙성대(강감찬)	30847	29808
당산	21019	24151
대림(구로구청)	27800	28518
도림천	1562	1604
동대문역사문화공원(DDP)	13376	14880
뚝섬	24845	26703
문래	23118	23838
방배	18375	19338
봉천	27015	25017

평균 승차 인원수를 내림차순으로 막대 그래프를 시각화해 보자. 먼저 평균 승차 인원수를 기준으로 내림차순 정렬 후 상위 10개의 데이터를 추출하여 top10_on에 저장한다. plt.bar()의 첫 번째 매개변수(x축 값)에 top10_on.index, y축 값으로 top10_on['평균 승차 인원수']를 넣어준다. 그럼 평균 승차 인원수를 내림차순으로 10명에 대해 막대그래프로 시각화 된다. annotate()를 이용해 계열값을 막대 위에 표시해 준다. 2호선 기준 6월 한달 간 강남, 잠실, 신림, 구로디지털단지, 홍대입구, 선릉 순으로 평균 승차인원이 많았다.

Code

```
top10_on = df.sort_values(by='평균 승차 인원 수', ascending=False).head(10)

plt.figure(figsize=(20,10))
plt.rc('font', family="NanumBarunGothic")
plt.rcParams['axes.unicode_minus'] = False

plt.bar(top10_on.index, top10_on['평균 승차 인원 수'])
for x, y in enumerate(list(top10_on['평균 승차 인원 수'])):
    if x == 0:
        plt.annotate(y, (x-0.15, y), color = 'red')
    else:
        plt.annotate(y, (x-0.15, y))

plt.title('2021년 6월 평균 승차 인원 수 Top10')
plt.show()
```

Result

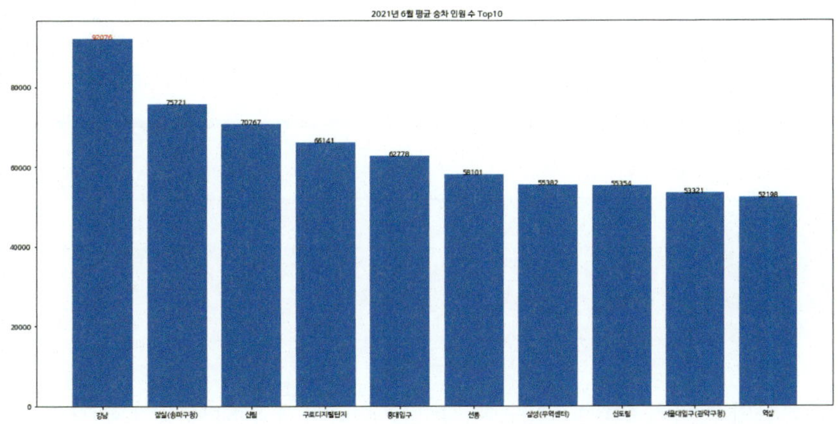

퀴즈 평균 하차 인원수를 내림차순으로 막대 그래프로 시각화해 보자.(상위 10개 기준)

Code	
Result	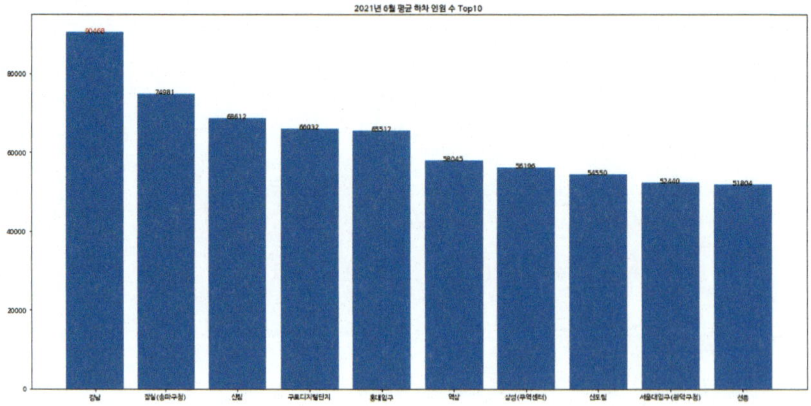

퀴즈 6호선의 지하철 역 중에서 승차 인원수가 가장 많은 역명을 구하세요.

Code	
Result	'강남'

특정 호선의 지하철 역마다 지도에 정보를 출력하기 위해서는 각 위치의 좌표 정보가 필요하다. 이를 해결하기 위해 카카오 API를 활용하여 csv 파일로 만들었다.

- 데이터 출처: https://developers.kakao.com/docs/latest/ko/local/dev-guide#search-by-keyword
  https://developers.kakao.com/docs/latest/ko/local/dev-guide#address-coord

◆ 지하철 역 위치 좌표에 대한 데이터 불러오기

Code

```
subway_location = pd.read_csv('지하철 역 위치 좌표.csv')
subway_location
```

Result

	지하철역	주소	x좌표	y좌표
0	4.19민주묘지역	서울 강북구 우이동 72-182	37.649457	127.013506
1	가능역	경기 의정부시 가능동 197-1	37.747906	127.044358
2	가락시장역	서울 송파구 가락동 184-23	37.492915	127.118215
3	가산디지털단지역	서울 금천구 가산동 468-4	37.482414	126.882240
4	가양역	서울 강서구 가양동 14-61	37.561758	126.853997
...	...	...	...	...
574	회룡역	경기 의정부시 호원동 50-5	37.713908	127.046619
575	회현역	서울 중구 남창동 64-1	37.557688	126.976720
576	회현역	서울 중구 남창동 64-1	37.557688	126.976720
577	효창공원앞역	서울 용산구 효창동 80	37.539622	126.960984
578	흑석역	서울 동작구 흑석동 4	37.508502	126.964009

579 rows × 4 columns

특정 호선의 역별 평균 승하차 인원수와 지하철 역별 위치 좌표 데이터를 병합하여 데이터프레임을 생성해 보자. 다음 함수는 특정 호선의 역별 평균 승하차 인원수와 지하철 역 위치 좌표를 데이터프레임으로 변환하는 함수이다. 호선과 데이터프레임을 매개변수로 가지는 함수로 지금까지 앞에서 해온 승하차 인원별로 컬럼을 추출해 데이터프레임을 생성하고 지하철역별로 평균 승하차 인원을 구한 후 데이터프레임을 구성하는 코드와 지하철명을 기준으로 df 데이터프레임과 위치정보 데이터프레임을 지하철명을 기준으로 두 개의 데이터프레임을 병합하는 함수이다. df의 지하철역명을 기준으로 일치하는 좌표값을 가져와 병합한다.

함수정의

```
def get_nums_and_location(line, metro_st):

    # 특정 호선의 데이터만 추출합니다.
    metro_line_n = metro_st[metro_st['호선명']==line]

    # 승차 인원 컬럼만 추출합니다.
    metro_get_on = pd.DataFrame()
    metro_get_on['지하철역'] = metro_line_n['지하철역']
    for i in range(int((len(metro_recent.columns)-3)/2)):
        metro_get_on[metro_line_n.columns[3+2*i]] = \
              metro_line_n[metro_line_n.columns[3+2*i]]

    metro_get_on = metro_get_on.set_index('지하철역')

    # 하차 인원 컬럼만 추출합니다.
    metro_get_off = pd.DataFrame()
    metro_get_off['지하철역'] = metro_line_n['지하철역']
    for i in range(int((len(metro_recent.columns)-3)/2)):
        metro_get_off[metro_line_n.columns[4+2*i]] =\
               metro_line_n[metro_line_n.columns[4+2*i]]
    metro_get_off = metro_get_off.set_index('지하철역')

    # 역 별 평균 승하차 인원을 구한 후 정수로 형 변환하여 데이터프레임 생성
    df = pd.DataFrame(index = metro_line_n['지하철역'])
    df['평균 승차 인원 수'] = metro_get_on.mean(axis=1).astype(int)
    df['평균 하차 인원 수'] = metro_get_off.mean(axis=1).astype(int)

    # 지하철역 명 동일하도록 설정합니다.
    temp = []
    df = df.reset_index()
    for name in df['지하철역']:
        temp.append(name.split('(')[0]+'역')
    df['지하철역'] = temp

    # 지하철역 명을 기준으로 두 데이터프레임 병합합니다.
    df = df.merge(subway_location, left_on='지하철역', right_on='지하철역')
    return df
```

get_nums_and_location()함수에 '6호선'과 metro_st를 인수로 넘겨주면 6호선 지하철역별 평균 승하차인원과 지하철역의 주소와 위도, 경도값이 합쳐진 데이터프레임을 확인할 수 있다.

Code

```
get_nums_and_location('6호선', metro_st)
```

Result

	지하철역	평균 승차 인원 수	평균 하차 인원 수	주소	x좌표	y좌표
0	고려대역	8761	8350	서울 성북구 종암동 29-18	37.589679	127.035926
1	고려대역	8761	8350	서울 성북구 종암동 29-18	37.589679	127.035926
2	공덕역	19783	19001	서울 마포구 공덕동 423-29	37.544487	126.951195
3	광흥창역	9772	9385	서울 마포구 창전동 145-17	37.547426	126.932477
4	광흥창역	9772	9385	서울 마포구 창전동 145-17	37.547426	126.932477
5	구산역	8504	6408	서울 은평구 구산동 1	37.611212	126.917182
6	녹사평역	5997	5918	서울 용산구 용산동4가 4	37.534446	126.985525
7	대흥역	8862	9121	서울 마포구 대흥동 128-1	37.547730	126.942379
8	대흥역	8862	9121	서울 마포구 대흥동 128-1	37.547730	126.942379
9	독바위역	3167	3376	서울 은평구 불광동 13-33	37.618377	126.932857

특정 호선의 혼잡 정도를 지도에 출력해 보자. 지도를 출력하기 위한 라이브러리는 folium이다. 먼저 folium을 import한다. 서울의 특정 위도, 경도를 중심으로 openStreetmap객체를 생성한다.

Code

```
import folium

map_osm = folium.Map(
          location = [37.529622, 126.984307],
          zoom_start=12)
map_osm
```

Result

이제 특정 호선의 역별 평균 승차 인원수를 원형마커를 통해 지도에 출력해 보자. 서울의 중심에 위치한 명동역의 위도와 경도를 중심으로 지도를 출력하기 위해 subway_location에서 명동역의 좌표값을 가져온다. 아래 코드는 명동역의 좌표값을 출력한 예이다.

Code

```
latitude = float(subway_location[subway_location['지하철역']=='명동역']['x좌표'])
longitude = float(subway_location[subway_location['지하철역']=='명동역']['y좌표'])
print(latitude,longitude)
```

Result

```
37.5608407630906 126.985735507155
```

각 지하철 역의 위치별로 원형 마커를 지도에 추가한다. 원의 반지름은 평균 승차 인원수을 3,000으로 나눈 값으로 정한다. 이때 0이 나오면 안 되므로 기본값(+1) 설정이 필요하다. popup옵션을 통해 마커를 클릭하면 지하철역과 승차인원이 표시되도록 하였다. for문을 통해 df.index값을 가져와 각 지하철역의 위치별로 원형 마커를 생성해서 add_to()를 통해 지도 객체에 추가한다.

```
folium.Circlemarker(location, #마커를 추가할 위도/경도 좌표
                    popup, #표기할 팝업 문구(마우스 클릭시 표시)
                    tooltip, #표기할 툴팁 문구(마우스 오버시 표시)
                    radius, #원형 마커 반지름,
                    color, #마커 색상
                    fill_color#면색 지정)
```

Code

```
# 특정 호선의 역별 평균 승하차 인원 수와 위치좌표 데이터만 추출
rail = '6호선'
df = get_nums_and_location(rail, metro_st)

# 서울의 중심에 위치하는 명동역의 위도와 경도를 중심으로 지도 출력합니다.
latitude =float(\
           subway_location[subway_location['지하철역']=='명동역']['x좌표'])
longitude =float(\
            subway_location[subway_location['지하철역']=='명동역']['y좌표'])
map_osm = folium.Map(location = [latitude, longitude], zoom_start = 12)

# 각 지하철 역의 위치별로 원형마커를 지도에 추가합니다.
# 인원 수가 0일 때 계산오류 보정
for i in df.index:
    marker = folium.CircleMarker([df['x좌표'][i],df['y좌표'][i]],
              radius =  df['평균 승차 인원 수'][i]/3000+1,
              popup = str([df['지하철역'][i],df['평균 승차 인원 수'][i]]),
              color = 'blue',
              fill_color = 'blue')
    marker.add_to(map_osm)

map_osm
```

Result

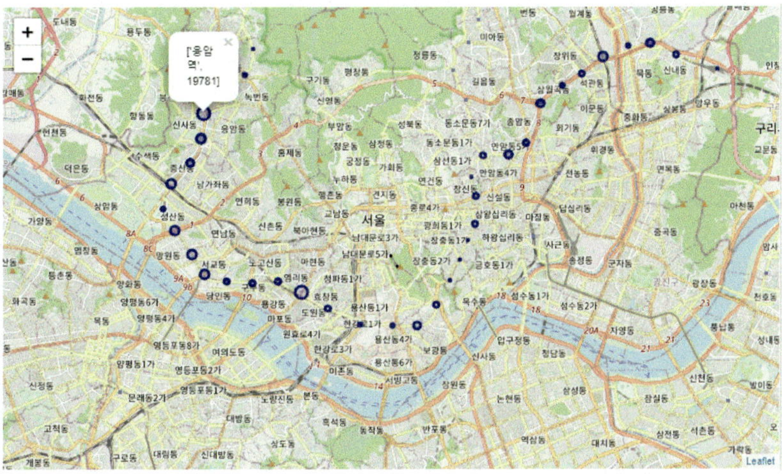

Tip: 위도/ 경도 쉽게 구하기

① 구글 드라이브에 접속 후 [+ 새로 만들기] 클릭

② [Google스프레드시트] 클릭

③ 메뉴에서 [확장프로그램]-[부가기능]-[부가기능 설치하기] 클릭

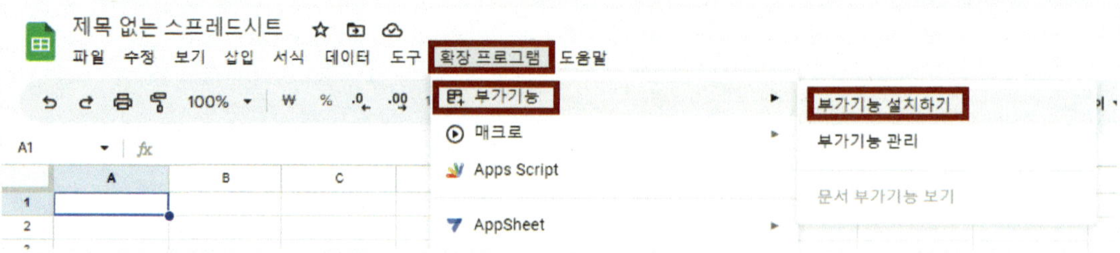

④ 'Geocode by Awesome Table'으로 검색

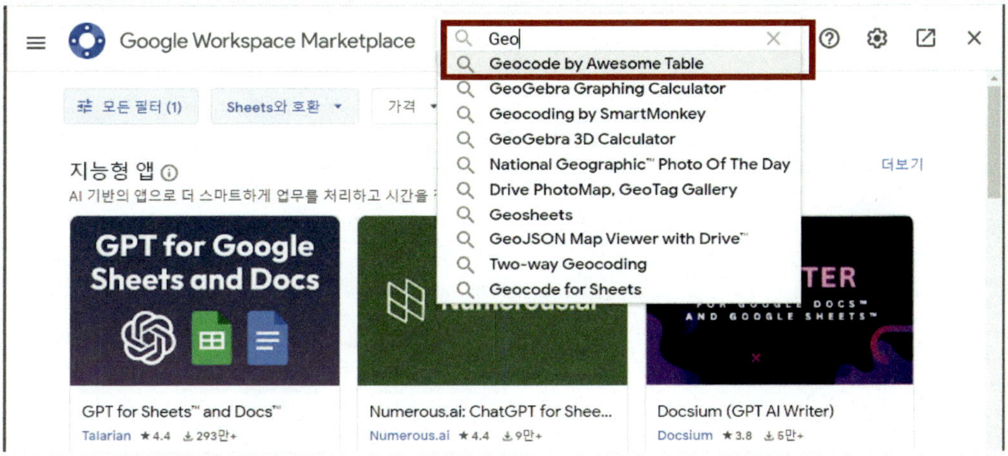

⑤ Geocode by Awesome Table 앱을 클릭하여 설치한다. 설치가 완료되면 오른쪽 그림처럼 '설치됨'으로 표시된다.

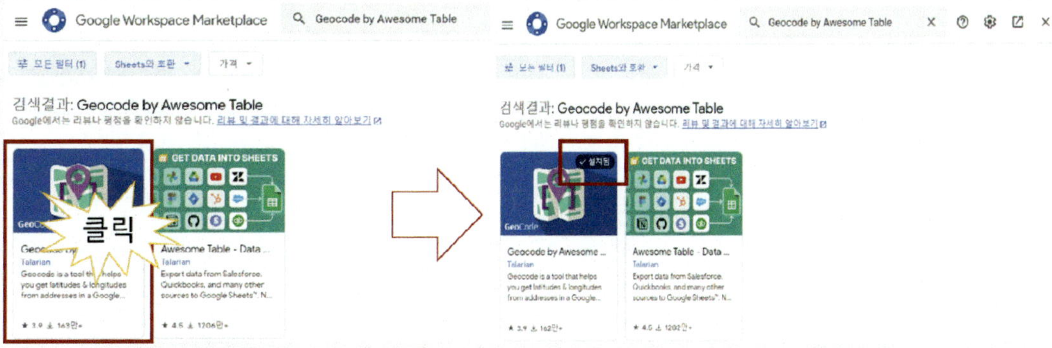

⑥ 설치가 잘 되었다면 스프레드시트의 [확장 프로그램]에서 확인 할 수 있다.

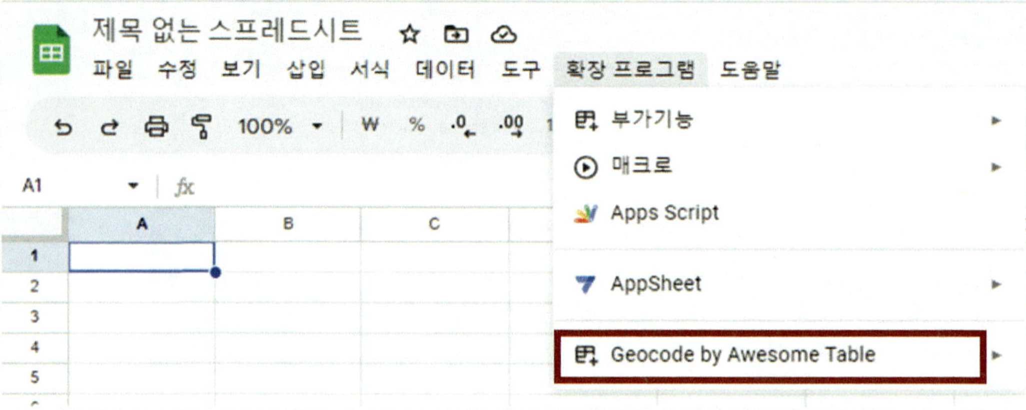

⑦ 스프레드시트에서 주소를 입력 후 [확장 프로그램]-[Geocode by Awesome Table]-[Start Geocoding]을 선택 후 'Address column'에서 '주소'열을 선택하고 'Geocode!' 버튼을 클릭하면 주소의 위도 경도값이 스프레드 시트에 표시된다.

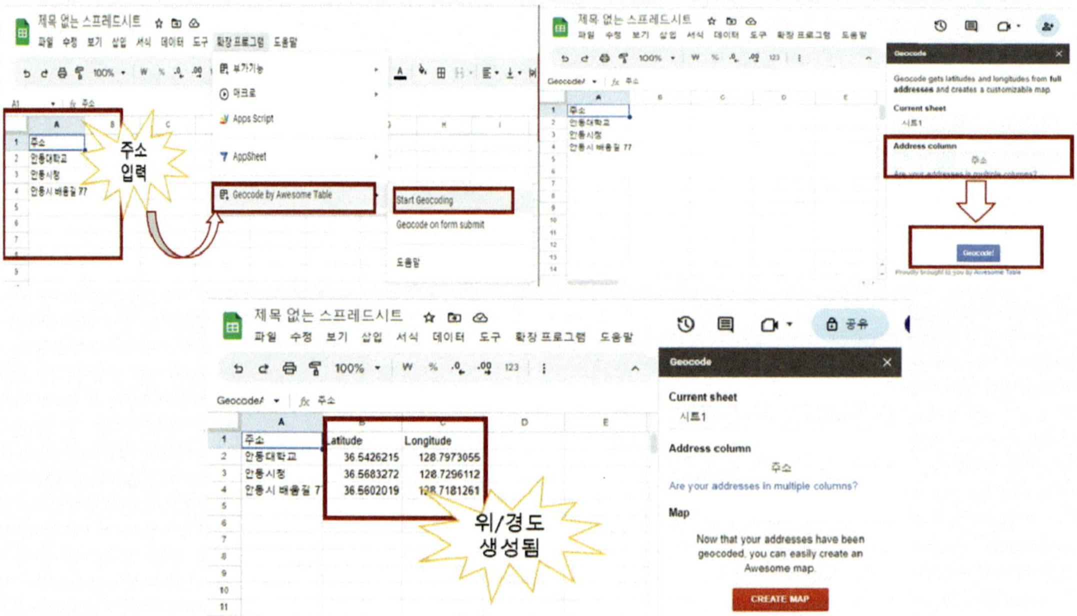

머신러닝

제4장

Big data analysis and AI basics

4.1 머신러닝 개요

2016년 구글의 알파고(AlphaGo)는 한국 사회에 큰 충격을 주면서 인공지능에 대한 관심을 불러일으켰다. 인공지능은 최근 가장 각광 받는 기술 분야이다. 인간은 오랫 시간 동안 인간처럼 생각하고 행동하는 기계를 만들기 위해 꾸준히 연구해 왔다. 인공지능(AI: Artifical Inteligence)이란 인공과 지능의 합성어로, '시스템으로 구현된 지능'을 의미하거나, 인간의 지각능력, 학습능력, 추론능력, 자연어 처리 능력 등을 컴퓨터가 실행할 수 있도록 프로그램으로 구현한 기술 즉, 소프트웨어를 말한다. 인간의 지능을 가진 것처럼 행동하는 기계 또는 프로그램을 의미한다. 장치가 프로그램을 통해서 판단하고 의사가 있는 것처럼 행동한다면 이를 인공지능이라고 볼 수 있다.

아래 그림과 같이 인공지능은 머신러닝과 딥러닝 기술을 포함하고 있다. 인공지능은 컴퓨터에 지능을 부여하기 위한 전체를 의미한다. 머신러닝(Machine learning)은 인공지능에서 "스스로 학습하여 성능이 개선되는 기법들"을 위주로 발전한 세부 학문이고, 딥러닝은 머신러닝에서 "인간의 뇌와 비슷한 신경망" 구조를 본떠서 발전한 세부 학문이다.

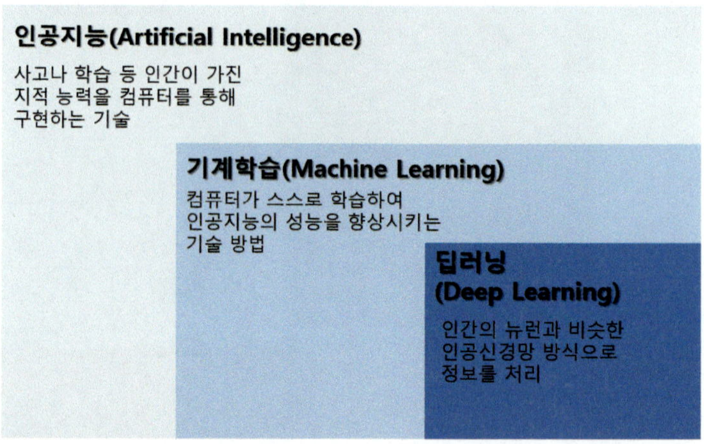

아래 그림은 머신러닝과 딥러닝의 차이를 보여준다. 머신러닝의 경우 input에 대해 사람이 직접 피처 추출을 생성하는 피처 엔지니어링 과정을 거쳐야 한다. 하지만 딥러닝의 경우 이러한 과정없이 다양한 레이어를 사용하여 분류나 예측을 한다.

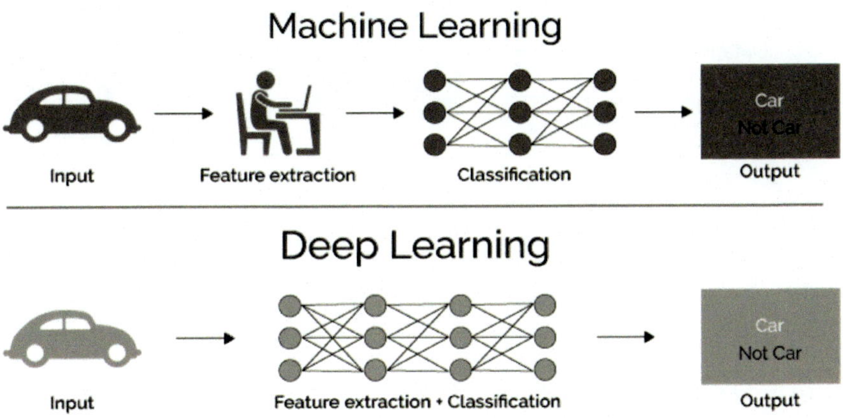

출처: https://morioh.com/p/ed56b4fdbf1c

▲ 머신러닝과 딥러닝

머신러닝은 인공지능의 한 분야이다. 머신러닝은 학습 기반의 인공지능에 속한다. 아서 사무엘(Arthur Samuel)은 '명시적인 프로그래밍 없이 컴퓨터가 학습하는 능력을 갖추게 하는 연구 분야이다'라고 정의했다. 아래 그림과 같이 전통적인 프로그램은 사람이 주어진 문제를 풀기 위해 알고리즘이나 모델을 설계하고 구현해 놓고 입력 x를 주면 미리 설계해 놓은 알고리즘에 따라 결과 y를 만들었다면 머신러닝 프로그램은 입력 x와 출력 y를 알려주면 알고리즘을 스스로 찾아 모델을 생성한다. 이후 새로운 데이터를 주면 생성된 모델에 적용하여 출력을 예측할 수 있다.

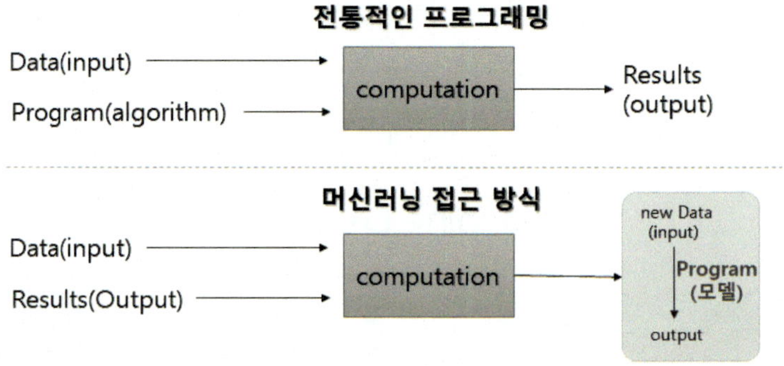

▲ 전통적인 프로그래밍과 머신러닝의 차이

◆ 머신러닝의 분류

머신러닝은 아래 그림과 같이 학습의 기준을 어떤 것으로 할지에 따라 지도학습, 비지도학습, 강화학습으로 분류할 수 있다. 머신러닝은 결국 특징을 잘 암기하는 것이다. 결국 특징을 잘 암기하는 것은 일반화를 잘 시켜야 한다는 것을 의미한다. 모델이 처음 보는 데이터에 대해서 정확하게 예측할 수 있게 학습하는 것, 결국 일반화를 잘 할 수 있다면 좋은 모델이라고 말할 수 있다. 따라서 머신러닝을 이용해 결과적으로 해결하고자 하는 목표는 일반화이다.

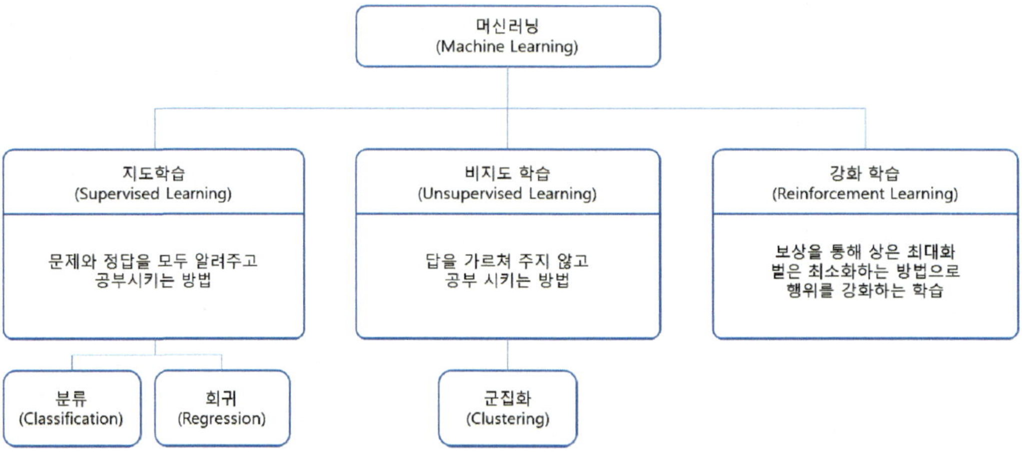

지도학습은 정답이 포함되어있는 훈련데이터로 학습하는 방법이다. 정답이 있는 데이터셋을 학습해 정답을 맞출 수 있는 알고리즘을 기계 스스로가 만들어내게 하는 것이다. 현재 연구되고 있는 대부분이 지도학습에 기초한다. 지도학습은 주어진 입력으로부터 출력값을 예측하고자 할 때 사용한다. 입력과 정답 데이터를 사용해 모델을 학습시킨 후 새로운 입력 데이터에 대해 정확한 출력을 예측하도록 하는 것이 목표이다. 지도 학습 알고리즘의 학습데이터를 만드는 것은 많은 노력과 자원이 필요하지만 높은 성능를 기대할 수 있다. 지도학습 알고리즘은 크게 분류(classification)와 회귀(regression)으로 구분한다. 분류는 입력 데이터를 미리 정의된 여러개의 클래스 중 하나로 예측하는 것이며, 클래스 개수가 2개인 이진 분류(binary classification)와 3개 이상의 다중 분류(multi-classification)으로 나눌 수 있다. 회귀는 연속적인 숫자를 예측하는 것으로 수확량, 주식, 기온 등 연속성을 갖는 데이터를 예측할 때 사용한다. 대표적인 알고리즘(모델)은 선형 회귀(Linear Regression), 로지스틱 회귀(Logistic Regression), 서포트 벡터 머신(SVM: Support Vector Machine), k-최근접 이웃(k-Nearest Neighobors), 의사결정나무(Decision Tree), 인공 신경망(Neural Network)이 있다.

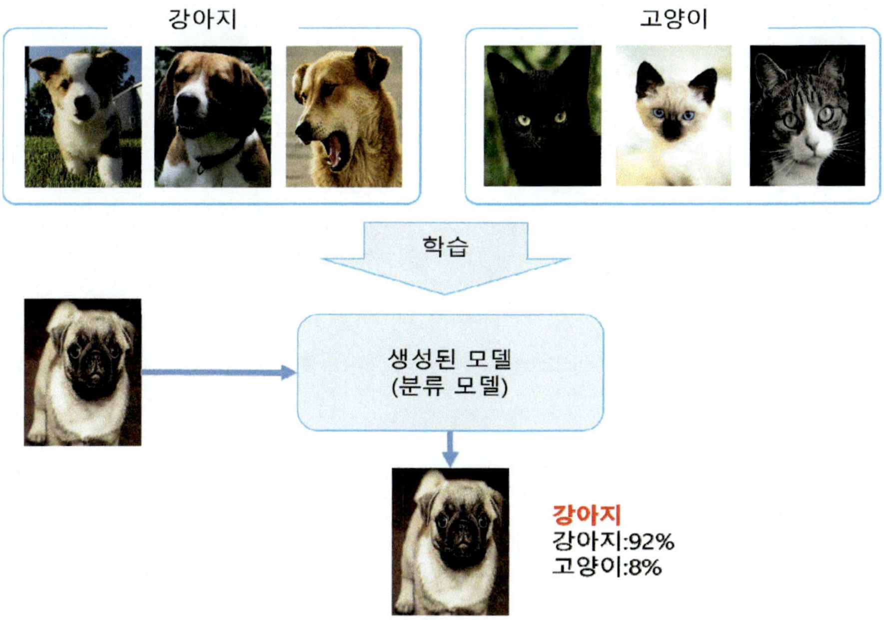

▲ 분류 모델 예시

비지도학습에는 훈련 데이터에 정답이 없다. 예를 들어 여러 종류의 장난감이 거실에 흩어져 있을 때 정리 기준을 주지 않은 상태에서 아이들에게 정리하라고 명령했을 경우 어떤 아이는 색깔별로, 혹은 재질별로, 모양별로 다양하게 군집이 일어난다. 이는 아이 스스로 학습해서 패턴(결과)를 도출한 것이다. 이를 비지도학습이라고 한다. 따라서 비지도 학습은 원하는 출력없이 입력 데이터를 사용, 입력 데이터의 구조나 패턴을 찾는 것이 목표이다. 미리 정해진 결과가 없고, 방대한 양의 데이터에서 유용한 통찰력을 얻을 수 있다. 대표적인 알고리즘은 군집(Clustering), 차원축소(Dimension Reduction), 연관규칙학습(Association Rule Learning)등이 있다. 클러스터링은 공산상에서 서로 가깝고 유사한 데이터를 클러스터로 그룹화하는 것이고, 차원축소는 고차원의 데이터에 대해서 너무 많은 정보를 잃지 않으면서 데이터를 축소시키는 방법이다. 연관규칙은 데이터에서 특성 간의 연관성이 있는 흥미로운 규칙을 찾는 방법이다.

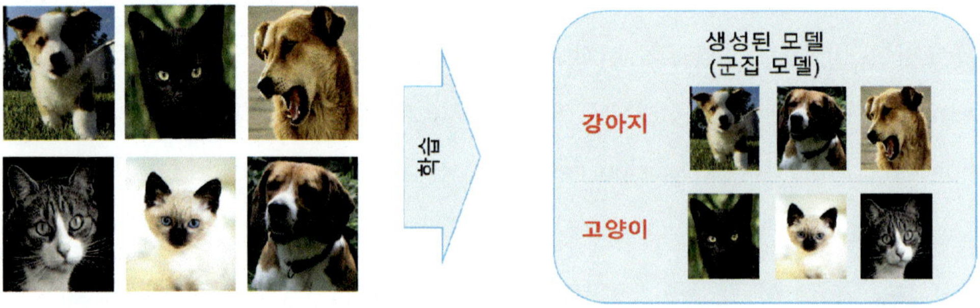

▲ 군집 모델 예시

강화학습은 지도학습, 비지도학습과 다른 방식으로 학습이 진행된다. 강화학습에 이용하는 학습 시스템은 에이전트(Agent)라고 부른다. 에이전트는 현재 상황에서 주변환경을 관찰하여 행동(Action)을 취하고 보상과 패럴티를 받는다. 여러 에피소드를 반복하면서 더 큰 누적 보상을 얻기 위한 최상의 정책(Policy)을 스스로 찾아 나간다. 강화학습 역시 훈련데이터에는 정답이 존재하지 않는다.

머신러닝의 가장 큰 문제는 훈련 데이터이다. 훈련 데이터의 양이 충분하지 않거나 수집된 데이터가 대표성이 없거나, 너무 낮은 품질의 데이터가 많다는 것이다. 그리고 학습에 적합하도록 정제하는 일도 쉽지 않는 문제이다. 두 번째 문제는 과소적합과 과적합이다. 과소적합은 모델이 너무 간단하기 때문에 학습 오류가 줄어들지 않는 경우를 뜻한다. 과적합은 학습을 통해 생성된 모델이 훈련 데이터에 너무 잘 맞아 떨어져 새로운 데이터에는 적용하기 힘든 경우이다. 이는 머신러닝의 목표인 일반화가 되지 않은 현상이다. 과적합은 모델이 너무 복잡하고 데이터가 부족하여 학습 오류가 테스트 데이터셋에 대한 오류보다 아주 작은 경우, 일반적으로 과소적합보다 과적합이 더 심각한 문제이다. 아래 그림의 왼쪽 그림은 과소적합, 오른쪽 그림은 과적합이 발생한 경우를 나타낸 것이다.

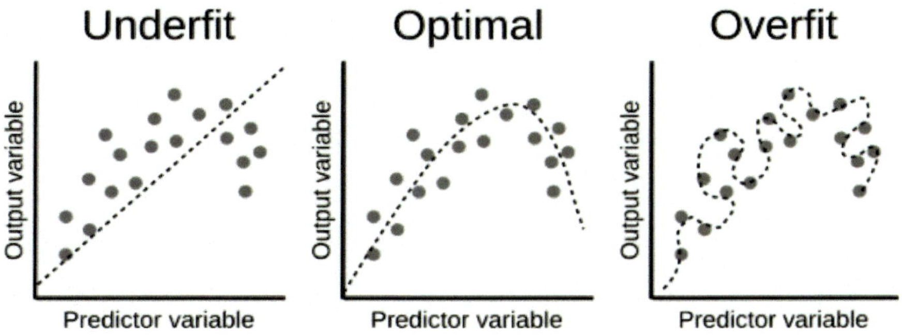

출처: educative.io

▲ 과소적합과 과적합.

'머신러닝으로 무엇을 할 것인가?'의 대답은 예측이다. 예측을 한다는 것은 입력 값(x)으로 결과(y)를 예측하고 싶다는 뜻이다. y를 예측하기 위해 필요한 x를 feature라 한다. 아래 그림은 feature와 target을 표시한 데이터프레임이다. 아파트 데이터(x)로 집값(y)를 예측하고 싶을 경우, x에 해당하는 값은 [방의 개수, 강 뷰, 건축 연도, 면적, 브랜드]가 된다. 머신러닝을 본격적으로 하기 전에 먼저 용어에 대해 살펴보자. 행과 열과 이루어진 테이블 형태의 데이터셋을 데이터프레임 또는 데이터 행렬이라 한다. 행렬의 이루고 있는 열을 컬럼이라 하고, 컬럼 중 머신러닝의 입력으로 사용되는 x값에 해당하는 컬럼을 features, x, 속성, 독립변수, attributes, input, 설명변수 등 다양한 이름으로 불린다. 예측하고 싶은 값, 즉 출력 값(y)는 종속변수, target, labels, 반응변수, output등으로 지칭한다. 관련된 컬럼들의 모음을 행(row)이라하고 관측된 값, samples, instance, observations라 한다.

데이터 프레임(데이터 셋, 데이터 행렬

열, Column
Features(X, 특성, 독립변수, attributes, input, 설명변수

Class Labels
(Y, 종속변수, target, labels, 반응변수, output)

방의 개수	강 뷰	건축 연도	면적	브랜드	집값(억)
4	O	1998	80	자이	5.2
3	X	2001	108	푸르지오	6.3
...	...	...	...	...	...
2	O	2015	75	이-편한	2

행
(row)

Samples, instances, 관측

지도학습은 $Y = f(X)$에 대하여 입력변수(x)와 출력변수(y)의 관계에 대하여 모델링하는 것을 말한다. 즉, y에 대하여 예측 또는 분류하는 문제이다. 회귀(regression)는 입력변수 x에 대하여 연속형 출력변수 y를 예측하는 것이고 분류(Classification)는 입력변수 X에 대하여 이산형 출력 변수 Y를 예측하는 것이다. [그림 5-6]에서 방의 개수를 입력(x)로 집 값(target, Y)을 예측하도록 학습한다면 이는 지도학습이라 한다. '방의 개수'와 '집값'을 둘 다 입력(X)으로 부동산의 특징을 그룹화하고자 하면 이는 비지도 학습이 되는 것이다. 분류와 회귀는 예측하고자 하는 target의 값이 범주형(categorical)이냐, 수치형(Numerical) 데이터냐에 따라 달라진다.

- 분류: Feature X에 대해서 범주형 Y를 출력하여 Class(Y)를 예측
- 회귀: Feature X에 대해서 수치형 Y를 출력하여 Class(Y)를 예측

구분	범주형	수치형
지도학습 정답 ○	분류(Classification)	회귀(regression)
비지도 학습 정답×	군집화(Clustering)	차원축소(Dimensionality reduction)

퀴즈 다음 예시가 분류인지 회귀인지를 구분하시오.

X(features)	Y(target)	모델	구분
영화 리뷰 데이터	좋아요 /싫어요	감성 분석 모델	분류 /회귀
카드 사용시 발생 정보 금액, 시간 등	정상거래 /사기거래	신용카드 사기 검출 시스템	분류 /회귀
날씨, 요일, 계절, 지역정보 등	자전거 대여 횟수	자전거 수요 예측 모델	분류 /회귀
계약 건수, 지각 빈도, 회식 참여 등	사원 연말 성과 평가 (S/A/B/C)	인사 평가 예측 모델	분류 /회귀
방의 개수, 브랜드, 역세권, 면적 등	아파트 집값	아파트 집값 예측 모델	분류 /회귀

4.2 Scikit-learn과 Machine Learning

◆ 머신러닝 전체 과정

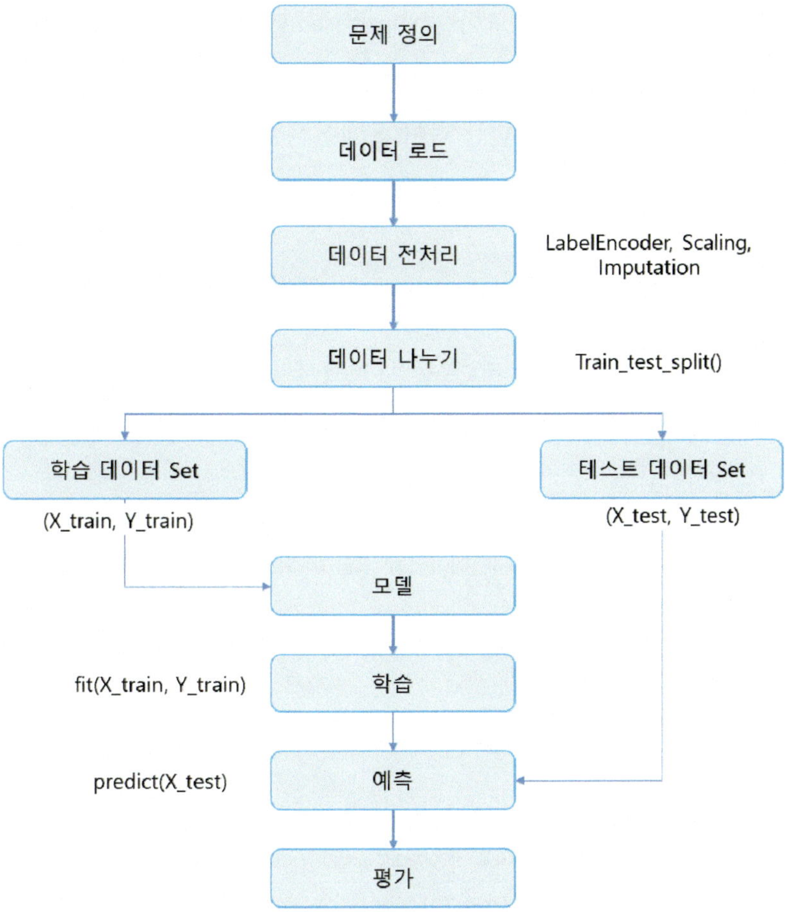

feature_names	학습(훈련), 예측에 사용할 단어 사전
label_name	정답값
X_train	학습(훈련)에 사용할 데이터 셋, 예: 시험의 기출문제
X_test	예측에 사용할 데이터 셋, 예: 실전 시험문제
y_train	학습(훈련)에 사용할 정답 값, 예: 기출문제의 정답
model	학습, 예측에 사용할 머신러닝 알고리즘
model.fit(X_train, y_train)	학습(훈련), 기출문제와 정답을 가지고 학습(훈련)하는 과정과 유사
model.predict(X_test)	예측, 실제 시험을 보는 과정과 유사 ➔ 문제를 풀어서 정답을 구함
score	시험을 봤다면 몇 문제를 맞고 틀렸는지 채점
metric	점수를 채점하는 공식, 예: 학교에서 중간고사를 봤다면 전체 평균을 계산해 줌

◆ Scikit-learn과 Machine learning 개념 소개

머신러닝은 학습 데이터를 통해 지속적으로 컴퓨터를 학습시켜 적절한 답을 찾아내는 기술이다. Scikit-learn은 머신러닝을 위한 파이썬 패키지이며 샘플 데이터셋(Sample dataset), 데이터 전처리(Data preprocessing) 기능, 지도학습(Supervised learning), 비지도 학습(Unsupervised learning), 모델 평가 기능 등을 담고 있다. Scikit-learn의 특징은 다양한 머신러닝 알고리즘을 하나의 패키지 안에서 모두 제공해준다는 점이다. 다음은 scikit-learn의 주요 모듈에 대한 설명이다.

모듈	설명
sklearn.datasets	내장된 예제 데이터 세트
sklearn.preprocessing	변환, 정규화, 스케일링 등의 다양한 데이터 전처리 기능을 제공
sklearn.feature_selection	특징(Feature)를 선택할 수 있는 기능 제공
sklearn.feature_extraction	특징(Feature) 추출에 사용
sklearn.decomposition	PCA, NMF, Truncated SVD 등의 차원 축소 관련 알고리즘 지원
sklearn.model_selection	교차 검증을 위해 데이터를 학습/테스트용으로 분리, 최적 파라미터를 추출하는 API 제공
sklearn.metrics	분류, 회귀, 클러스터링, Pairwise에 대한 다양한 성능 측정 방법 제공 (Accuracy, Precision, Recall, ROC
sklearn.pipeline	특징 처리 등의 변환과 ML 알고리즘 학습, 예측 등을 묶어서 실행할 수 있는 유틸리티 제공
sklearn.linear_model	선형 회귀, 릿지(Ridge), 라쏘(Lasso), 로지스틱 회귀 등 회귀 관련 알고리즘과 확률적 경사 하강(SGD: Stochastic Gradient Descent)
sklearn.svm	서포트 벡터 머신 알고리즘 제공
sklearn.neighbors	최근접 이웃 알고리즘 제공 (k-NN 등)
sklearn.naive_bayes	나이브 베이즈 알고리즘 제공 (가우시안 NB, 다항 분포 NB 등)
sklearn.tree	의사 결정 트리 알고리즘 제공
sklearn.ensemble	앙상블 알고리즘 제공 (Random Forest, AdaBoost, GradientBoost 등)
sklearn.cluster	비지도 클러스터링 알고리즘 제공 (k-Means, 계층형 클러스터링, DBSCAN 등)

다음은 Scikit-learn 패키지에서 제공하는 머신러닝 관련 알고리즘이다.

지도학습(Supervised Learing)	비지도학습(Unsupervised learning)
• Linear Models • Linear and Quadratic Discriminant Analysis • Kernel ridge regression • Support Vector Machines • Stochastic Gradient Descent • Nearest Neighbors • Gaussian Processes • Cross decomposition • Naive Bayes • Decision Trees • Ensemble methods • Multiclass and multioutput algorithms • Feature selection • Semi-supervised learning • Isotonic regression • Probability calibration • Neural network models (supervised)	• Gaussian mixture models • Manifold learning • Clustering • Biclustering • Decomposing signals in components (matrix factorization problems) • Covariance estimation • Novelty and Outlier Detection • Density Estimation • Neural network models(unsupervised)

API 사용 방법은 아래 절차를 따른다.

❶ Scikit-Learn으로부터 적절한 estimator 클래스를 임포트해서 모델의 클래스 선택

❷ 클래스를 원하는 값으로 인스턴스화해서 모델의 하이퍼파라미터 선택

❸ 데이터를 특징(feature) 배열과 대상(target) 벡터로 배치

❹ 모델 인스턴스의 fit() 메서드를 호출해 모델을 데이터에 적합

❺ 모델을 새 데이터에 대해서 적용

- 지도 학습: 대체로 predict() 메서드를 사용해 알려지지 않은 데이터에 대한 레이블 예측
- 비지도 학습: 대체로 transform() 이나 predict() 메서드를 사용해 데이터의 속성을 변환하거나 추론

예제를 통해 API 사용법

먼저 실습에 사용할 가상 데이터 셋을 생성해 보자. estimator API의 알고리즘은 파이썬 클래스에 의해 표현되어 있으며, 데이터 세트는 표준 포맷(Numpy배열, Pandas DataFrame, Scipy희소 행렬)로 표현 되어 있으며, 매개 변수명은 표준 파이썬 문자열을 사용한다. np.random.rand()를 사용하여 난수를 50개 생성하여 x 데이터를 생성하고 x를 사용하여 y값을 생성하여 사용한다.

Code

```
import numpy as np
import matplotlib.pyplot as plt
x=5*np.random.rand(50)
y=3*x+np.random.rand(50)
plt.scatter(x,y);
```

Result

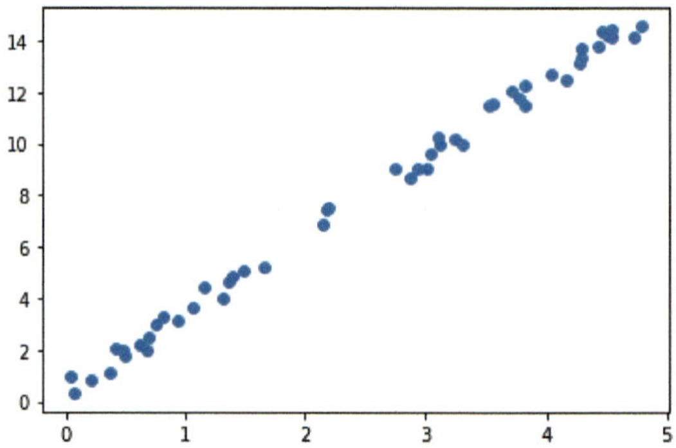

첫 번째 단계로 estimator 클래스를 임포트해서 모델의 클래스를 선택한다. 여기서는 단순 선형 회귀를 사용할 예정으로 LinearRegression을 임포트한다.

Code

```
from sklearn.linear_model import LinearRegression
```

두 번째 단계로 클래스를 원하는 값(LinearRegressin)으로 인스턴스화해서 모델의 하이퍼파라미터를 선택한다.

LinearRegression(copy_X=True, fit_intercept=True, n_jobs=None, normalize=False)

Code

```
model=LinearRegression(fit_intercept=True)
model
```

Result

```
LinearRegression()
```

세 번째 단계로 데이터를 특징(feature) 배열과 대상(target) 벡터로 배치해야 한다. x는 1개의 열을 가진 2차원 배열, y는 벡터의 형태를 취해야 한다. X.shape늘 통해 차원을 확인해 보면 1차원이다. reshpae()을 통해 2차원 배열로 차원을 변경해 주어야 한다. X값을 확인해 보면 2차원으로 차원이 변경된 것을 확인할 수 있다.

Code	`x.shape`
Result	(50,) ← 1차원 넘파이 배열
Code	`X=x.reshape(-1,1)` `X.shape`
Result	(50, 1) ← 2차원 배열
Code	`X`
Result	array([[1.065271], [0.03389182], [0.6058195], [0.40750373], [3.23743105], [3.00097436], [3.82096274], [3.76862837], [0.05913263], [4.77715448], [1.4843224], ...

네 번째 단계는 모델의 인스턴스(model)의 fit() 메서드를 호출해 모델을 데이터에 적합시킨다. model.coef_는 가중치(기울기)값이며, model.intercept_는 절편값으로 회귀식은 $y_ = 3.01263577x + 0.48617922735888985$이다.

Code	`model.fit(X,y)`
Result	`LinearRegression()`
Code	`model.coef_`
Result	`array([3.01263577])`
Code	`model.intercept_`
Result	`0.48617922735888985`

다섯번째 단계로 새 데이터에 대해서 적용해 보자. 새로운 데이터를 생성한 후 predit()를 사용해 모델을 적용시켜 값을 예측할 수 있다. 예측한 값과 실제 값을 그래프로 표현해 보면 매우 잘 예측하고 있음을 확인할 수 있다. 산점도로 원래의 값을 표현하고, 선그래프로 새로운 값을 모델에 적용하여 얻은 값을 표현한 것이다.

Code

```
xfit=np.linspace(-1,11).reshape(-1,1)
yfit=model.predict(xfit)
```

Code

```
plt.scatter(x,y)
plt.plot(xfit,yfit,'--r')
```

Result

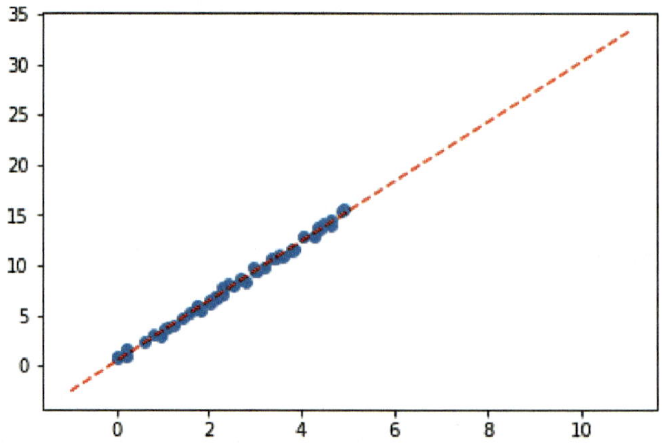

◆ Scikit-learn 샘플 데이터 사용법과 전처리

샘플용 Dataset 소개

실습에 사용할 데이터셋은 Scikit_learn에서 제공하는 데이터 세트를 사용한다. Scikit-learn의 서브 패키지 sklearn.datasets는 실습을 위한 샘플용 dataset을 제공하고 있다. 샘플용 Dataset은 기본적으로 Scikit-learn 패키지 안에 내장되어있는 형태(load명령으로 import), 인터넷에서 다운로드하여 사용하는 형태(fetch명령으로 import), 그리고 새로운 dataset을 생성시켜 사용하는 형태(make명령으로 생성)로 접근할 수 있다. 내장된 데이터는 datasets_load_로 시작하는 API이며, 온라인 데이터 세트는 fetch_로 시작하는 예제 데이터 세트이다.

◆ 내장된 분류 또는 회귀용 데이터 세트

API	설명	모델
datasets.load_boston()	미국 보스턴의 집에 대한 특징과 가격 데이터	회귀
datasets.load_iris()	붓꽃에 대한 특징을 가진 데이터	분류
datasets.load_diabetes()	당뇨 데이터	회귀
datasets.load_wine()	와인에 대한 특징을 가진 데이터	분류

◆ 온라인 데이터 세트

API	설명
fetch_california_housing()	캘리포니아 주택 가격 데이터
fetch_covtype()	회귀 분석용 토지 조사 데이터
fetch_20newsgroups()	뉴스 그룹 텍스트 데이터
fetch_olivetti_faces()	얼굴 이미지 데이터
fetch_rcv1()	로이터 뉴스 말뭉치 데이터

◆ 분류와 클러스터링을 위한 표본 데이터 생성

API	설명
make_regression()	회귀(regression)용 데이터 생성
make_classification()	분류(classification)용 데이터 생성
make_blobs()	군집(clustering)용 데이터 생성

Scikit_learn의 샘플 Dataset 객체는 일반적으로 딕셔너리 형태로 구성되어 있으며 아래와 같은 속성으로 구성되어 있다.

data	독립변수의 ndarray 배열 형태
target	종속변수의 ndarray 배열 형태
feature_names	독립변수 이름의 리스트 형태
target_names	종속 변수 이름의 리스트 형태
DESCR	데이터 세트에 대한 설명과 각 특징 설명

◆ Scikit_learn 샘플 Dataset 예시

1990년 캘리포니아 인구조사 데이터인 캘리포니아 주택가격 데이터 셋이다. 학습을 통해 주택 가격을 예측해보자.

◆ 캘리포니아 주택 가격 데이터

속성	설명	속성	설명
MedInc	블록의 중간 소득	Population	블록 내 거주 중인 인구 수
HouseAge	블록의 중간 주택 연도	AveOccup	평균 주택 점유율
AveRooms	평균 방 수	Latitude	주택 블록 위도
AveBedms	평균 침실 수	Longitude	주택 블록 경도

필요한 패키지와 모듈을 불어온다. sklearn.datasets 패키지로부터 fetch_california_housing을 import 한다. 데이터 분석을 위해 판다스를 pd라는 별칭으로 불러온다.

```
from sklearn.datasets import fetch_california_housing
import pandas as pd
```

import한 데이터를 불러와 house라는 변수에 할당한다.

Code	```house=fetch_california_housing()``` ```house```

Result:

```
{'DESCR': '.. _california_housing_dataset:\n\nCalifornia Housing dataset\n--------
 'data': array([[   8.3252      ,   41.        ,    6.98412698, ...,    2.55555556,
          37.88      , -122.23      ],
        [   8.3014      ,   21.        ,    6.23813708, ...,    2.10984183,
          37.86      , -122.22      ],
        [   7.2574      ,   52.        ,    8.28813559, ...,    2.80225989,
          37.85      , -122.24      ],
        ...,
        [   1.7       ,   17.        ,    5.20554273, ...,    2.3256351 ,
          39.43      , -121.22      ],
        [   1.8672      ,   18.        ,    5.32951289, ...,    2.12320917,
          39.43      , -121.32      ],
        [   2.3886      ,   16.        ,    5.25471698, ...,    2.61698113,
          39.37      , -121.24      ]]),
 'feature_names': ['MedInc',
  'HouseAge',
  'AveRooms',
  'AveBedrms',
  'Population',
  'AveOccup',
  'Latitude',
  'Longitude'],
 'frame': None,
 'target': array([4.526, 3.585, 3.521, ..., 0.923, 0.847, 0.894]),
 'target_names': ['MedHouseVal']}
```

불러온 데이터 세트는 딕셔너리 형태이며 딕셔너리의 keys를 확인해 보면 6개의 key로 구성되어 있는 것을 확인할 수 있다.

Code	```house.keys()```
Result	```dict_keys(['data', 'target', 'frame', 'target_names', 'feature_names', 'DESCR'])```

x=pd.DataFrame(house.data, columns=house.feature_names)는 독립 변수 데이터들을 판다스 데이터 프레임으로 만들어 x라는 이름의 변수에 할당한다. house.data는 독립변수 데이터가 ndarray형태로 저장되어 있다. 열 이름은 독립변수의 이름 리스트를 가져와 사용한다.

Code

```
x=pd.DataFrame(house.data, columns=house.feature_names)
x.head()
```

Result

	MedInc	HouseAge	AveRooms	AveBedrms	Population	AveOccup	Latitude	Longitude
0	8.3252	41.0	6.984127	1.023810	322.0	2.555556	37.88	-122.23
1	8.3014	21.0	6.238137	0.971880	2401.0	2.109842	37.86	-122.22
2	7.2574	52.0	8.288136	1.073446	496.0	2.802260	37.85	-122.24
3	5.6431	52.0	5.817352	1.073059	558.0	2.547945	37.85	-122.25
4	3.8462	52.0	6.281853	1.081081	565.0	2.181467	37.85	-122.25

y=pd.DataFrame(house.target, columns=house.target_names)는 종속변수 데이터들을 판다스 데이터 프레임으로 만들어 y라는 이름의 변수에 할당한다. 열 이름은 종속변수의 이름 리스트를 가져와 사용한다.

Code

```
y=pd.DataFrame(house.target, columns=house.target_names)
y.head()
```

Result

	MedHouseVal
0	4.526
1	3.585
2	3.521
3	3.413
4	3.422

data=pd.concat([x,y],axis=1)는 만들어 놓은 판다스 데이터프레임 x와 y를 병합하고 data라는 이름의 변수에 할당한다. concat()은 두 개의 데이터프레임을 이어 붙여 준다. 아래 그림과 같이 행으로 붙일지, 열로 붙이지를 axis를 이용해 결정해 주면 된다. 우리는 열로 추가되어야 하므로 axis=1을 해주면 된다.

▲ concat() 이어 붙이기

data.head()는 생성된 데이터프레임의 상위 5개의 데이터셋을 확인한다.

Code

```
data=pd.concat([x,y],axis=1)
data.head()
```

Result

	MedInc	HouseAge	AveRooms	AveBedrms	Population	AveOccup	Latitude	Longitude	MedHouseVal
0	8.3252	41.0	6.984127	1.023810	322.0	2.555556	37.88	-122.23	4.526
1	8.3014	21.0	6.238137	0.971880	2401.0	2.109842	37.86	-122.22	3.585
2	7.2574	52.0	8.288136	1.073446	496.0	2.802260	37.85	-122.24	3.521
3	5.6431	52.0	5.817352	1.073059	558.0	2.547945	37.85	-122.25	3.413
4	3.8462	52.0	6.281853	1.081081	565.0	2.181467	37.85	-122.25	3.422

data.describe()를 통해 데이터셋의 통계 요약 정보를 확인할 수 있다.

Code

```
data.describe()
```

Result

	MedInc	HouseAge	AveRooms	AveBedrms	Population	AveOccup	Latitude	Longitude	MedHouseVal
count	20640.000000	20640.000000	20640.000000	20640.000000	20640.000000	20640.000000	20640.000000	20640.000000	20640.000000
mean	3.870671	28.639486	5.429000	1.096675	1425.476744	3.070655	35.631861	-119.569704	2.068558
std	1.899822	12.585558	2.474173	0.473911	1132.462122	10.386050	2.135952	2.003532	1.153956
min	0.499900	1.000000	0.846154	0.333333	3.000000	0.692308	32.540000	-124.350000	0.149990
25%	2.563400	18.000000	4.440716	1.006079	787.000000	2.429741	33.930000	-121.800000	1.196000
50%	3.534800	29.000000	5.229129	1.048780	1166.000000	2.818116	34.260000	-118.490000	1.797000
75%	4.743250	37.000000	6.052381	1.099526	1725.000000	3.282261	37.710000	-118.010000	2.647250
max	15.000100	52.000000	141.909091	34.066667	35682.000000	1243.333333	41.950000	-114.310000	5.000010

◆ Scikit-learn의 전처리 기능

● 스케일링(Scaling)

스케일링이란 데이터 전처리 과정 중 하나다. 데이터의 값이 너무 크거나 작은 경우 모델 알고리즘 학습 과정에서 0으로 수렴되거나 발산해 버릴 수 있다. 이를 방지하거나, 예측 값이 범위를 벗어나는 입력 데이터에 대해 더 큰 영향을 받는 것을 방지하기 위해 사용한다. 예를 들어 신장과 몸무게가 입력 데이터로 주어지고, 100m 달리기의 속도를 예측 할 경우 신장과 몸무게의 단위가 다르기 때문에 더 큰 값을 가지는 신장 값이 예측값에 더 큰 영향을 미치는 것을 방지하기 위해 신장과 몸무게의 Unit을 맞춰 주는 작업이다. 이를 Scaling이라 한다. 변수들의 단위가 서로 다를 경우 스케이링으로 해결할 수 있다. 모델링 작업에 들어가기 전에 변수들 간의 단위가 다를 경우에는 보통 표준화를 진행한다. Scaler의 종류는 StandardScaler, RobustScaler, MinMaxScaler, Normalizer 4가지 종류가 있다.

표준화 중에서도 모집단이 '정규 분포'를 따르는 경우, 평균이 0, 표준편차가 1인 표준정규분포로 표준화를 많이 한다. Standard Scaler는 기존 변수에 범위를 정규 분포로 변환하는 것으로 데이터의 최소, 최대값을 모를 경우에 사용한다. 아래 수식과 같이 평균을 제거하고 데이터를 표준편차로 나누어 변환한다. 각 feature의 평균을 0, 분산을 1로 변경한다. 모든 픽처가 같은 스케일을 갖게 된다. 그러나 이상치가 있다면 평균과 표준편차에 영향을 주므로 변환된 데이터의 확산은 매우 달라지게 된다. 이상치가 있을 때는 균형 잡힌 척도를 보장할 수 없게 된다.

$$z = \frac{x - \mu}{\sigma}$$

모듈	표준정규분포 표준화
numpy	z=(x–mean())/std()
scipy.stats	zscore()
sklearn.preprocessing	StandardScaler().fit_transform()

zscore(), StandardScaler()등을 사용해서 척도(scale)이 다른 변수들을 표준 정규 분포로 변환시킨다. 이때 이상치나 특이값이 없어야 한다는 가정이 있어야 한다. 이상치와 특이값이 있다면 표준화하는 첫 번째 방법은 이를 제거한 후 표준정규분포로 표준화를 진행하는 방법이다. 하지만 이 방법은 이상치를 찾아서 제거하는 과정이 필요하다. 두 번째 방법은 평균과 분산 대신 중앙값과 IRQ(interquartile range)를 사용하여, 이상치(Outlier)의 영향을 최소화한다. StandardScaler에 의한 표준화보다 동일한 값을 더 넓게 분포시킨다.

Scikit-learn에서 제공하는 scale(x), roubust_scale(x), minmax_scale(x), maxabs_scale(x) 함수를 통해 스케일링(scaling)을 실습해 보자.

- scale(x) : Standard normal Gaussian 기본 스케일링
- robust_scale(x) : median과 interquartile range를 사용하여 스케일링
- minmax_scale(x) : 최대값과 최소값을 사용하여 스케일링
- maxabs_scale(x) : 최대절대값을 사용하여 스케일링

```
import numpy as np
import pandas as pd
from sklearn.preprocessing \
     import scale, robust_scale, minmax_scale, maxabs_scale

X=(np.arrange(5, dtype=np.float)).reshape(-1,1)
#scaling
Test=pd.DataFrame(np.hstack([x,scale(x), robust_scale(x),
                  minmax_scale(x),maxabs_scale(x)]),
                  columns=['x','scale(x)', 'robust_scale(x)',\
                  'minmax_scale(x)','maxabs_scale(x)'])
test
```

	x	scale(x)	roubust_scale(x)	minmax_scale(x)	maxabs_scale(x)
0	0.0	-1.414214	-1.0	0.00	0.00
1	1.0	-0.707107	-0.5	0.25	0.25
2	2.0	0.000000	0.0	0.50	0.50
3	3.0	0.707107	0.5	0.75	0.75
4	4.0	1.414214	1.0	1.00	1.00

데이터 인코딩

– 자료 형태의 이해

머신러닝은 데이터라는 디지털 자료를 바탕으로 수행하는 분석 방식으로 머신러닝을 하기 위해서는 반드시 자료의 형태를 파악하는 것이 필수적이다. 자료는 아래 표와 같이 크게 수치형 자료와 범주형 자료로 나눈다. 수치형 자료(Numerical data)는 양적 자료(Quantitative data)로 수치로 측정이 가능한 자료이다. 예로는 키, 몸무게, 성적, 나이 등이 있다. 범주형 자료(Categorical data)는 질적 자료(Qualitative data)로 수치로 측정이 불가능한 자료이다. 예를 들어 성별, 혈액형, 등급, 지역 등이 있다. 범주형 자료는 처리과정을 통해 수치형 데이터로 표현할 수 있다. 즉, 성별에서 남자는 0, 여자는 1로 표현하거나, 등급에서 A등급은 5, B등급은 4로

수치형으로 변경하여 표현할 수 있다.

구분		특징	예시
수치형	연속형	구간 안의 모든 값을 숫자 데이터로 표현됨.(실수형)	키, 몸무게, 온도, 매출액
	이산형	구간 안에 숫자로 셀수 있음. 불연속적	나이, 판매 수량
범주형	순서형	순서가 있음	수능등급, 학점, 좌석등급
	명목형	순서가 없음	성별, 혈액형, 동물종류

데이터는 크게 수치형 또는 범주형로 나누어진다. Numerical(수치형) 또는 Quantitative(양적) 데이터는 숫자로 셀수 있는 Discrete(이산형, 불연속형) 데이터와 측정해야 하는 것, 연속 범위 내 실수값으로 온도, 무게, 길이, 비율 등과 같이 continuous(연속형) 데이터가 있다. categorical(범주형) 또는 Qualitative(질적)데이터는 명목형과 순서형 데이터로 나눌 수 있으며, Nominal(명목형) 데이터는 순서가 없는 것으로 성별, 동물의 종류등이 해당하며, ordinal (순서형) 데이터는 순서가 있는 것으로 수능등급, 좌석 등급, 순위 등이 해당한다.

머신러닝 모델들은 categorical data를 입력값으로 활용할 수 없다. 따라서 '남/여', '빨강', '사과', 'A등급' 등의 범주형 데이터는 수치형으로 변환해주는 전처리 작업(preprocessing)이 선행되어야 한다.

데이터 인코딩 방법

- Pandas의 map() 이용
  - 수정할 열.map({수정할 내용})
- Scikit-learn의 LabelEncoder()이용
  - preprocessing.LabelEncoder()
  - le.fit_transform(바꾸려는 데이터열)
- 더미 변수 생성
  - pd.get_dummies(데이터셋.타겟열, priefix='접두사')

– Scikit-learn의 LabelEncoder 활용

Label Encoding은 실제 값에 상관없이 0~K-1까지의 정수로 변환하는 것이다. 하나의 Feature 내 카테고리 개수가 너무 많은 경우 map()을 이용해 번호를 직접 지정해 주기 힘들다.

scikit-learn에서 제공하는 iris 데이터셋은 전처리가 다 되어 있으므로 seaborn에서 제공하는 데이터셋을 사용하여 인코딩 실습을 하기 위해 먼저 seaborn에서 제공하는 iris 데이터셋을 불러와 iris변수에 저장한다.

Code

```
import pandas as pd
import seaborn as sns
iris=sns.load_dataset('iris')
```

Result

	sepal_length	sepal_width	petal_length	petal_width	species
0	5.1	3.5	1.4	0.2	setosa
1	4.9	3.0	1.4	0.2	setosa
2	4.7	3.2	1.3	0.2	setosa
3	4.6	3.1	1.5	0.2	setosa
4	5.0	3.6	1.4	0.2	setosa
...	...	...	...	...	...
145	6.7	3.0	5.2	2.3	virginica
146	6.3	2.5	5.0	1.9	virginica
147	6.5	3.0	5.2	2.0	virginica
148	6.2	3.4	5.4	2.3	virginica
149	5.9	3.0	5.1	1.8	virginica

150 rows × 5 columns

scikit-learn의 LabelEncoder를 활용하여 iris 데이터셋의 categorical data인 'species'를 인코딩해보자. LabelEncoder를 사용하기 위해서는 먼저 전처리(preprocessing) 패키지를 불러와야 한다.

Code

```
from sklearn import preprocessing
```

먼저 iris 데이터셋의 'species'의 중복되지 않는 값의 개수와 고유한 값을 확인해 보자.

- .nunique(): 중복되지 않는 값의 개수
- .unique(): 중복되지 않는 값을 모두 나열

Code	`print(iris.species.nunique())` `print(iris.species.unique())`
Result	3 ['setosa' 'versicolor' 'virginica']

- fit_transform_ : 0~K-1 까지의 정수로 변환
- classes_ : 변환된 규칙을 확인
- nverse_transform : 역변환

iris 데이터셋의 'species'의 값을 인코딩하여 numerical data로 변환해 보자. 먼저 LabelEncoder() 객체 le를 생성하고 le.fit_transform()을 이용해 간편하게 numberical 데이터로 인코딩한다. 그 결과 unique한 값은 [0 1 2]이고, 데이터프레임의 'species'값이 수치형으로 변경된 것을 확인할 수 있다.

Code

```
le = preprocessing.LabelEncoder()
iris['species'] = le.fit_transform(iris.species)
print(iris['species'].unique())
iris.head()
```

Result

[0 1 2]

	sepal_length	sepal_width	petal_length	petal_width	species
0	5.1	3.5	1.4	0.2	0
1	4.9	3.0	1.4	0.2	0
2	4.7	3.2	1.3	0.2	0
3	4.6	3.1	1.5	0.2	0
4	5.0	3.6	1.4	0.2	0

LabelEncoder()를 이용해 인코딩한 경우에는 numerical 데이터를 다시 categoricla 데이터로 되돌릴 수 있다.

Code	`iris['species'] = le.inverse_transform(iris.species)` `iris.head()`

Result

	sepal_length	sepal_width	petal_length	petal_width	species
0	5.1	3.5	1.4	0.2	setosa
1	4.9	3.0	1.4	0.2	setosa
2	4.7	3.2	1.3	0.2	setosa
3	4.6	3.1	1.5	0.2	setosa
4	5.0	3.6	1.4	0.2	setosa

퀴즈 city 리스트안의 값을 LabelEncoding 개체를 이용해 정수로 인코딩하고 변환된 규칙을 확인한 후 역변환 할 수 있음을 확인하시오.

Code

```
from sklearn.preprocessing import LabelEncoder
le=LabelEncoder()
city=['seoul','busan','busan','andong']
le.fit(city)
pass  # 인코딩 규칙 출력
pass # 라벨 인코딩 출력
pass # 역변환, 원래 데이터로 되돌림.
```

Result

```
['andong' 'busan' 'seoul']
[2 1 1 0]
['seoul', 'busan', 'busan', 'andong']
```

결측값 처리(Imputation)

실데이터는 여러 가지 원인으로 누락된 데이터를 포함하고 있다. 'None','NaN', 빈칸 등이 누락된 데이터이다. 이를 '결측값'이라고 한다. 결측값이 많은 데이터셋으로 머신러닝 모델을 학습시키면 모델의 품질에 큰 영향을 미친다. 또한 scikit-learn 예측 기능들은 결측값이 없는 숫자로 구성된 데이터를 이용하기 때문이다. 따라서 머신러닝 알고리즘을 수행하기 전에 결측값을 확인하고 처리해 주어야 한다. 결측값을 처리하는 방법은 보통 3가지 방법 중 하나를 사용한다.

• 강제 삭제(drop)
• 평균값(mean), 중앙값(median), 최빈값(mode)으로 대체
• 가장 가까운 이웃(인접한 값)으로 대체(시계열 데이터)

실습을 통해 결측값을 처리해 보자. 먼저 결측값을 확인해 보기 위해 Pandas라이브러리에서 결측값은 NaN(Not a Number)로 표현하며, 결측값 처리를 위해 isna(), isnull(), isna().sum()으로 확인하고, fillna(), dropna()로 처리할 수 있다.

– 실습 데이터 생성

Code

```
import pandas as pd
import numpy as np
student_data = [['홍길동', 80, 70, 80],
                ['박철수', 60, np.nan, 80],
                ['김영희', 70, 90, 80]]
df = pd.DataFrame(student_data,
                columns=['이름', '국어', '수학', '영어'])
df
```

Result

	이름	국어	수학	영어
0	홍길동	80	70.0	80
1	박철수	60	NaN	80
2	김영희	70	90.0	80

– 결측값 확인

Code

```
df.isna()
```

Result

	이름	국어	수학	영어
0	False	False	False	False
1	False	False	True	False
2	False	False	False	False

- 결측값 개수 확인 -

Code

```
df.isna().sum()
```

Result

```
이름    0
국어    0
수학    1
영어    0
dtype: int64
```

- 결측값을 특정 값으로 채우기

Code

```
df.fillna(0) #결측값을 0으로 채움
```

Result

	이름	국어	수학	영어
0	홍길동	80	70.0	80
1	박철수	60	0.0	80
2	김영희	70	90.0	80

Code

```
df.fillna(np.mean(df['수학']))
```

Result

	이름	국어	수학	영어
0	홍길동	80	70.0	80
1	박철수	60	80.0	80
2	김영희	70	90.0	80

- 결측값을 가진 행 삭제

Code

```
df.dropna()
```

Result

	이름	국어	수학	영어
0	홍길동	80	70.0	80
2	김영희	70	90.0	80

◆ Train 데이터 셋과 Test 데이터 셋 분리

실제 수험생들의 수능 준비과정의 데이터셋의 분리에 대한 것이다. 수험생들은 당해 수능을 대비하기 위해 전년도까지의 기출문제를 공부한다. 하지만 특정 년도의 기출문제만 반복해서 공부를 한다면 해당 기출문제 유형은 고득점이 나올 것이다. 하지만 실제 성적은 그렇지 않을 가능성이 높다. 정확히 평가하기 위해서는 기존에 학습하지 않았던 한번도 풀어 보지 못한 기출 문제로 평가를 해야 한다.

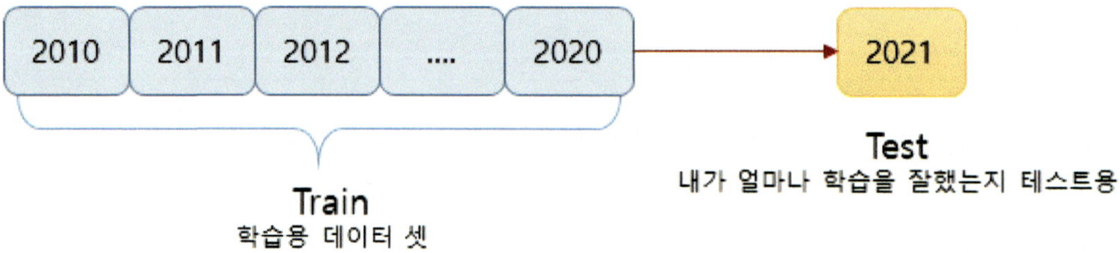

▲ Train 데이터 셋과 Test 데이터 셋

기계학습도 마찬가지로 모델 성능를 정확히 평가하려면 학습(Train)에는 사용되지 않은 Test 용 데이터가 필요하다.

- 학습을 위한 데이터 집합: Train Set
- 성능 검증을 위한 데이터 집합: Test Set

머신러닝 모델의 일반화 성능을 측정하기 위해서는 훈련 데이터와 테스트 데이터 세트를 구분해야 한다. 훈련 데이터 세트로 모델을 학습하고 테스트 데이터 세트로 모델의 일반화 성능을 측정한다. 하이퍼파라미터는 알고리즘을 조절하기 위해 사전에 정의하는 파라미터이다. 테스트 세트를 이용해 여러 모델을 평가하면 테스트 세트에 과대적합될 수 있다. 따라서 모델 선택을 위해 훈련 데이터, 테스트 데이터, 검증 데이터 세트로 구분한다.

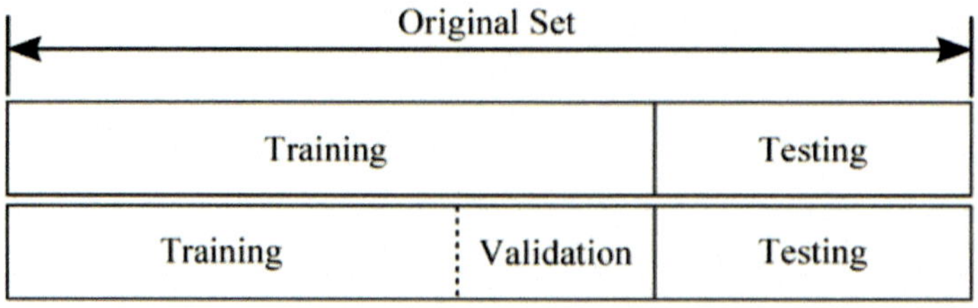

우리가 기계학습을 공부하기 위해 kaggle 사이트를 많이 애용한다. kaggle의 많은 데이터셋은 Train set과 Test set이 분리되어 제공되고 있다. 만약 Test 데이터가 제공되지 않는다면 하나의 데이터 셋을 Train set과 Test set으로 나눠줘야 한다. sciki-learn에서 제공하는 함수를 사용하여 분리해 보자.

- train_test_split(arrays, test_size, train_size, random_state, shuffle, stratify)의 인자(parameter)
  - arrays: 분할시킬 데이터를 입력 (Python list, Numpy array, Pandas dataframe 등..)
  - test_size: 테스트 데이터셋의 비율(float)이나 갯수(int) (default = 0.25)
  - train_size: 학습 데이터셋의 비율(float)이나 갯수(int) (default = test_size의 나머지)
  - random_state: 데이터 분할시 셔플이 이루어지는데 이를 기억하기 위한 임의의 시드값 (int나 RandomState로 입력)
  - shuffle: 셔플 여부 설정 (default = True)
  - stratify: 지정한 Data의 비율을 유지한다. 예를 들어, Label Set인 Y가 25%의 0과 75%의 1로 이루어진 Binary Set일 때, stratify=Y로 설정하면 나누어진 데이터셋들도 0과 1을 각각 25%, 75%로 유지한 채 분할됨.

실습을 위해 seaborn에서 tips 데이터셋을 불러와 tips에 저장한다.

Code

```
import pandas as pd
import seaborn as sns
tips=sns.load_dataset('tips')
tips.head()
```

Result

	total_bill	tip	sex	smoker	day	time	size
0	16.99	1.01	Female	No	Sun	Dinner	2
1	10.34	1.66	Male	No	Sun	Dinner	3
2	21.01	3.50	Male	No	Sun	Dinner	3
3	23.68	3.31	Male	No	Sun	Dinner	2
4	24.59	3.61	Female	No	Sun	Dinner	4

먼저 Tips 데이터 셋의 형태를 확인해 보자. 244개의 행과 7개의 열로 구성이 되어 있다.

Code

```
tips.shape
```

Result

```
(244, 7)
```

다음은 input(x)와 output(y)를 정의한다. 'tip'을 제외한 모든 컬럼을 features(x)로 정하고, target(y)는 'tip'으로 정의한다.

Code

```
x = tips.drop('tip',axis=1)
y = tips['tip']
```

학습용 데이터와 테스트용 데이터로 분리해 보자. 데이터를 분리하기 위해 필요한 모듈을 먼저 불러온다. 그리고 Test 사이즈를 0.2로 설정하면 8:2로 분리된다. 교재와 같은 결과를 보고 싶으면 random_state값을 같게 설정하면 된다. 분리할 때 주의 사항은 데이터를 담는 변수의 순서와 train_test_split()의 x, y의 순서를 잘 지켜야 한다. xTrain은 학습용 features, xTest는 테스트용 freatures이고 yTrain, yTest는 학습용과 테스트용의 각각의 출력(y)로 Tip을 가지게 된다.

Code

```
from sklearn.model_selection import train_test_split

xTrain, xTest, yTrain, yTest =\
      train_test_split(x,y,test_size=0.2,random_state=123)
```

데이터 셋이 잘 분리되었는지 항상 체크해 보아야 한다. xTrain은 학습용 features 데이터셋으로 전체 데이터(244개)의 약 80%의 195개의 행을 가지고 있다. 그리고 인덱스가 shuffle 되어 있는 것을 확인할 수 있다.

Code	xTrain
Result	(see table below)

	total_bill	sex	smoker	day	time	size
23	39.42	1	0	1	0	4
190	15.69	1	1	0	0	2
209	12.76	0	1	1	0	2
10	10.27	1	0	0	0	2
196	10.34	1	1	2	1	2
...	...	...	...	...	...	...
98	21.01	1	1	3	0	2
220	12.16	1	1	3	1	2
66	16.45	0	0	1	0	2
126	8.52	1	0	2	1	2
109	14.31	0	1	1	0	2

195 rows × 6 columns

분리시 test_size를 0.2로 설정하였다. 따라서 xTest 개수를 tips의 개수로 나누면 0.2라는 값이 나오는 것을 확인할 수 있다.

Code	`len(xTest)/len(tips)`
Result	0.20081967213114754

위와 같이 Scikit-learn 머신러닝을 위한 전처리 과정을 수행한 후 모델을 선정하고 학습 과정을 거친 후 모델을 평가하고 예측을 하면 머신러닝의 전 과정이 끝나게 된다.

> **퀴즈** iris, titanic에 대해서도 학습용 데이터와 테스트용 데이터로 분리해 보세요.

4.3 지도학습-회귀

실생활에서 키에 따른 몸무게나 학습시간에 따른 성적, 주택 형태에 따른 주택 가격, 연도에 따른 평균 기온 등의 연속적인 값을 예측하는 문제를 수치 예측 문제라고 한다. 즉 데이터의 경향성을 나타내는 직선을 이용하여 수치를 예측하는 문제로 직선의 방정식을 통해 예측할 수 있다.

지도학습의 대표적인 학습 모델 중 하나로, 독립변수 'X'와 수치형 종속변수 'Y' 사이의 관계를 분석하는 것이다. 회귀 모델이란 변수들 사이의 함수적 관계를 가장 잘 표현할 수 있는 모형을 나타내는 것이다. 선형 회귀는 종속 변수 y와 한 개 이상의 독립변수 x와의 상관관계를 모델링하는 분석기법이다. 변수들간의 상관관계를 파악하여 어떤 특정 변수의 값을 다른 변수 값을 이용하여 설명하거나 예측하는 기법이다. 선형 회귀는 단순 선형 회귀와 다중 선형 회귀로 나뉜다. 단순 선형 회귀는 변수(Feature)가 한 개인 경우, 다중 선형 회귀는 변수(Feature)가 한 개 이상일 경우의 회귀모형이다. 단순 선형 회귀는 독립 변수 x와 종속 변수 y의 관계를 $y = w_1 x + w_0$와 같은 형태의 1차 함수식으로 표현한다. 이때 w_1을 회귀 계수(Coefficient)라 한다. 회귀계수는 독립변수가 종속 변수에 끼치는 영향력의 정도를 나타내며, 기울기 또는 가중치라고 한다. w_0는 절편(intercept)로 독립변수가 0일때의 상수값이며 편향이라고도 한다. 한 점을 지나는 직선은 무수히 많지만 두점을 지나는 직선을 하나밖에 없다. 아래 그림과 같이 수 많은 데이터(점)들을 잘 표현할 수 있는 직선을 찾는 것이 선형 회귀 분석이다. 선형 회귀 분석이란 아래 그림의 b_1와 b_0를 찾는 것이다. 기울기와 편향을 조정해 가면서 error term, 즉 잔차(Residual)가 가장 적은 방향으로 회귀 계수(b_1,b_0)을 추정해 나가야 한다. 잔차란 실제값과 예측값 사이의 차이를 나타낸다.

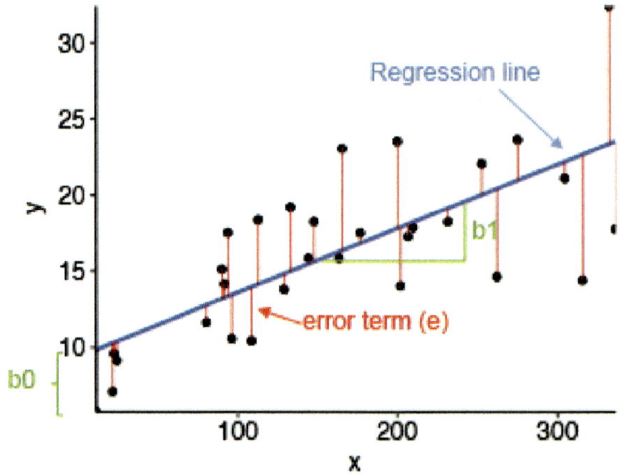

출처: https://nextjournal.com

▲ linear-regression

잔차는 회귀 계수(b_1, b_0)를 추정하는데 사용되는 중요한 지표이다. 이를 통해 주어진 데이터를 가장 잘 표현하는 즉, 잔차가 제일 작은 유일한 1개의 직선을 찾아야 한다. 잔차(실제값-예측값)은 무수히 많은 음수와 양수의 값으로 이루어진다. 따라서 절대값을 사용하여 해결할 수 있으나, 미분이 불가능한 지점이 발생하거나 동일한 y값을 갖는 특정 구간이 발생할 경우 생긴다. 이러한 문제를 해결하기 위해 일반적으로 아래 그림과 같이 '잔차의 제곱 합'을 사용하여 회귀 계수를 추정해 나간다. 아래 수식은 잔차의 제곱의 합을 나타낸다.

$$\sum_{i=1}^{n} e_i^2 = \sum_{i=1}^{n} (y_i - b_0 - b_1 x_i)^2$$

잔차의 제곱 합

결과적으로 선형 회귀 분석은 잔차의 제곱합이 최소화되는 최적의 회귀계수를 추정한 아래식을 도출하는 것이다.

$$\widehat{Y} = \widehat{B_0} + \widehat{B_1} X$$

잔차의 제곱합이 최소화되는 최적의 회귀계수

◆ 사이킷런의 LinearRegression 모델

두 개의 택시회사의 km당 요금은 아래 표와 같다. 만약 20km를 이동한다면 어떤 회사의 택시를 이용하는 것이 좋을지 요금을 예측해 보자.

◆ 택시회사의 km당 요금

	1	2	3	4
A 회사	5000	7000	8400	10500
B 회사	3100	5400	7900	10900

단순 선형 회귀 모델을 통해 택시요금을 예측해 보자.

- A 회사 모델: $f(x = \text{거리}) = w_1 x + b_1$
- B 회사 모델: $f(x = \text{거리}) = w_2 x + b_2$

먼저 필요한 라이브러리를 불러오자.

Code	

```
from sklearn.linear_model import LinearRegression
import numpy as np
```

Feature로 사용할 거리 x를 넘파이 배열로 생성해 보자.

Code

```
x=np.array([[1],[2],[3],[4]])
x
```

Result

```
array([[1],
       [2],
       [3],
       [4]])
```

x의 형태를 확인해 보자. 4행 1열의 2차원 배열이다.

Code

```
x.shape
```

Result

```
(4, 1)
```

A회사의 target(y)인 요금을 넘파이 배열에 저장해 보자.

Code

```
y_a=np.array([5000,7000,8400,10500])
y_a
```

Result

```
array([ 5000,  7000,  8400, 10500])
```

y_a의 형태도 확인해 보자. 4개의 원소를 가진 1차 배열이다.

Code

```
y_a.shape
```

Result

```
(4,)
```

A회사의 모델을 생성하고 학습시킨 후 학습된 모델에서 기울기와 절편값을 추출해 보자.

LinearRegression( )을 이용해 선형 회귀 모델을 생성하고, fit(x, y_a)를 주어 훈련시킨다. 모델에서 .coef_로 기울기값을 .intercept_로 절편값을 얻는다. 이렇게 생성된 A회사의 선형 회귀 모델은 기울기가 1790, 절편이 3250인 $\widehat{y_a} = 1790x + 3250$ 이다.

Code	`#직선의 방정식,행렬 형태로 주어야 함.`
	`model_a=LinearRegression()`
	`model_a.fit(x,y_a)#학습`
	`w=model_a.coef_    # 기울기`
	`b=model_a.intercept_   # 절편`
	`#a 회사의 model 요금은 1790x+3250`
	`print(w,b)`

Result	[1790.] 3250.0

B회사도 모델을 생성하고 학습시킨 후 학습된 모델에서 기울기와 절편값을 추출해 보면 아래와 같다. B회사의 선형 회귀 모델은 $\widehat{y_b} = 2590x + 350$ 이다.

Code	`y_b=[3100,5400,7900,10900]`
	`model_b=LinearRegression()`
	`model_b.fit(x,y_b)#기울기와 y절편`
	`w1=model_b.coef_`
	`b1=model_b.intercept_`
	`print(w1,b1) #b 회사의 model 요금은 2590x+350`

Result	[2590.] 350.0000000000009

따라서 20km를 이동했을 때 각 회사별로 요금을 예측해보면 아래 결과와 같다. 따라서 가까운 거리는 B회사를, 먼거리를 갈때는 A회사 택시를 이용하는 것이 효과적이다.

Code	`x_=np.array([20])`
	`cost_a=w*x_+b`
	`cost_a`

Result(A회사)	array([39050.])
Code	`cost_b=w1*x_+b1` `cost_b`
Result(B회사)	array([52150.])

방정식을 이용해서 A 회사와 B 회사의 같은 비용구간을 계산해 보면 아래와 같다. 약 3.8km에서 같은 비용이 발생한다.

$$
\begin{aligned}
&1790x + 3250 = 2590x + 350 \\
&3250 - 350 = 2590x - 1790x \\
&x = (3250 - 350)/(2590 - 1790)
\end{aligned}
$$

▲ 동일 비용구간

Code

```
x=(3400-350)/(2590-1790)
x
```

Result

```
3.8125
```

사이킷런의 predict()함수를 이용해 예측해보자. 위의 회귀식을 이용한 결과와 사이킷런의 predict()함수를 이용해서 예측한 결과값이 같다는 것을 확인할 수 있다. 짧은 거리를 갈 경우 B 회사, 멀리 갈경우 A회사 택시를 이용하는 것이 유리하다.

A회사 예측

Code

```
x = np.array([1,2,3,4,5,6,7,8,9,10,11,12,13])
x=x.reshape(-1,1)
y_a=model_a.predict(x)
y_a
```

Result

```
array([ 5040.,  6830.,  8620., 10410., 12200., 13990., 15780., 17570.,
       19360., 21150., 22940., 24730., 26520.])
```

B회사 예측

Code

```
x = np.array([1,2,3,4,5,6,7,8,9,10,11,12,13])
x=x.reshape(-1,1)
y_b=model_b.predict(x)
y_b
```

Result

```
array([ 2940.,  5530.,  8120., 10710., 13300., 15890., 18480., 21070.,
       23660., 26250., 28840., 31430., 34020.])
```

실제 데이터로 산점도를 그려보자.

Code

```
import matplotlib.pyplot as plt
x=np.array([[1],[2],[3],[4]])
plt.plot(x,y_a, '*r')
plt.plot(x,y_b, '^g')
```

Result

```
[<matplotlib.lines.Line2D at 0x7f8f4c04c850>]
```

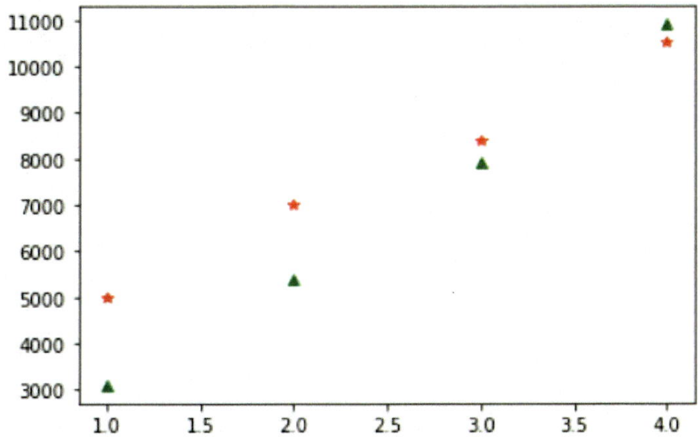

학습한 모델을 이용해 예측한 값과 실제 값을 함께 그래프로 그려보자.

Code

```
import matplotlib.pyplot as plt
x = np.array([1,2,3,4])
plt.plot(x, y_a, '*r')
plt.plot(x, y_b, '^g')

x = np.array([1,2,3,4,5,6,7,8,9,10,11,12,13])
y = w*x + b
print(y)
plt.plot(x, y, 'r')

y = w1*x + b1
print(y)
plt.plot(x, y, 'g')
```

Result	

```
[ 5040.  6830.  8620. 10410. 12200. 13990. 15780. 17570. 19360. 21150.
 22940. 24730. 26520.]
[ 2940.  5530.  8120. 10710. 13300. 15890. 18480. 21070. 23660. 26250.
 28840. 31430. 34020.]
[<matplotlib.lines.Line2D at 0x7f8f4b7c8410>]
```

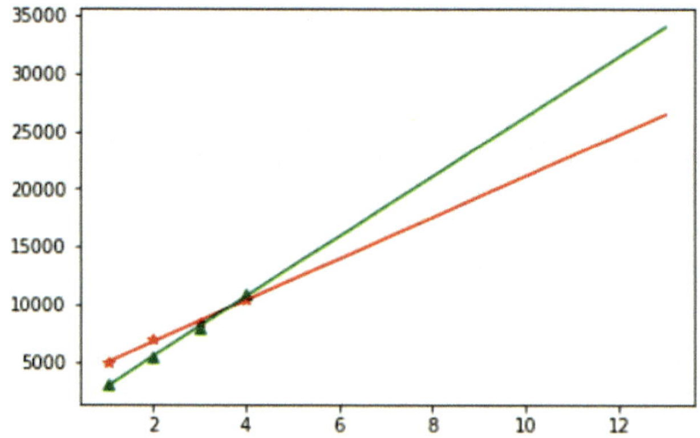

◆ 선형 회귀 분석 - 한국 코스피 지수 데이터

● 필요한 라이브러리 불러오기

Code

```
import os
import sys
import numpy as np
import pandas as pd
import sklearn
import matplotlib.pyplot as plt
```

● 데이터 불러오기

FinanceDataReader를 사용하여 주식 투자에 영향을 주는 경제 데이터를 크롤링하기 위해 FinanceDataReader를 먼저 import 해야 한다. FinanceDataReader 라이브러리는 FinanceData.KR에서 만든 오픈 소스 금융 데이터 수집기이다.

- 포함하고 있는 데이터

- 한국거래소(KRX)에 상장된 주식종목 리스트와 코넥스(비상장)에 있는 주식종목 리스트: 'KRX', 'KOSPI', 'KODAQ', 'KONEX'

- 글로벌 주식 종목 리스트: 'NASDAQ', 'NYSE', 'AMEX' and 'S&P500', 'SSE'(상해), 'SZSE'(심천), 'HKEX'(홍콩), 'TSE'(도쿄)
- 한국거래소의 상장 폐지 종목과 관리종목 리스트: 'KRX-DELISTING'(상장폐지종목), 'KRX-ADMINISTRATIVE' (관리종목)
- 한국, 미국, 일본의 ETF 리스트: 'KR', 'US', 'JP'
- 주가(KRX): '005930'(삼성전자), '091990'(셀트리온헬스케어) 등
- 주가(Word wide): 'AAPL', 'AMZN', 'GOOG'
- 지수: 'KS11'(코스피지수), 'KQ11'(코스닥지수), 'DJI'(다우존스지수), 'IXIC'(나스닥지수), 'US500'(S&P 500지수) ...
- 환율: 'USD/KRX', 'USD/EUR', 'CNY/KRW' ... (조합가능한 화폐별 환율 데이터 일자별)
- 가상화폐 가격 데이터: 'BTC/USD' (Bitfinex), 'BTC/KRW' (Bithumb)

Code

```
!pip install finance-datareader
import FinanceDataReader as fdr
```

Result

```
Collecting finance-datareader
  Downloading finance_datareader-0.9.33-py3-none-any.whl (48 kB)
     |████████████████████████████████| 48 kB 2.5 MB/s
Requirement already satisfied: pandas>=0.19.2 in /usr/local/lib/python3.7
Requirement already satisfied: tqdm in /usr/local/lib/python3.7/dist-pack
Requirement already satisfied: requests>=2.3.0 in /usr/local/lib/python3.
Requirement already satisfied: lxml in /usr/local/lib/python3.7/dist-pack
Collecting requests-file
  Downloading requests_file-1.5.1-py2.py3-none-any.whl (3.7 kB)
Requirement already satisfied: pytz>=2017.3 in /usr/local/lib/python3.7/c
Requirement already satisfied: python-dateutil>=2.7.3 in /usr/local/lib/p
Requirement already satisfied: numpy>=1.17.3 in /usr/local/lib/python3.7/
Requirement already satisfied: six>=1.5 in /usr/local/lib/python3.7/dist-
Requirement already satisfied: chardet<4,>=3.0.2 in /usr/local/lib/pythor
Requirement already satisfied: idna<3,>=2.5 in /usr/local/lib/python3.7/c
Requirement already satisfied: urllib3!=1.25.0,!=1.25.1,<1.26,>=1.21.1 ir
Requirement already satisfied: certifi>=2017.4.17 in /usr/local/lib/pythc
Installing collected packages: requests-file, finance-datareader
Successfully installed finance-datareader-0.9.33 requests-file-1.5.1
```

Symbol을 활용하여 데이터를 가져올 수 있다.

Symbol	설명
KRX	전체, 한국
KOSPI	코스피, 한국
KOSDAQ	코스닥, 한국
KONEX	코넥스, 한국
NYSE	뉴욕증권거래소, 미국
NASDAQ	나스닥, 미국
AMEX	미국증권거래소, 미국
SSE	상하이증권거래소, 중국
SZSE	심천증권거래소, 중국
HKEX	홍콩증권거래소, 홍콩
TSE	도쿄증권거래소, 일본
HOSE	호치민증권거래소, 베트남

아래 코드는 한국거래소에 상장된 모든 종목 리스트 가져오는 예제이다.

Code

```
fdr.StockListing('KRX')
```

Result

	Symbol	Market	Name	Sector	Industry	ListingDate	SettleMonth	Representative	HomePage	Region
0	060310	KOSDAQ	3S	전자부품 제조업	반도체 웨이퍼 캐리어	2002-04-23	03월	김세완	http://www.3sref.com	서울특별시
1	095570	KOSPI	AJ네트웍스	산업용 기계 및 장비 임대업	렌탈(파렛트, OA장비, 건설장비)	2015-08-21	12월	박대현, 손삼달	http://www.ajnet.co.kr	서울특별시
2	006840	KOSPI	AK홀딩스	기타 금융업	지주사업	1999-08-11	12월	채형석, 이석주(각자 대표이사)	http://www.aekyunggroup.co.kr	서울특별시
3	054620	KOSDAQ	APS홀딩스	기타 금융업	인터넷 트래픽 솔루션	2001-12-04	12월	정기로	http://www.apsholdings.co.kr	경기도
4	265520	KOSDAQ	AP시스템	특수 목적용 기계 제조업	디스플레이 제조 장비	2017-04-07	12월	김영주	http://www.apsystems.co.kr	경기도
...	...	...	...	...	...	...	...	...	...	...
7907	000545	KOSPI	흥국화재우	NaN	NaN	NaT	NaN	NaN	NaN	NaN
7908	003280	KOSPI	흥아해운	해상 운송업	외항화물운송업(케미컬탱커)	1976-06-29	12월	이환구	http://www.heung-a.com	서울특별시
7909	037440	KOSDAQ	희림	건축기술, 엔지니어링 및 관련 기술 서비스업	설계 및 감리용역	2000-02-03	12월	정영균, 이목윤, 허철호 (각자대표)	http://www.heerim.com	서울특별시
7910	419890	KOSPI	히어로즈 단기채권ESG액티브	NaN	NaN	NaT	NaN	NaN	NaN	NaN
7911	238490	KOSDAQ	힘스	특수 목적용 기계 제조업	OLED Mask 인장기, OLED Mask 검사기 등	2017-07-20	12월	김주환	http://www.hims.co.kr	인천광역시

7912 rows × 10 columns

아래 예제는 2000년 이후 코스피 지수를 가져와 kospi에 할당한다. 2000년에서 오늘까지의 코스피의 종가, 시가, 고가, 저가 등을 가져온다.

Code

```
kospi = fdr.DataReader('KS11', '2000-01-01') #코스피 지수
kospi
```

Result

Date	Close	Open	High	Low	Volume	Change
2000-01-04	1059.04	1028.33	1066.18	1016.59	1.959000e+08	0.0301
2000-01-05	986.31	1006.87	1026.52	984.05	2.577000e+08	-0.0687
2000-01-06	960.79	1013.95	1014.90	953.50	2.035200e+08	-0.0259
2000-01-07	948.65	949.17	970.16	930.84	2.156600e+08	-0.0126
2000-01-10	987.24	979.67	994.94	965.02	2.401800e+08	0.0407
...	...	...	...	...	...	...
2022-03-31	2757.65	2743.24	2765.20	2743.20	1.030000e+09	0.0040
2022-04-01	2739.85	2745.85	2745.85	2729.68	1.310000e+09	-0.0065
2022-04-04	2757.90	2729.86	2758.38	2722.45	1.020000e+09	0.0066
2022-04-05	2759.20	2765.50	2769.18	2750.50	1.580000e+06	0.0005
2022-04-06	2735.03	2739.07	2747.85	2730.66	1.290000e+06	-0.0088

5496 rows × 6 columns

● 데이터 살펴보기

코스피의 종가를 살펴보면 아래 예제와 같다. kospi['Close']를 하면 '코스피 종가'가 Date를 인덱스로 하는 시리즈 형태로 보여준다. 총 데이터 개수는 5,496개이고, 실수형(float64)이다.

Code

```
kospi['Close']
```

Result

```
Date
2000-01-04    1059.04
2000-01-05     986.31
2000-01-06     960.79
2000-01-07     948.65
2000-01-10     987.24
               ...
2022-03-31    2757.65
2022-04-01    2739.85
2022-04-04    2757.90
2022-04-05    2759.20
2022-04-06    2735.03
Name: Close, Length: 5496, dtype: float64
```

주식시장에는 이동평균선이라는 지표가 있다. 1년 이동평균선은 과거 1년동안의 주가를 평균

낸값을 계속 이어서 표시하는 표시방법이다. 이런 이동 평균선과 현재 주가의 차이가 얼마나 벌어져 있는가로 추세 매매를 결정하게 된다. 시장에서는 단순이동평균 SMA(Simple moving average), 지수 이동평균 EMA(Exponetial moving average), 가중 이동평균 EMA(Weighted moving average) 등을 사용하며, 단순이동평균 SMA와 EMA를 가장 많이 사용한다. 이동 평균은 기술적 분석에서 매일 가격 변동에서 나오는 noise를 제거하는데 도움을 주고 가격 추세를 살피는데 도움을 준다.

◆ 주식에 많이 사용되는 평균

이평선	기간
5	1주
10	2주
20	4주
50	한분기
100	반년
200	1년
400	2년

단순 이동 평균 SMA는 rolling()함수를 이용한 뒤 mean()을 사용하여 이동평균을 구할 수 있다. 아래 코드는 반년, 1년, 2년의 이동평균을 구한 수 '코스피 종가'와 함께 차트로 시각화한 코드이다.

Code

```
kospi['Close'].plot(figsize=(16,8))
 #반년 이동평균
kospi['Close'].rolling(100).mean().plot(figsize=(16,8))
 #1년 이동평균
kospi['Close'].rolling(200).mean().plot(figsize=(16,8))
 # 2년 이동평균
kospi['Close'].rolling(400).mean().plot(figsize=(16,8))
plt.legend(['KOSPI','KOSPI-MA100','KOSPI-MA200','KOSPI-MA400'])
plt.grid(True)
plt.show()
```

Result

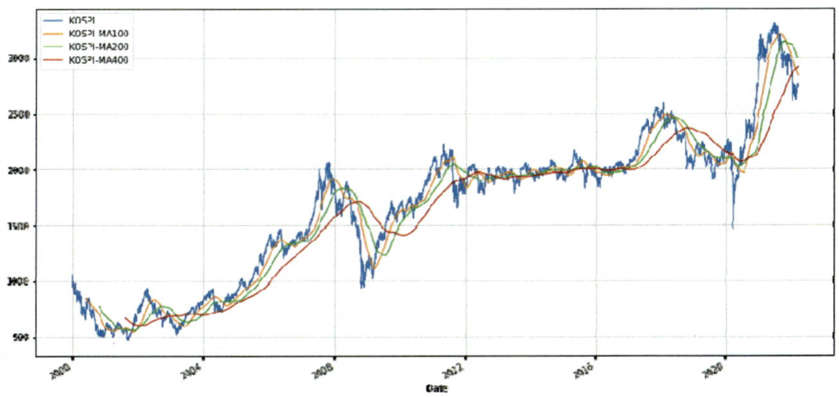

● 피처 엔지니어링

여러개의 feature를 조합하거나, 기존의 feature에서 새로운 정보를 추출해 새로운 feature를 만드는 것을 Feature Engineering이라고 한다.

> **가설**
> 오늘 기준으로 60일 동안의 종가를 알면 다음날 종가를 알 수 있지 않을까?

위와 같이 가설을 세우고, 모델에 사용할 피처(x)와 종속변수 y를 결정하기 위한 피처링 과정을 살펴본다.

shift()함수는 레코드를 지정한 횟수만큼 이동시키는 함수이다. 아래 예제와 같이 수행하면 어제 데이터가 오늘의 데이터가 된다. 즉 2000년 1월 4일 데이터가 한 줄 이동하여 1월 5일 데이터가 되고, 1월 4일 데이터는 널값이 된다.

Code

```
kospi.shift(1)
```

Result

Date	Close	Open	High	Low	Volume	Change
2000-01-04	NaN	NaN	NaN	NaN	NaN	NaN
2000-01-05	1059.04	1028.33	1066.18	1016.59	1.959000e+08	0.0301
2000-01-06	986.31	1006.87	1026.52	984.05	2.577000e+08	-0.0687
2000-01-07	960.79	1013.95	1014.90	953.50	2.035200e+08	-0.0259
2000-01-10	948.65	949.17	970.16	930.84	2.156600e+08	-0.0126
...	...	...	...	...	...	...
2022-03-31	2746.74	2758.31	2760.60	2740.02	8.245100e+05	0.0021
2022-04-01	2757.65	2743.24	2765.20	2743.20	1.030000e+09	0.0040
2022-04-04	2739.85	2745.85	2745.85	2729.68	1.310000e+09	-0.0065
2022-04-05	2757.90	2729.86	2758.38	2722.45	1.020000e+09	0.0066
2022-04-06	2759.20	2765.50	2769.18	2750.50	1.580000e+06	0.0005

5496 rows × 6 columns

따라서 날짜(인덱스)를 기준으로 60일 전 종가 필드를 만들어 새로운 데이터프레임을 생성하고, 컬럼명을 지정한다. 이때 Null값을 가지는 열은 삭제한다.

Code

```
df = pd.concat([kospi['Close'],
               *[kospi['Close'].shift(n+1)
               for n in range(60)]], axis=1).dropna()
df = df.loc['2000':]
df.columns = ['price'] +
         ['{}day before'.format(n+1) for n in range(60)]
df
```

Result

Date	price	1day before	2day before	3day before	4day before	5day before	6day before	7day before	8day before	9day before	...
2000-03-30	889.95	908.51	891.29	886.71	889.24	867.62	882.43	863.41	850.51	855.57	...
2000-03-31	860.94	889.95	908.51	891.29	886.71	889.24	867.62	882.43	863.41	850.51	...
2000-04-03	846.44	860.94	889.95	908.51	891.29	886.71	889.24	867.62	882.43	863.41	...
2000-04-04	830.16	846.44	860.94	889.95	908.51	891.29	886.71	889.24	867.62	882.43	...
2000-04-06	804.35	830.16	846.44	860.94	889.95	908.51	891.29	886.71	889.24	867.62	...
...	...	...	...	...	...	...	...	...	...	...	...
2022-03-31	2757.65	2746.74	2741.07	2729.56	2729.98	2729.66	2735.05	2710.00	2686.05	2707.02	...
2022-04-01	2739.85	2757.65	2746.74	2741.07	2729.56	2729.98	2729.66	2735.05	2710.00	2686.05	...
2022-04-04	2757.90	2739.85	2757.65	2746.74	2741.07	2729.56	2729.98	2729.66	2735.05	2710.00	...
2022-04-05	2759.20	2757.90	2739.85	2757.65	2746.74	2741.07	2729.56	2729.98	2729.66	2735.05	...
2022-04-06	2735.03	2759.20	2757.90	2739.85	2757.65	2746.74	2741.07	2729.56	2729.98	2729.66	...

5436 rows × 61 columns

데이터 나누기

데이터를 학습, 검증, 테스트 데이터로 나눈다. 이때 시계열 데이터이므로 섞이지 않게 기간으로 나누기로 한다. 학습(train) 데이터는 2000년~2017년도 데이터를 사용, 테스트(test) 데이터는 2018년도에서 2022년 데이터로 한다.

Code

```
train = df.loc['2000':'2018']
train
```

Result

Date	price	1day before	2day before	3day before	4day before	5day before	6day before	7day before	8day before	9day before	...
2000-03-30	889.95	908.51	891.29	886.71	889.24	867.62	882.43	863.41	850.51	855.57	...
2000-03-31	860.94	889.95	908.51	891.29	886.71	889.24	867.62	882.43	863.41	850.51	...
2000-04-03	846.44	860.94	889.95	908.51	891.29	886.71	889.24	867.62	882.43	863.41	...
2000-04-04	830.16	846.44	860.94	889.95	908.51	891.29	886.71	889.24	867.62	882.43	...
2000-04-06	804.35	830.16	846.44	860.94	889.95	908.51	891.29	886.71	889.24	867.62	...
...	...	...	...	...	...	...	...	...	...	...	...
2018-12-21	2061.49	2060.12	2078.84	2062.11	2071.09	2069.38	2095.55	2082.57	2052.97	2053.79	...
2018-12-24	2055.01	2061.49	2060.12	2078.84	2062.11	2071.09	2069.38	2095.55	2082.57	2052.97	...
2018-12-26	2028.01	2055.01	2061.49	2060.12	2078.84	2062.11	2071.09	2069.38	2095.55	2082.57	...
2018-12-27	2028.44	2028.01	2055.01	2061.49	2060.12	2078.84	2062.11	2071.09	2069.38	2095.55	...
2018-12-28	2041.04	2028.44	2028.01	2055.01	2061.49	2060.12	2078.84	2062.11	2071.09	2069.38	...

4631 rows × 61 columns

Code

```
test = df.loc['2018':]
test
```

Result

Date	price	1day before	2day before	3day before	4day before	5day before	6day before	7day before	8day before	9day before	...
2018-01-02	2479.65	2467.49	2436.67	2427.34	2440.54	2429.83	2472.37	2478.53	2481.88	2482.07	...
2018-01-03	2486.35	2479.65	2467.49	2436.67	2427.34	2440.54	2429.83	2472.37	2478.53	2481.88	...
2018-01-04	2466.46	2486.35	2479.65	2467.49	2436.67	2427.34	2440.54	2429.83	2472.37	2478.53	...
2018-01-05	2497.52	2466.46	2486.35	2479.65	2467.49	2436.67	2427.34	2440.54	2429.83	2472.37	...
2018-01-08	2513.28	2497.52	2466.46	2486.35	2479.65	2467.49	2436.67	2427.34	2440.54	2429.83	...
...	...	...	...	...	...	...	...	...	...	...	...
2022-03-31	2757.65	2746.74	2741.07	2729.56	2729.98	2729.66	2735.05	2710.00	2686.05	2707.02	...
2022-04-01	2739.85	2757.65	2746.74	2741.07	2729.56	2729.98	2729.66	2735.05	2710.00	2686.05	...
2022-04-04	2757.90	2739.85	2757.65	2746.74	2741.07	2729.56	2729.98	2729.66	2735.05	2710.00	...
2022-04-05	2759.20	2757.90	2739.85	2757.65	2746.74	2741.07	2729.56	2729.98	2729.66	2735.05	...
2022-04-06	2735.03	2759.20	2757.90	2739.85	2757.65	2746.74	2741.07	2729.56	2729.98	2729.66	...

1049 rows × 61 columns

과거의 데이터를 기준으로 오늘의 종가를 예측하기 위해 학습 데이터에서 'price'를 삭제하고 X값에 할당, 'price'값은 예측해 보고 싶은 값으로 y에 할당한다.

Code

```
X = train.drop(['price'], axis=1)
y = train[['price']]
```

Result

피처는 3일 전 종가를 사용해 보기로 하자.

Code

```
selected_feature = ['1day before', '2day before',
                    '3day before']
```

X 데이터에서 학습 데이터와 검증 데이터를 나누어 보자. 학습 데이터는 2015년까지 데이터를 검증 데이터로는 2016년이후 데이터로 나누어 사용하기로 하고, X_train, X_valid, y_train, y_valid 변수에 각각 할당한다.

Code

```
X_train, X_valid, y_train, y_valid = X.loc[:'2016',selected_feature],
                                     X.loc['2016':,selected_feature],
                                     y.loc[:'2016'], y.loc['2016':]
```

나누어진 학습, 검증, 테스트 데이터를 시각화해 보면 아래와 같다.

Code	y_train['price'].plot(figsize=(16,8)) y_valid['price'].plot(figsize=(16,8)) test['price'].plot(figsize=(16,8)) plt.legend(['Train','Valid', 'Test']) plt.grid(True) plt.show()
Result	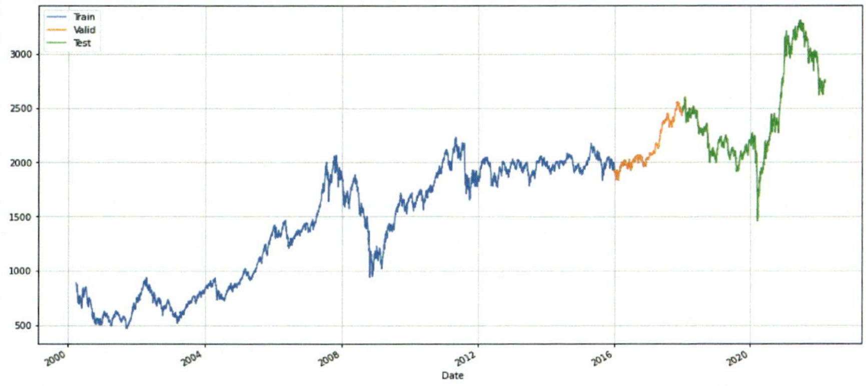

● 모델링

먼저 선형 모델을 사용하기 위해 LinearRegression을 임포트한다. 단순 선형 회귀모델을 생성하고, fit()을 이용해 학습시킨다.

Code

```
from sklearn.linear_model import LinearRegression
```

```
model = LinearRegression()
```

```
model.fit(X_train,y_train['price'])
```

학습

독립변수 x에는 X_train, 종속변수 y는 y_train['price']를 모델의 인수로 넣어 학습시킨다.

Code	`model.fit(X_train,y_train['price'])`
Result	`LinearRegression()`

모델 평가하기

회귀의 평가지표로는 실제 값과 예측값의 잔차를 주로 사용한다. 특히, 잔차의 경우 절대값의 평균, 제곱 또는 제곱 후 다시 루트를 씌운 평균값을 사용한다.

평가지표 종류

- MSE(Mean Squared Error): 실제 값과 예측 값의 차이를 제곱해 평균한 값
- R^2: 분산을 기반으로 예측 성능을 평가. 실제 값의 분산 대비 예측값의 분산 비율을 지표로 하여, 1에 가까울수록 예측 정확도가 높다고 볼 수 있다.

싸이킷런에 있는 평가지표 함수들을 사용하기 위해 sklearn.metrics 패키지로부터 mean_squared_error, r2_score 모듈을 불러온다. mean_squared_error()는 y_test의 실제 값과 y_preds 예측값을 인수로 받아 MSE 평가값을 반환한다. np.sqrt(mse)는 MSE값에 루트를 씌운 값으로 RSME 평가값을 구한다. r2_score는 y_test의 실제 값과 y_preds 예측값을 인수로 받아 R^2을 반환한다. MSE, RMSE는 0에 가까울수록 좋은 성능이고 R^2(R-Squared)는 1에 가까울수록 좋은 성능을 나타낸다.

LinearRegression에서 제공하는 score를 통해 정확도(R^2)를 확인해 본다. 1에 가까울수록 좋은 성능을 나타낸다. 검증용 데이터를 이용해 정확도를 알아보자.

Code	`model.score(X_valid, y_valid['price'])`
Result	`0.9931082049166222`

예측

먼저 검증용 데이터를 이용해 예측해 보고, 시각화 해보자. 예측은 predict()함수를 이용하면 된다. 시각화에서 검증 데이터의 종가와 예측의 종가를 확인해 봤더니 거의 일치함을 알 수 있다. 정확도는 99.3%이다.

Code

```
y_pred = pd.DataFrame(model.predict(X_valid),
                      y_valid.index, columns=['price'])
y_pred
```

Result

Date	price
2016-01-04	1961.099056
2016-01-05	1917.896271
2016-01-06	1932.044865
2016-01-07	1924.958509
2016-01-08	1903.985368
...	...
2018-12-21	2059.104087
2018-12-24	2061.986557
2018-12-26	2054.736386
2018-12-27	2027.495584
2018-12-28	2029.175453

733 rows × 1 columns

Code

```
y_valid['price'].plot(figsize=(16,8))
y_pred['price'].plot(figsize=(16,8))
plt.legend(['Valid', 'Predict'])
plt.title("[VALID] Adj R2 Score: {}"
          .format(model.score(X_valid,
                  y_valid['price'])))
plt.grid(True)
plt.show()
```

Result

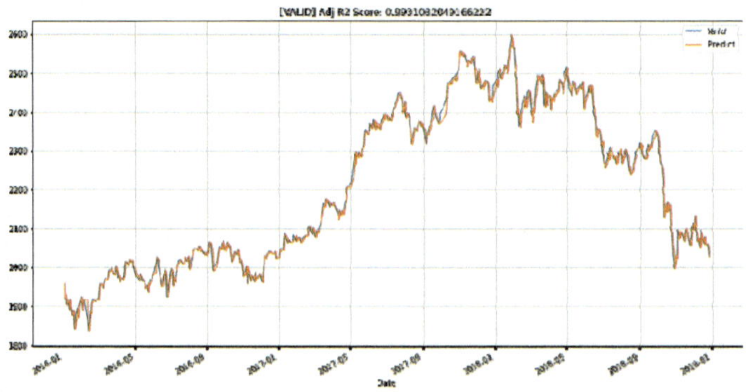

다음은 테스트 데이터를 이용해 예측해 보고, 테스트 데이터(실제값)과 예측값을 시각화 해보니 매우 잘 예측되었음을 확인할 수 있다. 정확도는 99.6%로 매우 높은 정확도이다.

Code

```
submission = pd.DataFrame(model.predict(
                         test[selected_feature]),
                         test.index,
                         columns=['price'])
submission
```

Result

	price
Date	
2018-01-02	2467.631736
2018-01-03	2478.713985
2018-01-04	2485.826990
2018-01-05	2465.478448
2018-01-08	2498.505486
...	...
2022-03-31	2746.063287
2022-04-01	2757.262076
2022-04-04	2738.638987
2022-04-05	2758.367904
2022-04-06	2758.221300

1049 rows × 1 columns

Code

```
test['price'].plot(figsize=(16,8))
submission['price'].plot(figsize=(16,8))
plt.legend(['Solution','Submission'])
plt.title("[TEST] Adj R2 Score: {}".format(
            model.score(test[selected_feature],
            test['price'])))
plt.grid(True)
plt.show()
```

Result

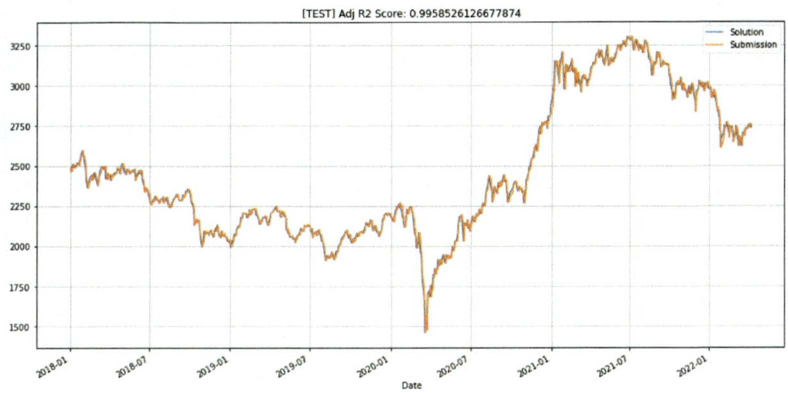

4.4 분류(Classification)

분류는 예측하는 값 즉, 종속변수(y)가 범주형일 경우에 사용한다. 입력값(속성,Features)와 출력값(Target)으로 구성된 학습 데이터를 이용하여 분류하는 규칙을 학습하여 모델을 생성한다. 예를 들어, 스팸 메일인지 아닌지, 마스크를 착용 여부 판별은 두 개의 범주 중 하나를 분류하는 이진 분류이고, 동물의 종류나 꽃의 품종을 구분하는 것은 여러 종류 중에 하나를 분류하는 것으로 다중 분류에 속한다.

◆ 최근접 이웃(KNN: K-Nearest Neighbor)알고리즘

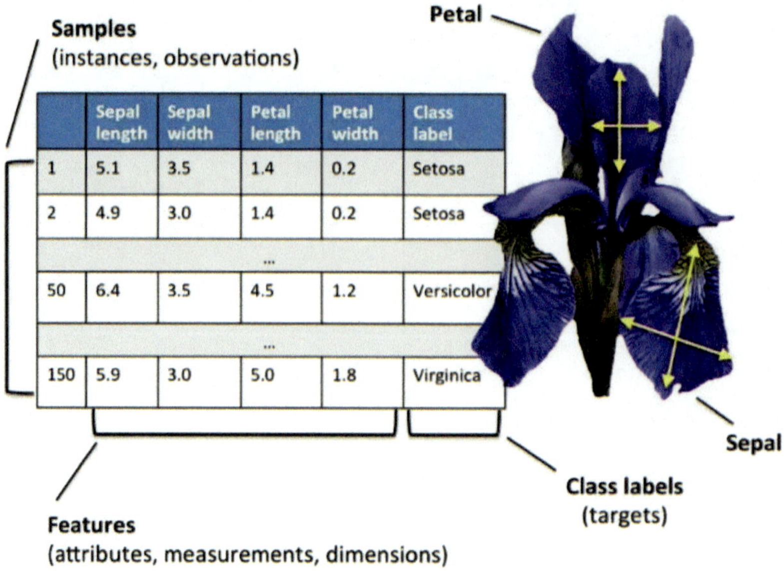

출처: https://eminebozkus.medium.com/exploring-the-iris-flower-dataset-4e000bcc266c

iris 데이터 셋을 이용하여 분류의 간단한 예를 살펴보자. iris은 꽃받침의 길이와 너비, 꽃잎의 길이와 너비를 속성(Features)로 가지고, Species를 출력값(Target)으로 가지는 데이터셋이다. Species는 Setosa, Versicolor, virginica 3종류로 분류된다.

Scikit_learn의 샘플 Dataset 객체는 일반적으로 딕셔너리 형태로 구성되어 있으며 아래와 같은 속성으로 구성되어 있다.

data	독립변수의 ndarray 배열 형태
target	종속변수의 ndarray 배열 형태
feature_names	독립변수 이름의 리스트 형태
target_names	종속 변수 이름의 리스트 형태
DESCR	데이터 세트에 대한 설명과 각 특징 설명

● 문제 정의

Scikit-learn에서 제공하는 iris 데이터 셋을 이용하여 붓꽃의 품종을 예측해 본다.

필요한 라이브러리 불러오기

필요한 모듈을 import한다.

Code
```
import numpy as np
import pandas as pd
import matplotlib.pyplot as plt
```

데이터 불러오기

sklearn.datasets 패키지로부터 load_iris를 import한다. 제공하는 데이터셋을 불러와 data_iris라는 변수에 할당한다.

Code
```
from sklearn.datasets import load_iris
data_iris=load_iris()
```

데이터 살펴보기

불러온 데이터 세트는 딕셔너리 형태이며, 딕셔너리의 keys를 확인해 보면 6개의 key로 구성되어 있는 것을 확인할 수 있다.

Code
```
data_iris.keys()
```

Result
```
dict_keys(['data', 'target', 'frame', 'target_names', 'DESCR',
'feature_names', 'filename', 'data_module'])
```

DESCR을 통해 데이터 세트에 대한 설명과 각 속성에 대한 설명을 볼 수 있다.

Code	`print(data_iris['DESCR'])`

Result

```
.. _iris_dataset:

Iris plants dataset
--------------------

|
**Data Set Characteristics:**

    :Number of Instances: 150 (50 in each of three classes)
    :Number of Attributes: 4 numeric, predictive attributes and the class
    :Attribute Information:
        - sepal length in cm
        - sepal width in cm
        - petal length in cm
        - petal width in cm
        - class:
                - Iris-Setosa
                - Iris-Versicolour
                - Iris-Virginica

    :Summary Statistics:

    ============== ==== ==== ======= ===== ====================
                    Min  Max   Mean    SD   Class Correlation
    ============== ==== ==== ======= ===== ====================
    sepal length:   4.3  7.9   5.84   0.83    0.7826
    sepal width:    2.0  4.4   3.05   0.43   -0.4194
    petal length:   1.0  6.9   3.76   1.76    0.9490  (high!)
    petal width:    0.1  2.5   1.20   0.76    0.9565  (high!)
    ============== ==== ==== ======= ===== ====================
```

데이터 분석하기 전에 데이터 속성에 대해 반드시 살펴 보아야 한다.

◆ iris 데이터

속성	설명	속성	설명
sepal length	꽃받침의 길이(cm)	petal length	꽃잎의 길이(cm)
sepal width	꽃받침의 너비(cm)	petal width	꽃잎의 너비(cm)
		class	붓꽃 품종

df_iris=pd.DataFrame(data_iris['data'], columns=data_iris['feature_names'])는 독립 변수 데이터들을 판다스 데이터 프레임으로 만들어 df_iris라는 이름의 변수에 할당한다. data_iris['data']는 ndarray형태로 저장되어 있다. 열 이름은 data_iris['feature_names']를 사용하여 데이터 프레임을 생성한다.

Code	

```
df_iris=pd.DataFrame(data_iris['data'],columns=data_iris
['feature_names'])
df_iris
```

Result

	sepal length (cm)	sepal width (cm)	petal length (cm)	petal width (cm)
0	5.1	3.5	1.4	0.2
1	4.9	3.0	1.4	0.2
2	4.7	3.2	1.3	0.2
3	4.6	3.1	1.5	0.2
4	5.0	3.6	1.4	0.2
...	...	...	...	...
145	6.7	3.0	5.2	2.3
146	6.3	2.5	5.0	1.9
147	6.5	3.0	5.2	2.0
148	6.2	3.4	5.4	2.3
149	5.9	3.0	5.1	1.8

150 rows × 4 columns

꽃받침의 길이와 너비를 이용하여 산점도 그래프로 품종이 구분이 가능한지를 확인해 보자. x값으로 꽃받침의 길이, y값으로 꽃받침의 너비, 색깔은 품종에 따라 세가지 색으로 구분하여 산점도로 확인해 보자.

Code	(code below)
Result	(chart below)

Code

```
colors = ['r','g','b']
for idx, row in df_iris[['sepal length (cm)','sepal width (cm)']].iterrows():
    c = data_iris['target'][idx]
    plt.scatter(row['sepal length (cm)'],
                row['sepal width (cm)'],
                color=colors[c], alpha=0.5)
plt.xlabel('sepal length (cm)')
plt.ylabel('sepal width (cm)')
plt.grid(True)
plt.show()
```

Result

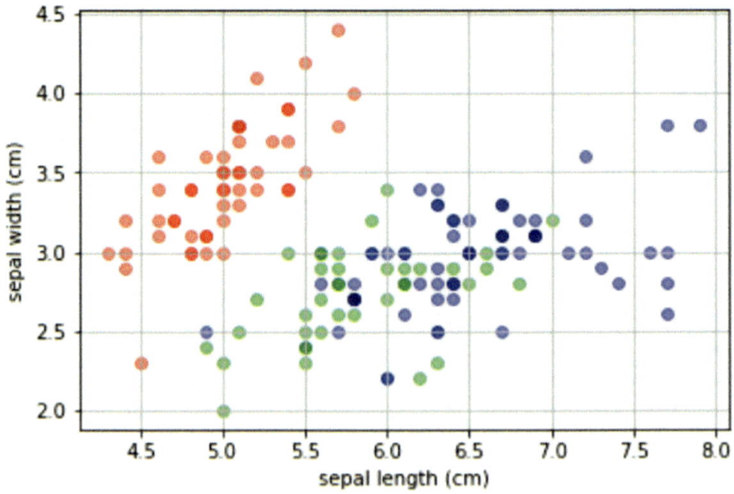

시각화 결과 꽃받침의 너비와 길이로는 하나의 품종만 확실히 구분 되어지는 것을 확인 할 수 있다.

다음은 꽃잎의 너비와 길이로 시각화를 해보자.

Code

```
for idx, row in df_iris[['petal length (cm)','petal width (cm)']].iterrows():
    c = data_iris['target'][idx]
    plt.scatter(row['petal length (cm)'],
                row['petal width (cm)'],
                color=colors[c], alpha=0.5)
plt.xlabel('petal length (cm)')
plt.ylabel('petal width (cm)')
plt.grid(True)
plt.show()
```

Result

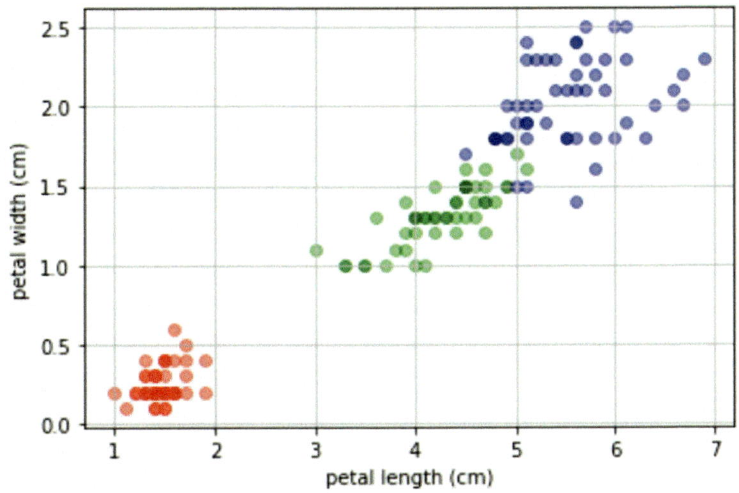

시각화 결과 꽃받침의 길이와 너비를 이용할 때보다 좀 더 품종이 잘 구분되어 보인다.

데이터 전처리 및 피처 엔지니어링(Feature Engineering)

데이터 전처리란 결측값이나 이상치가 있을 경우에 대한 데이터 처리 부분이다. 값이 없는 데이터의 경우, 판다스 데이터 프레임에서는 NAN으로 표기하게 된다. 먼저 결측치 데이터가 얼마나 존재하는지 확인하여 보자. isnull()은 null값이 경우 참(true)을 리턴한다. 이어서 sum()을 하게 되면 true(1)값이 모두 더해져 각 피쳐마다 몇 개의 결측치가 존재하는지 알 수 있다. 실행 결과 결측값이 존재하지 않으므로 결측값에 대한 전처리부분은 생략이 가능하다.

Code

```
df_iris.isnull().sum()
```

Result

```
sepal length (cm)    0
sepal width (cm)     0
petal length (cm)    0
petal width (cm)     0
dtype: int64
```

여러 개의 feature를 조합하거나, 기존의 피처에서 새로운 정보를 추출해 새로운 feature를 만드는 것을 Feature Engineering이라고 한다. 꽃받침의 길이와 꽃잎의 길이 비율 'sepal/peal length(ratio)', 꽃받침의 너비와 꽃잎의 너비 비율 'sepal/peal width(ratio)' 라는 새로운 feature를 생성해 보자

Code

```
df_iris['sepal/petal length(ratio)'] = df_iris['sepal length (cm)'] / df_iris['petal length (cm)']
df_iris['sepal/petal  width(ratio)'] = df_iris['sepal  width (cm)'] / df_iris['petal width (cm)']
```

스케일링이란 데이터 전처리 과정 중 하나다. 데이터의 값이 너무 크거나 작은 경우 모델 알고리즘 학습 과정에서 0으로 수렴되거나 발산해 버릴 수 있다. 이를 방지하거나, 예측 값이 범위를 벗어나는 입력 데이터에 대해 더 큰 영향을 받는 것을 방지하기 위해 사용한다. 예를 들어 신장과 몸무게가 입력 데이터로 주어지고, 100m 달리기의 속도를 예측 할 경우 신장과 몸무게의 단위가 다르기 때문에 더 큰 값을 가지는 신장 값이 예측값에 더 큰 영향을 미치는 것을 방지하기 위해 신장과 몸무게의 Unit을 맞춰 주는 작업이다. 이를 Scaling이라 한다. 변수들의 단위가 서로 다를 경우 스케이링으로 해결할 수 있다. 모델링 작업에 들어가기 전에 변수들 간의 단위가 다를 경우에는 보통 표준화를 진행한다. Scaler의 종류는 StandardScaler, RobustScaler, MinMaxScaler, Normalizer 4가지 종류가 있다.

표준화 중에서도 모집단이 '정규 분포'를 따르는 경우, 평균이 0, 표준편차가 1인 표준정규분포로 표준화를 많이 한다. MinMaxScaler는 스케일을 조정하는 정규화 함수로, 모든 데이터가 0과 1사이의 값을 갖도록 해주는 함수이다. 따라서 최댓값은 1, 최솟값은 0으로 데이터 범위를 조정해 준다. 먼저 필요한 라이브러리인 MinMaxScaler를 import해주고, 정규화를 하는 함수

에 정규화를 할 데이터(df_iris)를 입력해주면 정규화된 데이터를 데이터 프레임으로 df_iris 변수를 업데이트해준다. 실행결과 데이터가 모두 0~1사이의 값으로 변경된 것을 확인할 수 있다.

Code

```
from sklearn.preprocessing import MinMaxScaler
mms = MinMaxScaler()
df_iris = mms.fit_transform(df_iris)
df_iris = pd.DataFrame(df_iris,
        columns=data_iris['feature_names']+
        ['sepal/petal length(ratio)','sepal/petal width(ratio)'])
df_iris
```

Result

	sepal length (cm)	sepal width (cm)	petal length (cm)	petal width (cm)	sepal/petal length(ratio)	sepal/petal width(r
0	0.222222	0.625000	0.067797	0.041667	0.685337	0.4
1	0.166667	0.416667	0.067797	0.041667	0.647577	0.3
2	0.111111	0.500000	0.050847	0.041667	0.678075	0.3
3	0.083333	0.458333	0.084746	0.041667	0.533040	0.3
4	0.194444	0.666667	0.067797	0.041667	0.666457	0.4
...	...	...	...	...	...	
145	0.666667	0.416667	0.711864	0.916667	0.063029	0.0
146	0.555556	0.208333	0.677966	0.750000	0.055507	0.0
147	0.611111	0.416667	0.711864	0.791667	0.052863	0.0
148	0.527778	0.583333	0.745763	0.916667	0.025942	0.0
149	0.444444	0.416667	0.694915	0.708333	0.028246	0.0

150 rows × 6 columns

정규화 과정을 마친 후 새롭게 생성된 피처를 이용해 시각화 결과 품종이 잘 분류되는 것을 확인할 수 있다.

Code

```
colors = ['r','g','b']
for idx, row in df_iris[['sepal/petal length(ratio)','sepal/petal
width(ratio)']].iterrows():
  c = data_iris['target'][idx]
  plt.scatter(row['sepal/petal length(ratio)'], row['sepal/petal
  width(ratio)'],color=colors[c], alpha=0.5)
plt.xlabel('sepal/petal length(ratio)')
plt.ylabel('sepal/petal width(ratio)')
plt.grid(True)
plt.show()
```

Result

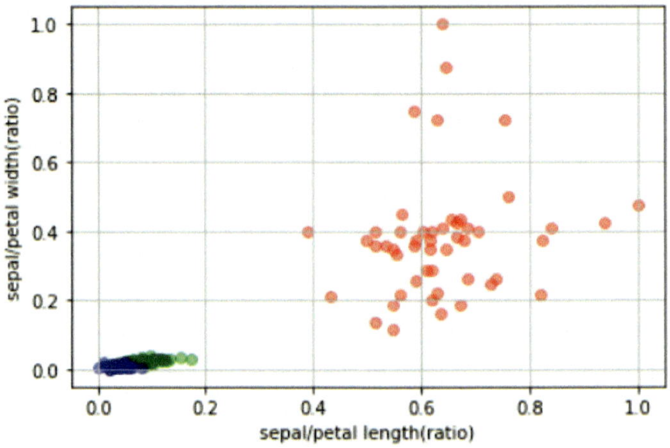

모델링

이 책은 분류 모델 중 KNN(K-Nearest Neighbor)알고리즘을 선택하여 실습한다. K 최근접 이웃(KNN) 알고리즘은 새로운 데이터와 가장 가까운 이웃 데이터 K개를 선택한 뒤 K개 안에 가장 많은 개수를 가진 그룹으로 새로운 데이터를 분류하는 방식이다. 가장 가까운 이웃 데이터란 거리 기반 알고리즘을 활용하며, 이웃 데이터의 개수(K)는 홀수로 지정하여, 동점이 되어 분류 할 수 없는 경우를 배제하기 위함이다.

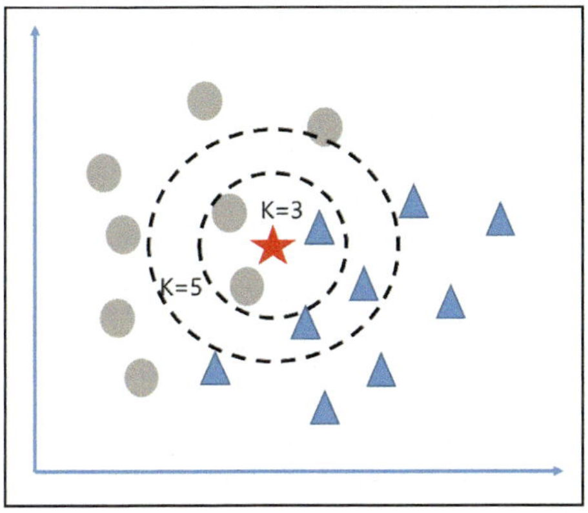

왼쪽 그림은 데이터의 특징에 따라 두 개의 그룹을 그래프로 표현한 것이라고 가정했을 경우, 새로운 데이터(★)의 특징에 해당하는 좌표점를 표현한 것이다. 새로운 데이터(★)가 어떤 그룹에 속하는지를 KNN알고리즘을 이용해 분류해 보자. 먼저, 이웃의 개수인 K를 3으로 지정했을 경우 새로운 데이터(★)와 다른 데이터들과의 거리를 계산하여 거리가 가까운 데이터 3개를 찾으면 원(●)인 데이터가 2개, 삼각형(▲) 데이터가 1개여서 새로운 데이터(★)은 원(●)으로 분류한다. 그러나 K를 5로 하면 원(●)이 2개, 삼각형(▲)이 3개로 삼각형(▲)으로 분류한다. KNN의 특징은 훈련이 따로 필요없다는 것이다. 훈련 데이터를 기반으로 모델을 만들고 테스트 데이터로 테스트를 하는 방식이다. 정확한 예측을 위해서 K의 선택이 중요하다. KNN에서는 데이터와 데이터 사이의 거리를 구해야 한다.

관련 수학

◆ 유클리디안 거리

좌표 평면 위의 두점 $A(x_1, y_1)$, $B(x_2, y_2)$사이의 유클리디안 거리점 A를 지나고 x축에 평행한 직선과 점B를 지나고 y축에 평행한 직선의 교점을 C라고 하면 $\overline{AC}= |x_2 - x_2|$, $\overline{BC}= |y_2 - y_1|$이다. 이때, 삼각형 ABC는 직각삼각형이므로 피타고라스 정리에 의하여 $\overline{AB}^2 = \overline{AC}^2 + \overline{BC}^2 = (x_2 - x_1)^2 + (y_2 - y_1)^2$이다.

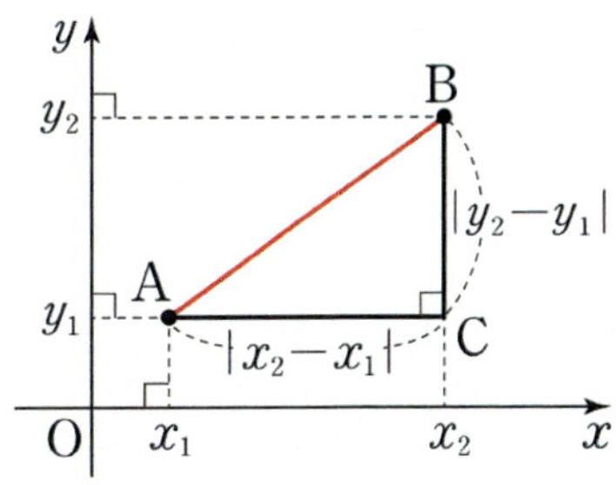

즉, $d(A,B) = \sqrt{(x_2 - x_1)^2 + (y_2 - y_1)^2}$ 이다. 이와 같이 두 점 사이의 직선의 거리를 유클리디안 거리라고 한다.

KNN알고리즘을 이용하여 iris의 세가지 품종을 분류하는 머신러닝 모델을 만들어 보자.

준비된 데이터를 학습 데이터와 테스트 데이터로 나누어 보자. 테스트 데이터를 20%로 설정하고, 정답 데이터(Y)로는 data_iris['target']을 사용하여 데이터를 분리한다. 교재와 같은 결과를 보고자 한다면 random_state값(42)을 같게 설정하면 된다.

Code

```
from sklearn.model_selection import train_test_split
X_train, X_test, y_train, y_test = train_test_split(df_iris,
                                                    data_iris['target'],
                                                    test_size=0.2,
                                                    random_state=42)
```

Result

KNeighborsClassifier()을 호출하여 K 최근접 이웃 알고리즘 모델 객체를생성하고, 그 이름을 model이라고 한다. K를 생략하면 기본값은 5가 된다. fit()을 호출하여 학습을 수행한다. X_train과 정답값 Y_train을 훈련데이터로 사용한다. 학습데이터의 대한 모델의 점수는 96.6 이다.

Code

```
from sklearn.neighbors import KNeighborsClassifier
model = KNeighborsClassifier()
model.fit(X_train, y_train)
model.score(X_train, y_train)
```

Result

```
0.9666666666666667
```

모델 평가

입력값으로 주어진 피처는 피처 엔지니어링 과정을 걸쳐 생성한 값이다. X_test를 입력으로 하여 예측한 결과와 정답(y_test)를 비교한 결과는 100%로 다른 데이터에서는 100%가 나오지 않을 수 있다.

Code

```
model.score(X_test, y_test)
```

Result

```
1.0
```

● 결과 예측

예측을 위해 X_test데이터를 생성한 모델 model의 predict()메소드에 적용하여 결과를 예측한다.

Code	model.predict(X_test)
Result	array([1, 0, 2, 1, 1, 0, 1, 2, 1, 1, 2, 0, 0, 0, 0, 1, 2, 1, 1, 2 0, 2, 2, 2, 2, 2, 0, 0])

같은 알고리즘으로 학습을 수행하더라도 학습 데이터의 구성, 규모, 머신러닝 모델을 구성하는 하이퍼 파라미터 등에 따라 모델의 성능 평가 결과는 달라질 수 있다.머신러닝 모델은 데이터 분석, 정규화, 학습 수행 조건 변경 등 다양한 요소의 변경에 의해 모델의 성능이 달라질수 있다. 이 과정 중 가장 높은 평가 점수를 받은 모델이 최종 모델이 되는 것이다.

◆ 로지스틱 회귀(Logistic Regression)

RMS 타이타닉(영어: RMS Titanic)은 영국의 화이트 스타 라인이 운영한 북대서양 횡단 여객선이다. 1912년 4월 10일 영국의 사우샘프턴을 떠나 미국의 뉴욕으로 향하던 첫 항해 중에 4월 15일 빙산과 충돌하여 침몰하였다. 타이타닉이 완전히 침몰한시간은 새벽 2시20분이다. 타이타닉의 침몰로 1,514명이 사망하였다. RMS 타이타닉은 첫 항해 당시 세계에서 가장 큰 배 중 하나였다. 화이트 스타 라인 사는 RMS 올림픽을 시작으로 세 척의 올림픽급 여객선을 운용하였는데, RMS 타이타닉이 그 중 하나였다. RMS 타이타닉은 벨파스트에 있는 해럴드 앤 울프 사가 1909년 건조를 시작하여 1911년 5월 31일 진수하였다. 승객 대다수는 영국과 스칸다나비아 반도 등에서 새로운 삶을 찾아 미국으로 가는 이민자들이었다. 출항 당시 승선 인원은 2,223명이었다. 타이타닉호는 선내에 체육관과 수영장, 그 외의 호화로운 시설을 갖추고 있었다. 그러나 느슨한 규제로 구명정은 20척 밖에 없었다. 구명정 20척의 최대 정원은 1,178명이었다. 1912년 4월 14일 오후 11시 40분(선내 시각, GMT -3) 빙산과 충돌하였고 이 때문에 주갑판이 함몰되고 우현에 구멍이 났다. 구멍으로 물이 들어오기 시작한 지 2시간 40분만에 완전히 침수되어 침몰하였다. 타이타닉호는 방수용 격벽이 설계되어 있었고 문들도 물을 차단할 수 있도록 설계되었으나 실제 사고에선 역부족이었다. 구명정에 타지 못한 채 바다로 뛰어든 수많은 사람들은 수 분 내에 저체온증으로 사망하였다. 침몰 당시에도 배에 1,000여명의 사람들이 남아 있었다. 구명정을 타고 있다가 몇 시간 뒤 RMS 카르파티아(RMS Carpathia)로 구조된 사람은 706명에 불과하였다[1].

분류는 예측하는 값, 즉 종속변수(y)가 범주형일 경우에 사용한다. Titanic 데이터 셋을 이용하여 분류의 간단한 예를 살펴보자. 타이타닉 데이터셋은 실제 타이타닉호에 탑승했던 승객들의 정보를 담고 있다. 이를 바탕으로 승객의 생존여부 또는 생존율을 예측하는데 활용된다. 먼저 타이타닉의 데이터셋에는 어떤 feature가 있고, 각 feature의 의미, feature별 범주형인지 숫자형인지 확인해 보자.

데이터 불러오기

Kaggle은 데이터 분석 경진대회를 주최하는 플랫폼이다. 타이타닉(titanic)데이터는 아래 링크 Kaggle사이트에서 다운 받아 사용하거나 Seaborn에 내장된 파일을 사용하기로 하자.

– 데이터 출처:
https://www.kaggle.com/c/titanic/
https://raw.githubusercontent.com/mwaskom/seaborn-data/master/raw/titanic.csv

– Seaborn에 내장된 데이터 사용

```
import seaborn as sns
titanic = sns.load_dataset('titanic')
titanic
```

데이터가 잘 불러와지지 않을 경우 아래 사이트에서 다운받아 사용하면 된다.

캐글: https://www.kaggle.com/c/titanic/data

1) 위키백과:https://ko.wikipedia.org/wiki/RMS_타이타닉

11개의 컬럼을 가진 인스턴스 즉, 총 891개의 데이터가 있다.

Code

```
import seaborn as sns
import pandas as pd
titanic = pd.read_csv(
'https://raw.githubusercontent.com/mwaskom/seaborn-
data/master/raw/titanic.csv')

titanic
```

Result

	survived	pclass	name	sex	age	sibsp	parch	ticket	fare	cabin	embarked
0	0	3	Braund, Mr. Owen Harris	male	22.0	1	0	A/5 21171	7.2500	NaN	S
1	1	1	Cumings, Mrs. John Bradley (Florence Briggs Th...	female	38.0	1	0	PC 17599	71.2833	C85	C
2	1	3	Heikkinen, Miss. Laina	female	26.0	0	0	STON/O2. 3101282	7.9250	NaN	S
3	1	1	Futrelle, Mrs. Jacques Heath (Lily May Peel)	female	35.0	1	0	113803	53.1000	C123	S
4	0	3	Allen, Mr. William Henry	male	35.0	0	0	373450	8.0500	NaN	S
...	...	...	...	...	...	...	...	...	...	...	...
886	0	2	Montvila, Rev. Juozas	male	27.0	0	0	211536	13.0000	NaN	S
887	1	1	Graham, Miss. Margaret Edith	female	19.0	0	0	112053	30.0000	B42	S
888	0	3	Johnston, Miss. Catherine Helen "Carrie"	female	NaN	1	2	W./C. 6607	23.4500	NaN	S
889	1	1	Behr, Mr. Karl Howell	male	26.0	0	0	111369	30.0000	C148	C
890	0	3	Dooley, Mr. Patrick	male	32.0	0	0	370376	7.7500	NaN	Q

891 rows × 11 columns

데이터 살펴보기

데이터분석에서 가장 먼저 해야 할 일은 데이터에 대한 이해이다. 각 컬럼이 뜻하는 것이 무엇인지, 각 컬럼안의 데이터 형태 등을 파악해야 한다. 아래 표는 타이타닉 컬럼에 대한 설명이다.

컬럼명	설명
pclass	티켓의 등급
sex	성별
age	나이
sibsp	동승한 형제 자매/ 배우자의 수
parch	동승한 부모/자식 수

컬럼명	설명
fare	요금
embarked	승선항
survived	생존 여부
alive	생존 여부

데이터셋의 feature는 몇 개이며, 이름은 무엇인지 분석하기 위해 columns라는 속성을 이용해 확인해 본다. 총 11개의 column으로 구성되어 있고, 데이터 타입은 object이다.

- Feature(X, 독립 변수)
  pclass = 티켓의 등급
  sex = 성별
  age = 나이
  sibsp = 동승한 형제 자매 / 배우자 수
  parch = 동승한 부모 / 자식 수
  fare = 요금
  embarked = 승선항

- Label(Y, 종속 변수)
  survived = 생존 여부

Code	titanic.columns
Result	Index(['survived', 'pclass', 'name', 'sex', 'age', 'sibsp', 'parch', 'ticket' 'fare', 'cabin', 'embarked'], dtype='object')

shape속성을 통해 891개의 인스턴스와 12개의 컬럼으로 구성되어 있음을 알 수 있다.

Code	test.shape
Result	(891, 12)

info() 메소드를 통해 데이터프레임의 정보를 확인해 볼 수 있다. 각 컬럼의 이름과 각 feature의 데이터 형태를 확인할 수 있다. [Age, Cabin, Embarked]는 결측값이 존재함을 확인할 수 있다. feature의 데이터 형태를 아는 것이 시각화할 때 어떤 plot를 선택해야 하는지 도움을 준다.

- Categorical(범주형)
  Nominal : survived, sex, embarked
  ordinal : pclass

- Numerical(수치형)
  Discret : sibsp, parch
  Continuous : age, fare

아래 코드는 타이타닉의 정보를 요약해서 보여주는 예이다. 총 891개의 데이터(행)와 11개의 컬럼으로 이루어진 데이터셋이다. 인덱스로는 0에서 890까지이며 age값은 경우 널이 아닌 값이 714개로 177개가 널값이다. ['age','embarked', 'deck', 'embarked_town']등에 대해 널 값이 존재함을 확인할 수 있다.

Code	

```
titanic.info()
```

Result

```
<class 'pandas.core.frame.DataFrame'>
RangeIndex: 891 entries, 0 to 890
Data columns (total 11 columns):
 #   Column    Non-Null Count  Dtype
---  ------    --------------  -----
 0   survived  891 non-null    int64
 1   pclass    891 non-null    int64
 2   name      891 non-null    object
 3   sex       891 non-null    object
 4   age       714 non-null    float64
 5   sibsp     891 non-null    int64
 6   parch     891 non-null    int64
 7   ticket    891 non-null    object
 8   fare      891 non-null    float64
 9   cabin     204 non-null    object
 10  embarked  889 non-null    object
dtypes: float64(2), int64(4), object(5)
memory usage: 76.7+ KB
```

isnull()메소드는 결측값이 존재하면 True로 표시한다. isnull().sum()은 결측치 합을 구해준다. 따라서 각 feature별로 몇 개의 결측값이 존재하는지 확인할 수 있다. 나이는 177개가 null값이며, Cabin은 687개, Embarked는 2개가 존재함을 알 수 있다. 이는 전처리가 필요한 부분이다.

Code	
	`titanic.isnull().sum()`
Result	

```
survived      0
pclass        0
name          0
sex           0
age         177
sibsp         0
parch         0
ticket        0
fare          0
cabin       687
embarked      2
dtype: int64
```

다음은 데이터 분포를 확인 해 보자. 수치형 데이터인 경우는 describe()함수, 범주형 데이터인 경우는 describe(include=['O'])을 이용하면 범주형 데이터도 분석할 수 있다. 아래 결과표를 분석해 보면 count에 age를 제외하고 모두 891개의 데이터가 정상적으로 있다는 것을 알수 있다. surivied의 평균값이 0.38임으로 대략 38퍼센트의 승객만이 생존한 것을 알 수 있다. pclass는 50% 구간까지 3임으로 과반수의 승객들이 3등석에 승선했다. age의 평균은 29, 추후 분석을 더 해봐야 알겠지만 승객의 나이가 젊다. sibsip, parch, fare는 수치형 데이터가 아니므로 알 수가 없다.

Code	
	`titanic.describe()`
Result	

	survived	pclass	age	sibsp	parch	fare
count	891.000000	891.000000	714.000000	891.000000	891.000000	891.000000
mean	0.383838	2.308642	29.699118	0.523008	0.381594	32.204208
std	0.486592	0.836071	14.526497	1.102743	0.806057	49.693429
min	0.000000	1.000000	0.420000	0.000000	0.000000	0.000000
25%	0.000000	2.000000	20.125000	0.000000	0.000000	7.910400
50%	0.000000	3.000000	28.000000	0.000000	0.000000	14.454200
75%	1.000000	3.000000	38.000000	1.000000	0.000000	31.000000
max	1.000000	3.000000	80.000000	8.000000	6.000000	512.329200

아래 표를 해석해 보면 count는 해당 열에서 NaN을 제외한 데이터의 개수이다.

unique는 해당 열에서 중복되지 않는 값의 개수이며, top은 해당 열에서 가장 많이 중복되는 데이터이며, freq는 가장 많이 중복되는 데이터의 수이다. emarked의 경우 가장 많이 중복되는 데이터는 'S'이며 그 개수는 644개이다. sex 중 male이 891중 577을 차지하고 있고 ticket은 210(891-681)개의 중복값이 있는 것을 확인 할 수 있다. cabin도 중복값이 있다. 같은 방을 쓴 사람들이 있다고 볼 수 있다. 이렇게 가설을 세우기 전에 데이터를 분석해 보아야한다.

Code

```
titanic.describe(include=['O'])
```

Result

	name	sex	ticket	cabin	embarked
count	891	891	891	204	889
unique	891	2	681	147	3
top	Hoyt, Mr. William Fisher	male	CA. 2343	G6	S
freq	1	577	7	4	644

가설 검증하기

어떤 사람들이 생존에 유리했을지 살펴보자.

가설1: 구명정에는 여자와 아이가 우선 탑승했다.
가설2: 1등석의 승객들이 비교적 탈출이 용이했다.

먼저, 각 feature의 데이터 형태를 파악해야 어떠한 그래프로 시각화 할지 선택이 가능하다. feature의 분포를 알아보기 위한 시각화에는 distplot()과 countplot()이 있다. 수치형일 경우에는 distplot()을, 범주형일 경우에는 countplot()을 이용해 시각화를 하면 해당 변수의 빈도수를 쉽게 시각화할 수 있다.

이 두 가지 가설을 바탕으로 데이터를 좀 더 깊게 살펴보며, 어떤 feature를 기계학습에 사용할 것인지 판단해보자.

먼저 sex와 survived의 관계를 살펴보자. 범주형 데이터이므로 countplot()을 이용해 시각화해 보자. 여자 승객이 더 높은 생존율을 가진 것을 확인할 수 있다.

Code

```
sns.set(style="darkgrid")
sns.countplot(data=titanic, x='survived', hue='sex')
```

Result

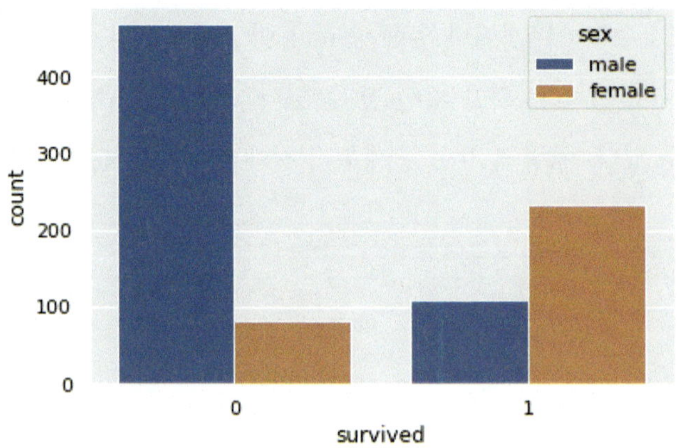

이번에는 가설1인 아이들의 생존율을 확인해 보자. 나이는 수치형 데이터이므로 distplot()을 이용해 시각화해 보자. 빨강색이 생존자 데이터이다. 영유아와 노령일수록 생존율이 높음을 알 수 있다.

Code

```
sns.distplot(titanic.age.loc[titanic['survived']==0],kde=False)
sns.distplot(titanic.age.loc[titanic['survived']==1],kde=False)
```

Result

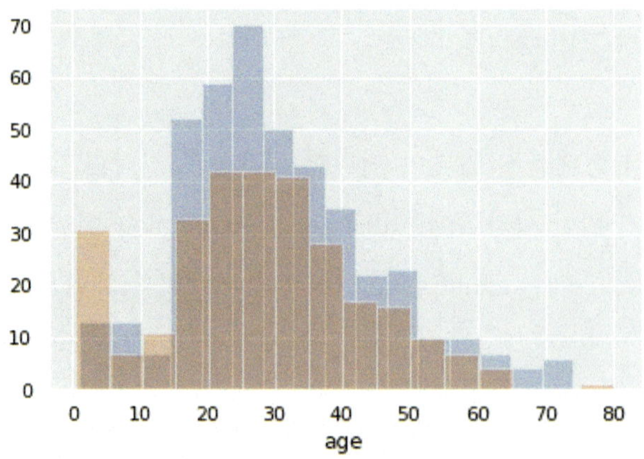

이번에는 pclass와 survived의 관계를 분석해 보자. 범주형 데이터이므로 countplot()을 사용해 시각화해 보자. 1등급이 생존율이 높음 것을 확인할 수 있다.

Code	`sns.countplot(data=titanic, x='survived', hue='pclass')`
Result	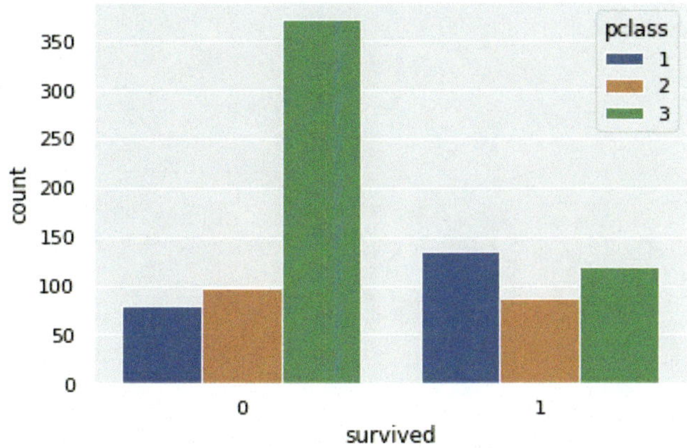

FacetGrid를 사용하여 여러 개의 그래프를 그려 관계를 분석해 보자.

Code

```
grid = sns.FacetGrid(data=titanic, col='survived', row='pclass')
grid.map(sns.distplot, 'age')
```

Result

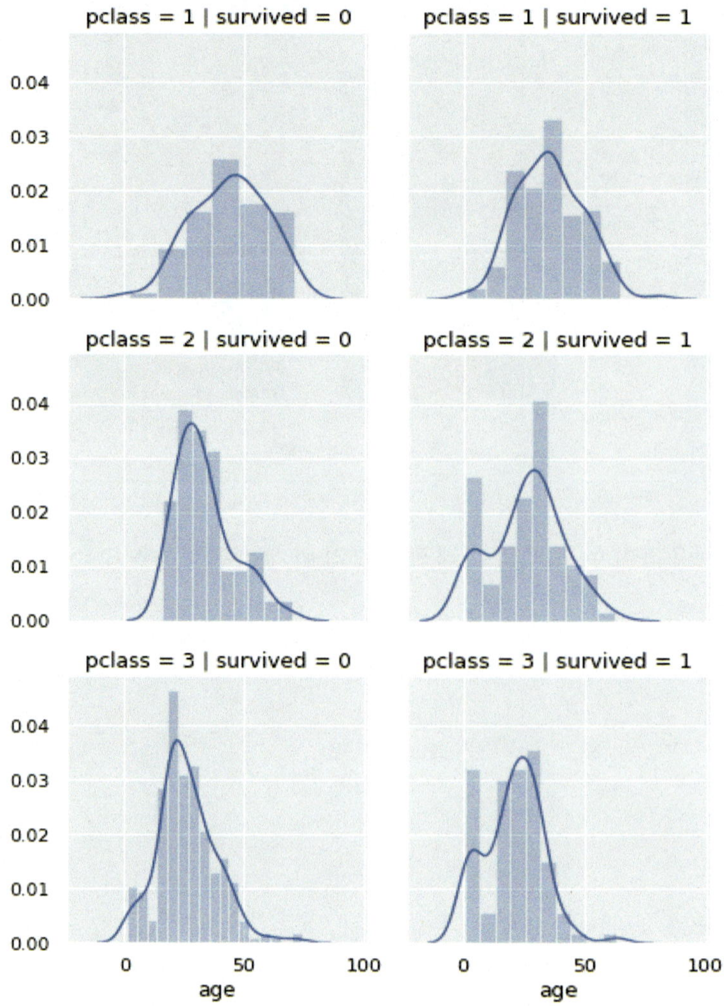

Code

```
grid = sns.FacetGrid(data=titanic,
                     col='pclass',
                     row='sex')
grid.map(sns.countplot, 'survived')
```

Result

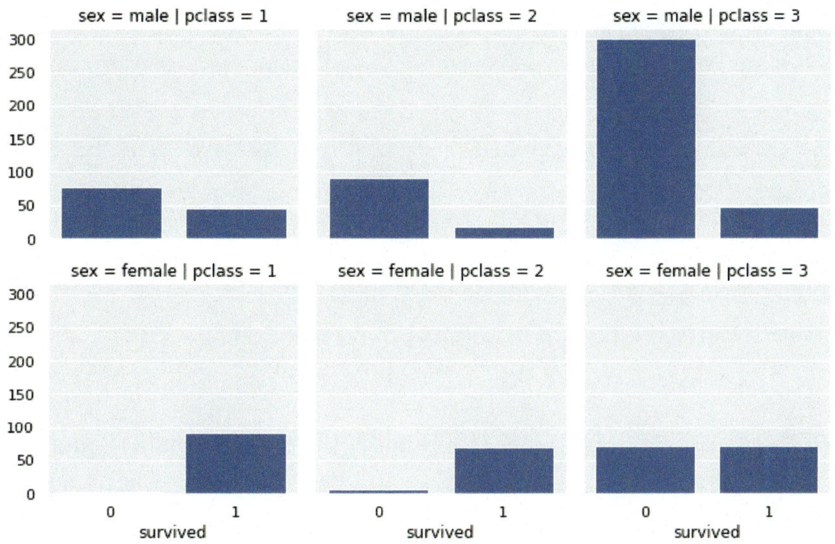

가설1: 여성 승객들은 생존율이 높은 것을 확인할 수 있다.
가설2: 객실 등급이 높을수록 생존율이 높은 것을 확인할 수 있다.

데이터 전처리

- Missing data 처리

값이 없는 데이터의 경우, 판다스 데이터프레임에서는 NAN으로 표기하게 된다.

- NA: Not available
- NAN: Not a number (Pandas에서는 NA를 NAN로 표기)

일반적으로 NAN을 처리하는 방법은 3가지가 있다.

- 무시한다.(아무것도 하지 않음)
- 제거한다.(drop)
- 다른 값으로 대체한다.(Fill)

이때 비어있는 값(NAN)이 너무 많거나, 전처리가 불가능한 경우에는 제거하는 방법을 택한다.

- 데이터프레임.dropna() : nan값이 있는 행을 다 제거
- 데이터프레임.dropna(how='all') : 모든값이 nan일 때만 제거

먼저 결측치 데이터가 얼마나 존재하는지 확인하여 보자. isnull()은 null값이 경우 참(true)을 리턴한다. 이어서 sum()을 하게 되면 true(1)값이 모두 더해져 각 피처마다 몇 개의 결측치가 존재하는지 알 수 있다.

Code

```
titanic.isnull().sum()
```

Result

```
survived      0
pclass        0
name          0
sex           0
age         177
sibsp         0
parch         0
ticket        0
fare          0
cabin       687
embarked      2
dtype: int64
```

ticket 데이터를 마지막으로 확인해 보자.

Code
```
titanic['ticket']
```

Result
```
0              A/5 21171
1               PC 17599
2       STON/O2. 3101282
3                 113803
4                 373450
             ...
886               211536
887               112053
888           W./C. 6607
889               111369
890               370376
Name: ticket, Length: 891, dtype: object
```

ticket의 값은 너무 다양하고 사용하기 힘들며, cabin은 비어 있는 값이 많고, 객실의 대략적 위치는 pclass로 짐작할 수 있기 때문에 ticket과 cabin 두 개의 feature은 삭제한다.

drop.([제거하려는 열 이름], axis = 행-0 열-1, inplace = True

Code
```
titanic.drop(['ticket', 'cabin'], axis=1, inplace=True)
titanic
```

Result

	survived	pclass	name	sex	age	sibsp	parch	fare	embarked
0	0	3	Braund, Mr. Owen Harris	male	22.0	1	0	7.2500	S
1	1	1	Cumings, Mrs. John Bradley (Florence Briggs Th...	female	38.0	1	0	71.2833	C
2	1	3	Heikkinen, Miss. Laina	female	26.0	0	0	7.9250	S
3	1	1	Futrelle, Mrs. Jacques Heath (Lily May Peel)	female	35.0	1	0	53.1000	S
4	0	3	Allen, Mr. William Henry	male	35.0	0	0	8.0500	S
...	...	...	...	...	...	...	...	...	...
886	0	2	Montvila, Rev. Juozas	male	27.0	0	0	13.0000	S
887	1	1	Graham, Miss. Margaret Edith	female	19.0	0	0	30.0000	S
888	0	3	Johnston, Miss. Catherine Helen "Carrie"	female	NaN	1	2	23.4500	S
889	1	1	Behr, Mr. Karl Howell	male	26.0	0	0	30.0000	C
890	0	3	Dooley, Mr. Patrick	male	32.0	0	0	7.7500	Q

891 rows × 9 columns

비교적 비어 있는 값(NAN)이 적고, 해당 데이터가 유의미하여 이용할 만할 가치가 있을 경우는 값을 대체한다. 이때 통계적으로 차이가 나지 않도록 평균(mean)에 표준편차(std)만큼 차이나는 사이의 임의의 값을 넣어준다. Age의 경우 .drop()을 사용해서 버리기에는 너무 중요한 값이다.

- 데이터프레임.fillna(0) : 0으로 대체

그렇다고 일괄적으로 빈칸에 0의 값을 넣기에는 분석에 도움이 되지 않는다. 따라서 이런 숫자 데이터는 일반적으로 평균에 분산만큼 차이나는 사이의 임의값을 넣어주게 된다.

- 평균: 데이터의 중앙에 있을 확률이 높은 값
- 분산: 각 값이 평균에서 얼마만큼 분산되어 있는지를 나타내는 척도

따라서 평균에서 분산만큼 떨어진 값들 사이에 있을 확률이 높다고 볼 수 있다. 모두 평균으로 대체하지 않는 이유는 전체 데이터의 평균을 맞춰줄 수 있지만, 분산이 영향을 많이 받기 때문이다. 예를 들어 [1, 2, 5, 6, 9, 10]이라는 점수들의 평균은 5.5이다. missing value가 4개 있어서 이것을 만약 평균으로 대체해 준다면 [1, 2, 5, 5.5 5.5, 5.5, 5.5, 6, 9, 10]이 된다. 이렇게 되면 기존의 갖고 있던 분포와 매우 다르게 된다. 아래 그래프를 보면 평탄한 산 모양의 고른 분포를 가진 그래프가, 평균으로 대체 후 중간 부분만 블록 튀어나오게 되는 것을 볼 수 있다.

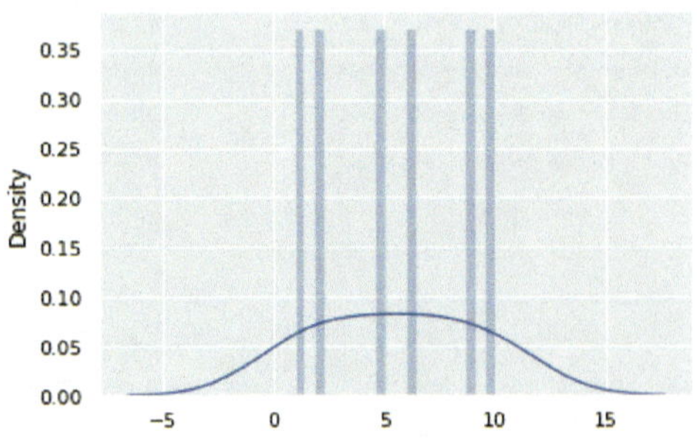

▲ 원래 데이터 distplot()

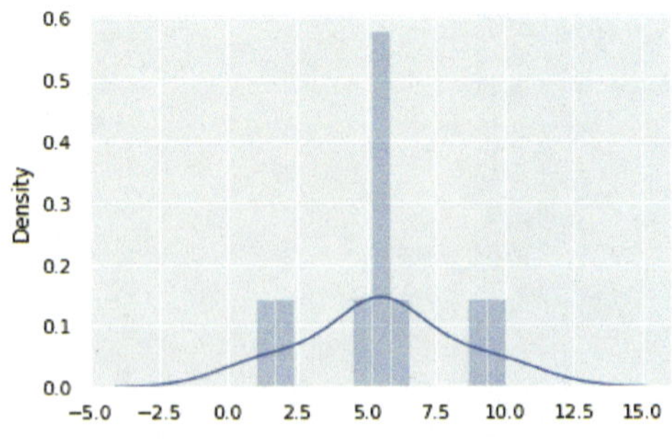

▲ 평균 대체 후 distplot()

아래 예제는 missing value를 평균에서 분산만큼 떨어져 있는 랜덤한 값들로 대체한 후 distplot()으로 확인해 본 결과 처음과 비슷한 분포가 나오는 것을 볼 수 있다. 이는 데이터 수가 더 커진다면 그러한 경향이 더 심해진다.

Code

```
import numpy as np
l = [1, 2, 5, 6, 9, 10]
std = np.std(l)
mean = np.mean(l)

rand_value = np.random.uniform(mean - std, mean + std, 4)
l.extend(rand_value)
sns.distplot(l)
```

Result

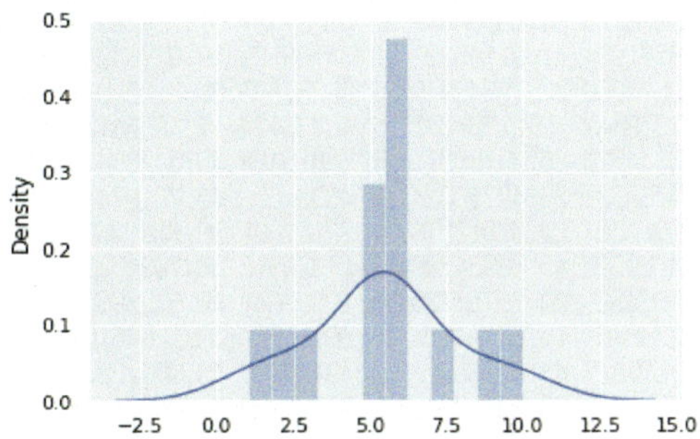

Age의 missing value를 대체하기 위해 age의 평균을 구하고, 표준편차를 구한 후 nan값이 몇 개인지를 구한다. 이후 평균(mean)에서 분산(std)만큼 떨어져 있는 랜덤한 값을 missing value 개수 만큼 생성하여 rand_age에 할당하고 확인해 보자.

Code

```
import numpy as np

mean = titanic.age.mean()# age의 평균
std = titanic.age.std()# age의 분산
size = titanic.age.isna().sum()# age의 nan 개수
# mean 에서 std 만큼 떨어져 있는 랜덤한 값들을 size 만큼 반환

rand_age = np.random.uniform(mean-std, mean+std, size)
print(rand_age)
```

Result

```
[20.75592346 21.91809312 27.18769078 34.14128274 38.54215577 30.73856482
 43.57415157 36.52673795 43.73289901 34.4589056  16.3253567  20.42183173
 42.89377257 32.65381774 22.540983   31.87130927 32.20123855 31.38103504
 40.91020932 35.25960251 42.07259828 19.22349922 31.85808523 25.03340671
 38.2537979  31.74497682 19.01823618 31.41235581 20.01234943 22.63150179
 42.2877182  39.34733179 21.69389718 17.59210787 15.47317731 27.84179962
 22.28225829 32.25368716 34.65904812 39.65227937 37.20438398 26.62086074
 25.4916533  32.13771954 41.91145287 15.34788189 19.92784943 31.13371828
 23.19693894 33.10514058 27.70343949 32.25251896 39.31222044 36.77563644
 40.94758448 32.47078649 32.21734992 39.40735434 17.48964121 35.99549749
 36.3640716  18.93644528 26.34168311 21.63816484 43.34286429 25.1020352
 40.30904424 38.7445852  25.42730024 25.4333167  43.79187444 39.12298811
 39.0325068  15.30887367 23.88912878 32.72121001 39.91883684 31.3438129
 25.75911393 15.54969625 43.38934788 18.14326812 38.79846291 38.97561183
 31.75041342 40.9966432  29.36754736 16.78383841 40.57559508 39.65842423
 34.50398738 39.9224046  15.64194336 16.88051634 36.12046166 34.86212057
 42.15614909 15.31668827 43.87356922 34.49139888 43.98170542 33.81262861
 16.73208241 26.70357244 39.09612219 26.88297062 41.00291438 17.48526277
 30.79666137 23.0544887  25.04412812 40.44473163 37.28090811 33.15932241
 37.63073856 31.47114801 31.04753613 25.88350614 32.73151896 20.09383282
 23.47513702 39.50484256 21.04998821 23.38005989 16.39930788 30.15071664
 27.69693994 18.07757445 35.96193332 18.85481814 16.17371276 35.65418035
 31.71005365 38.37649668 19.54439026 25.616909   39.39675479 39.99513609
 31.55525133 31.43721401 17.46867703 43.9318418  26.75448284 36.27790928
 41.36611466 24.48069858 39.93149286 24.13227714 31.87834885 40.47327631
 22.9042602  36.25892856 40.86227565 22.30486443 32.57344653 22.99314701
 18.06407925 37.33753347 36.57088163 36.967573   30.94449073 33.86260193
 17.30791307 24.54544052 37.9743169  35.65442879 34.23270227 41.22293181
 20.62381591 18.59774211 31.33403394 28.71851103 29.69080979 35.4333808
 23.24522003 33.28921594 31.01240392]
```

나이는 소수점을 가질 수 없으므로 정수형으로 바꾸어준다.

Code

```
rand_age = rand_age.astype(int)
```

다음으로 titanic['age']의 비어 있는 값을 rand_age로 대체한다. 결측값은 모두 177개이다. 기존 'age'열 중 비어 있는 값에 rand_age에 들어 있는 값을 차례로 넣어준다. 그리고 다시 nan 값이 있는지 확인해 보자.

Code

```
titanic.age[titanic.age.isnull()]
```

Result

```
5      NaN
17     NaN
19     NaN
26     NaN
28     NaN
        ..
859    NaN
863    NaN
868    NaN
878    NaN
888    NaN
Name: age, Length: 177, dtype: float64
```

Code

```
titanic.age[titanic.age.isnull()] = rand_age

titanic.isna().sum()
```

Result

```
survived    0
pclass      0
name        0
sex         0
age         0
sibsp       0
parch       0
fare        0
embarked    2
dtype: int64
```

대체 후 age의 distpolot()과 원본 age의 distplot()을 확인해 보면 비슷한 분포를 보이고 있음을 알 수 있다.

대체 후

```
1 sns.distplot(titanic.age)

/usr/local/lib/python3.6/dist-packages/seaborn/distributions
  warnings.warn(msg, FutureWarning)
<matplotlib.axes._subplots.AxesSubplot at 0x7f1bd60858d0>
```

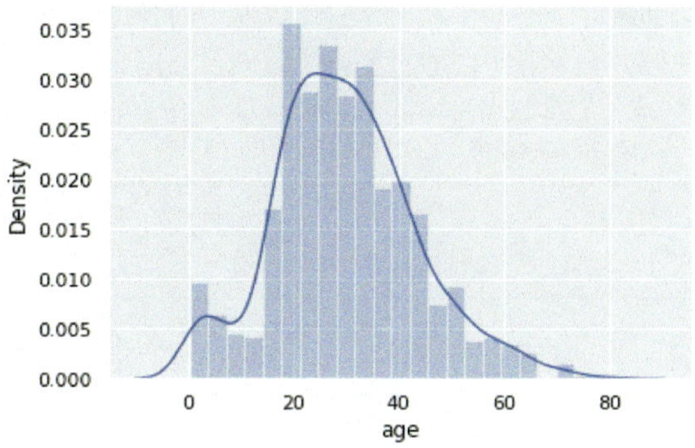

원본

```
titanic_original = pd.read_csv(
    'https://raw.githubusercontent.com/mwaskom/seaborn-data/master/raw/titanic.csv')
sns.distplot(titanic_original.age)
```

```
/usr/local/lib/python3.6/dist-packages/seaborn/distributions.py:2551: FutureWarning: `di
  warnings.warn(msg, FutureWarning)
<matplotlib.axes._subplots.AxesSubplot at 0x7f1bd602c240>
```

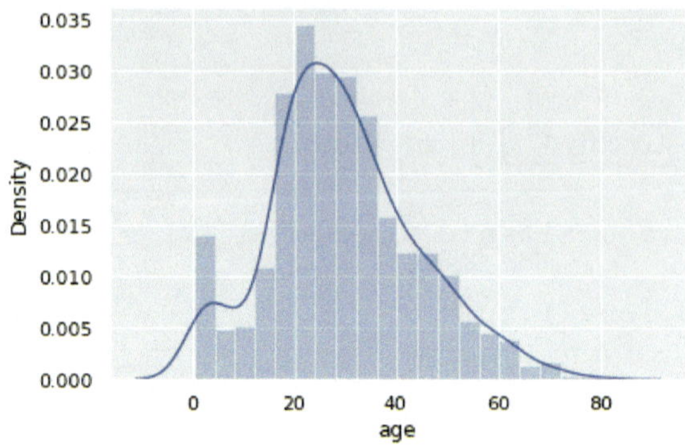

embarked의 경우는 2개만 결측값을 갖고 있으므로, 가장 많은 값인 'S'로 대체해 주는 방법을 택한다. describe()로 확인해 보면, 값이 들어있는 889개의 데이터에 3종류의 unique한 값이 있고, 가장 많은 것이 'S'이고, 총 644개이다.

Code

```
titanic['embarked'].describe()
```

Result

```
count     889
unique      3
top         S
freq      644
Name: embarked, dtype: object
```

Code

```
 # 'S'로 대체
titanic['embarked'].fillna('S', inplace=True)
 #'embarked 열에서 NaN의 개수
titanic['embarked'].isna().sum()
```

Result

```
0
```

Code	`titanic.info()`
Result	(see output below)

```
<class 'pandas.core.frame.DataFrame'>
RangeIndex: 891 entries, 0 to 890
Data columns (total 9 columns):
 #   Column    Non-Null Count  Dtype
---  ------    --------------  -----
 0   survived  891 non-null    int64
 1   pclass    891 non-null    int64
 2   name      891 non-null    object
 3   sex       891 non-null    object
 4   age       891 non-null    float64
 5   sibsp     891 non-null    int64
 6   parch     891 non-null    int64
 7   fare      891 non-null    float64
 8   embarked  891 non-null    object
dtypes: float64(2), int64(4), object(3)
memory usage: 62.8+ KB
```

Feature Engineering

여러 개의 feature를 조합하거나, 기존 feature에서 새로운 정보를 추출해 새로운 feature를 만드는 것을 Feature Engineering이라고 한다. titanic에서는 'name' 항목에 그 사람의 직위(title)가 존재한다. 따라서 필요없는 'name'은 없애고, 승객 군으로 나누어 보자.

먼저 name을 확인해 보자. 이름에서 '.'앞에 붙은 단어가 승객 유형을 나타내는 승객 군이 될수 있다.

Code	`titanic.name`
Result	(see output below)

```
0                                  Braund, Mr. Owen Harris
1        Cumings, Mrs. John Bradley (Florence Briggs Th...
2                                   Heikkinen, Miss. Laina
3             Futrelle, Mrs. Jacques Heath (Lily May Peel)
4                                 Allen, Mr. William Henry
                              ...
886                                  Montvila, Rev. Juozas
887                           Graham, Miss. Margaret Edith
888               Johnston, Miss. Catherine Helen "Carrie"
889                                  Behr, Mr. Karl Howell
890                                    Dooley, Mr. Patrick
Name: name, Length: 891, dtype: object
```

for문을 이용해서 승객 군(title)을 구분해 보자.

Code

```python
for name in titanic.name:
  for item in name.split(' '):
    if '.' in item:
      print(item[:-1])
```

위의 작업을 모든 데이터에 적용하려면 for문을 두 번 사용해야 해서 코드도 길어지고, 시간도 오래 걸린다.

정규표현식을 사용하여 한 줄로 표현해 보자. 정규표현식이란 문자열을 매우 간편하게 처리할 수 있도록 하는 수단이다.

- str.extract(): 판다스 내장함수, 열안에서 ()안 조건에 부합하는 string을 추출
- '([A-Za-z]+)₩.' : 기존 문자열 중에서 ' '(공백)으로 시작해 '.'(점)으로 끝나는 하나 이상의 알파벳을 가져오는 정규표현식이다.

Code

```python
titanic['name'].str.extract(' ([A-Za-z]+)\.', expand=False)
```

Result

```
0        Mr
1       Mrs
2      Miss
3       Mrs
4        Mr
       ...
886     Rev
887    Miss
888    Miss
889      Mr
890      Mr
Name: name, Length: 891, dtype: object
```

정규 표현식으로 승객군(Mr, Mrs, Miss 등)을 추출해서 기존 데이터셋에 'title'이라는 이름의 열로 추가해 보자.

Code

```
titanic['title'] =
        titanic['name'].str.extract(' ([A-Za-z]+)\.', expand=False)
titanic
```

Result

	survived	pclass	name	sex	age	sibsp	parch	fare	embarked	title
0	0	3	Braund, Mr. Owen Harris	male	22.0	1	0	7.2500	S	Mr
1	1	1	Cumings, Mrs. John Bradley (Florence Briggs Th...	female	38.0	1	0	71.2833	C	Mrs
2	1	3	Heikkinen, Miss. Laina	female	26.0	0	0	7.9250	S	Miss
3	1	1	Futrelle, Mrs. Jacques Heath (Lily May Peel)	female	35.0	1	0	53.1000	S	Mrs
4	0	3	Allen, Mr. William Henry	male	35.0	0	0	8.0500	S	Mr
...	...	...	...	...	...	...	...	...	...	...
886	0	2	Montvila, Rev. Juozas	male	27.0	0	0	13.0000	S	Rev
887	1	1	Graham, Miss. Margaret Edith	female	19.0	0	0	30.0000	S	Miss
888	0	3	Johnston, Miss. Catherine Helen "Carrie"	female	31.0	1	2	23.4500	S	Miss
889	1	1	Behr, Mr. Karl Howell	male	26.0	0	0	30.0000	C	Mr
890	0	3	Dooley, Mr. Patrick	male	32.0	0	0	7.7500	Q	Mr

891 rows × 10 columns

숫자가 아닌 데이터를 기준으로 기술 통계량을 확인해 보자. ‘title’ 컬럼의 unique한 값은 총 17개이다. 따라서 승객군은 17개로 나누어지고, 가장 많이 나오는 빈도는 ‘Mr’로, 517명이다.

Code

```
titanic.describe(include=['O'])
```

Result

	sex	embarked	title
count	891	891	891
unique	2	3	17
top	male	S	Mr
freq	577	646	517

이제 name은 무의미하므로 삭제한다.

Code

```
titanic.drop('name', inplace=True, axis=1)
```

Result

나이는 세부적인 것 보다 10대인지 20대인지처럼 구간으로 설정하여 보는 것이 더 정확하고, 성능을 좋게 할 수 있다. pd.cut()을 이용하여 구간을 설정해 확인해 본 후, 열(age_band)을 추가해 보자. 5개의 구간으로 나누고, age_band열을 추가한다.

Code

```
pd.cut(titanic.age, bins=5)
```

Result

```
0      (16.336, 32.252]
1      (32.252, 48.168]
2      (16.336, 32.252]
3      (32.252, 48.168]
4      (32.252, 48.168]
             ...
886    (16.336, 32.252]
887    (16.336, 32.252]
888    (16.336, 32.252]
889    (16.336, 32.252]
890    (16.336, 32.252]
Name: age, Length: 891, dtype: category
Categories (5, interval[float64]): [(0.34, 16.336] < (16.336, 32.252] < (32.252, 48.168] <
                                    (48.168, 64.084] < (64.084, 80.0]]
```

Code

```
titanic['age_band'] = pd.cut(titanic.age, bins=5)
titanic.head()
```

Result

	survived	pclass	sex	age	sibsp	parch	fare	embarked	title	age_band
0	0	3	male	22.0	1	0	7.2500	S	Mr	(16.336, 32.252]
1	1	1	female	38.0	1	0	71.2833	C	Mrs	(32.252, 48.168]
2	1	3	female	26.0	0	0	7.9250	S	Miss	(16.336, 32.252]
3	1	1	female	35.0	1	0	53.1000	S	Mrs	(32.252, 48.168]
4	0	3	male	35.0	0	0	8.0500	S	Mr	(32.252, 48.168]

구간으로 나눈 것이 의미가 있는지 pivot table을 이용해 확인해 보자.

피벗 테이블이란 데이터 프레임의 데이터를 요약하는 통계표이다. 요약에는 합계, 평균, 기타 통계가 포함되어 있으며, 유용한 정보에 집중할 수 있도록 통계를 정렬 또는 재정렬(피벗)해 보여준다.

각 'age_band별로 평균 survived가 어느 정도인지 보여주는 피벗 테이블을 생성해 보자.

Code

```
pd.pivot_table(titanic, values='survived', columns='age_band', aggfunc='mean')
```

Result

age_band	(0.34, 16.336]	(16.336, 32.252]	(32.252, 48.168]	(48.168, 64.084]	(64.084, 80.0]
survived	0.517857	0.348624	0.38403	0.434783	0.090909

나이 구간에 따라서 생존율이 유의미하게 차이나는 것을 확인할 수 있다. 다음은 title별로 생존율을 보여주는 피벗 테이블을 만들어 보자. pass 지우고 아래 결과가 되도록 코드를 완성해 보세요.

Code

```
pass
```

Result

title	Capt	Col	Countess	Don	Dr	Jonkheer	Lady	Major	Master	Miss	Mlle	Mme	Mr	Mrs	Ms	Rev	Sir
survived	0.0	0.5	1.0	0.0	0.428571	0.0	1.0	0.5	0.575	0.697802	1.0	1.0	0.156673	0.792	1.0	0.0	1.0

머신러닝을 하기 위해서는 참여하는 모든 feature는 수치형으로 바뀌어야 한다. age_band열을 drop하기 위해, 나눈 범위를 토대로 age열의 값들을 0~4까지의 수치형 데이터로 변경해 보자.

◆ 숫자 의미

0	Child
1	Young
2	Middle
3	Prime
4	Old

Code

```
titanic.loc[titanic['age'] <= 16, 'age'] = 0
titanic.loc[(titanic['age'] > 16) & (titanic['age'] <= 32), 'age'] = 1
titanic.loc[(titanic['age'] > 32) & (titanic['age'] <= 48), 'age'] = 2
titanic.loc[(titanic['age'] > 48) & (titanic['age'] <= 64), 'age'] = 3
titanic.loc[ titanic['age'] > 64, 'age'] = 4
titanic.head()
```

Result

	survived	pclass	sex	age	sibsp	parch	fare	embarked	title	age_band
0	0	3	male	1.0	1	0	7.2500	S	Mr	(16.336, 32.252]
1	1	1	female	2.0	1	0	71.2833	C	Mrs	(32.252, 48.168]
2	1	3	female	1.0	0	0	7.9250	S	Miss	(16.336, 32.252]
3	1	1	female	2.0	1	0	53.1000	S	Mrs	(32.252, 48.168]
4	0	3	male	2.0	0	0	8.0500	S	Mr	(32.252, 48.168]

age_band는 이제 필요 없으므로 삭제한다.

Code

```
titanic.drop(['age_band'],axis=1,inplace=True)
titanic.head()
```

Result

	survived	pclass	sex	age	sibsp	parch	fare	embarked	title
0	0	3	male	1.0	1	0	7.2500	S	Mr
1	1	1	female	2.0	1	0	71.2833	C	Mrs
2	1	3	female	1.0	0	0	7.9250	S	Miss
3	1	1	female	2.0	1	0	53.1000	S	Mrs
4	0	3	male	2.0	0	0	8.0500	S	Mr

두 개 이상의 feature를 조합해서 새로운 feature를 생성해 보자. sibsp와 parch를 합쳐서 solo라는 항목을 생성해 보자. 혼자 탑승했으면 1, 아니면 0이 되도록 새로운 feature를 생성해 보자. ((titanic.sibsp + titanic.parch) == 0)의 결과는 True 또는 False가 되고, 이를 .astype()으로 자료형을 int로 변경하면 True는 1로, False는 0이 된다.

Code

```
((titanic.sibsp + titanic.parch) == 0)
```

Result

```
0      False
1      False
2       True
3      False
4       True
        ...
886     True
887     True
888    False
889     True
890     True
Length: 891, dtype: bool
```

Code

```
titanic['solo']=((titanic.sibsp + titanic.parch) == 0)
titanic['solo']=titanic.solo.astype(int)
titanic.head()
```

Result

	survived	pclass	sex	age	sibsp	parch	fare	embarked	title	solo
0	0	3	male	1.0	1	0	7.2500	S	Mr	0
1	1	1	female	2.0	1	0	71.2833	C	Mrs	0
2	1	3	female	1.0	0	0	7.9250	S	Miss	1
3	1	1	female	2.0	1	0	53.1000	S	Mrs	0
4	0	3	male	2.0	0	0	8.0500	S	Mr	1

age 열도 .astype(int)을 이용해 정수형으로 변경해 준다.

Code

```
titanic.age = titanic.age.astype(int)
titanic.head()
```

Result

	survived	pclass	sex	age	sibsp	parch	fare	embarked	title	solo
0	0	3	male	1	1	0	7.2500	S	Mr	0
1	1	1	female	2	1	0	71.2833	C	Mrs	0
2	1	3	female	1	0	0	7.9250	S	Miss	1
3	1	1	female	2	1	0	53.1000	S	Mrs	0
4	0	3	male	2	0	0	8.0500	S	Mr	1

이제 필요없는 sibsp와 parch를 drop()해준다.

Code

```
titanic.drop(['sibsp','parch'], axis=1, inplace=True)
titanic
```

Result

	survived	pclass	sex	age	fare	embarked	title	solo
0	0	3	male	1	7.2500	S	Mr	0
1	1	1	female	2	71.2833	C	Mrs	0
2	1	3	female	1	7.9250	S	Miss	1
3	1	1	female	2	53.1000	S	Mrs	0
4	0	3	male	2	8.0500	S	Mr	1
...	...	...	...	...	...	...	...	...
886	0	2	male	1	13.0000	S	Rev	1
887	1	1	female	1	30.0000	S	Miss	1
888	0	3	female	1	23.4500	S	Miss	0
889	1	1	male	1	30.0000	C	Mr	1
890	0	3	male	1	7.7500	Q	Mr	1

891 rows × 8 columns

모든 항목이 수치형인지 확인해 보자.

Code

```
titanic.info()
```

Result

```
<class 'pandas.core.frame.DataFrame'>
RangeIndex: 891 entries, 0 to 890
Data columns (total 8 columns):
 #   Column    Non-Null Count  Dtype
---  ------    --------------  -----
 0   survived  891 non-null    int64
 1   pclass    891 non-null    int64
 2   sex       891 non-null    object
 3   age       891 non-null    int64
 4   fare      891 non-null    float64
 5   embarked  891 non-null    object
 6   title     891 non-null    object
 7   solo      891 non-null    int64
dtypes: float64(1), int64(4), object(3)
memory usage: 55.8+ KB
```

아직 수치형으로 변경되는 않은 3개의 feature에 대해 수치형으로 변경해 보자. 먼저 fare는 소수점 5자리까지 사용하고 있다. 이를 int로 바꿔 준다.

Code

```
titanic['fare'] = titanic['fare'].astype(int)
titanic.info()
```

Result

```
<class 'pandas.core.frame.DataFrame'>
RangeIndex: 891 entries, 0 to 890
Data columns (total 8 columns):
 #   Column    Non-Null Count  Dtype
---  ------    --------------  -----
 0   survived  891 non-null    int64
 1   pclass    891 non-null    int64
 2   sex       891 non-null    object
 3   age       891 non-null    int64
 4   fare      891 non-null    int64
 5   embarked  891 non-null    object
 6   title     891 non-null    object
 7   solo      891 non-null    int64
dtypes: int64(5), object(3)
memory usage: 55.8+ KB
```

다음은 title을 numerical하게 바꾼 후, name항목을 삭제해보자.

① 먼저 title 안에 어떤 값이 있는지 확인 – 데이터셋.title.unique()

② 중복되는 표현을 통일 – 데이터열.replace('이전', '이후')

③ numerical 데이터로 인코딩

④ name 항목 삭제

title는 17개의 고유값을 가지고 있는 것을 확인할 수 있다.

Code

```
# ① title 안에 어떤 값들이 있는지 확인
print(titanic.title.unique())
print(titanic.title.nunique())
```

Result

```
['Mr' 'Mrs' 'Miss' 'Master' 'Don' 'Rev' 'Dr' 'Mme' 'Ms' 'Major' 'Lady'
 'Sir' 'Mlle' 'Col' 'Capt' 'Countess' 'Jonkheer']
17
```

title별로 개수를 확인해 보고, 중복되는 표현들을 합쳐서 표현해 보자. 객체 수가 적은 것들은 Other로, Mlle와 Miss, Mme와 Mrs, Ms와 Miss를 합쳐 준 후, 확인해 보면 5개의 카테고리를 변경된 것을 확인할 수 있다.

Code

```
# ② 중복되는 표현 통일
# 개체수가 적은 것들은 Other로 통일 / Mlle과 Miss / Mme과 Mrs / Ms와 Miss
titanic['title'] = titanic['title'].replace(['Capt', 'Col', 'Countess',
'Don','Dona', 'Dr', 'Jonkheer', 'Lady','Major', 'Rev', 'Sir'], 'Other')
titanic['title'] = titanic['title'].replace('Mlle', 'Miss')
titanic['title'] = titanic['title'].replace('Mme', 'Mrs')
titanic['title'] = titanic['title'].replace('Ms', 'Miss')
titanic.title.unique()
```

Result

```
array(['Mr', 'Mrs', 'Miss', 'Master', 'Other'], dtype=object)
```

위 코드에서 변경된 title를 인코딩을 통해 수치형으로 변경해 보자. numerical 데이터로 인코딩하기 위해 LabelEncoder를 불러오고, LableEncoder()객체를 생성 후 fit_transform()을 통해 title에 맞게 인코딩 후 결과를 title열을 갱신시킨다.

Code

```
# ③ numerical 데이터로 인코딩(LabelEncoder 사용)
from sklearn.preprocessing import LabelEncoder
encoder = LabelEncoder()
titanic.title = encoder.fit_transform(titanic.title)
titanic.head()
```

Result

	survived	pclass	sex	age	fare	embarked	title	solo
0	0	3	male	1	7	S	2	0
1	1	1	female	2	71	C	3	0
2	1	3	female	1	7	S	1	1
3	1	1	female	2	53	S	3	0
4	0	3	male	2	8	S	2	1

불필요한 name을 삭제한다.

Code

```
# ④ name 항목 삭제
titanic.drop('name', axis=1, inplace=True)
titanic.head()
```

Result

	survived	pclass	sex	age	fare	embarked	title	solo
0	0	3	male	1	7	S	2	0
1	1	1	female	2	71	C	3	0
2	1	3	female	1	7	S	1	1
3	1	1	female	2	53	S	3	0
4	0	3	male	2	8	S	2	1

inverse_transform을 이용하면 역으로 원래 문자열 데이터를 확인할 수 있다.

```
encoder.inverse_transform([0,1,2,3,4])

array(['Master', 'Miss', 'Mr', 'Mrs', 'Other'], dtype=object)
```

성별(sex) 항목도 수치형으로 변환해주자.

Code

```
genders = titanic.sex.map({'male':0, 'female':1})
titanic['sex'] = genders
titanic.head()
```

Result

	survived	pclass	sex	age	fare	embarked	title	solo
0	0	3	0	1	7	S	2	0
1	1	1	1	2	71	C	3	0
2	1	3	1	1	7	S	1	1
3	1	1	1	2	53	S	3	0
4	0	3	0	2	8	S	2	1

embarked 항목도 변경해 보자. unique()로 확인해 본 결과 3개의 카테고리로 되어 있다. map()을 이용해 수치형으로 변경해 보자.

Code

```
titanic.embarked.unique()
```

Result

```
array(['S', 'C', 'Q'], dtype=object)
```

Code

```
titanic['embarked'] = titanic.embarked.map({'S':0, 'C':1, 'Q':2})
titanic.head()
```

Result

	survived	pclass	sex	age	fare	embarked	title	solo
0	0	3	0	1	7	0	2	0
1	1	1	1	2	71	1	3	0
2	1	3	1	1	7	0	1	1
3	1	1	1	2	53	0	3	0
4	0	3	0	2	8	0	2	1

데이터 피처링을 통해 모든 feature가 수치형으로 변경되어 모델에 넣을 준비가 되었다.

scikit-learn 모델로 성능 검증하기

데이터 전처리와 모델에 사용하기 위해서 전처리 방법을 살펴보았다. 실제 전처리가 모델 성능에 어떤 영향을 미치는지 확인해 보자.

scores(x,y)함수는 x에 feature를, y에 예측하고자 하는 output을 넣어주면 4개의 모델 logistic regression, SVM, KNN, Random Forest로 훈련한 정확도를 보여준다. scores()함수를 이용해 어느 정도의 성능이 나오는지 확인해 보자. 타이타닉 데이터에서 label은 생존여부이다. 따라서 모델은 로지스틱 회귀(Logistic Regression)를 사용해서 성능을 확인해 보자. 로지스틱 회귀는 회귀 분석을 통해서 데이터를 0과 1사이의 확률로 예측하고, 구해진 확률에 따라서 가능성이 더 높은 범주에 속하는 것으로 '분류'하는 지도학습 알고리즘이다. 예를 들어 확률 0.5를 임계값으로 설정한다면 0.5보다 작으면 False, 0.5 이사이면 True로 분류하게 된다. 범주형 자료에 대해서 이진 분류를 할 경우 대표적인 사용하는 모델이다.

먼저 필요한 패키지를 불어온다. 우리는 이진 분류를 위해 선형 모델 중 분류를 위해 LogisticRegression 라이브러리를 불러 오고, 데이터를 분리하기 위해 train_test_split 라이브러리를 불러온다.

Code

```
from sklearn.linear_model import LogisticRegression
from sklearn.model_selection import train_test_split
```

함수를 직접 만들어 사용해 보자.

train_logistic_model()이라는 이름의 사용자 정의 함수를 만들어보자. 이 함수는 두 개의 인자를 받아 데이터를 모델에 학습시키고 성능을 확인하는 함수이다.

❶ train_logistic_model(x,y) 라는 함수를 정의

❷ 모델은 LogisticRegression을 사용, 최적화를 위한 반복 횟수는 1000번으로 설정

*LogisticRegression : 사건의 발생 가능성을 예측하는데 사용되는 통계 기법

❸ 학습을 위해 train셋과 test셋 분리(비율은 8:2로 설정)

❹ x_train과 y_train 데이터로 모델을 학습시키기

❺ x_test 데이터로 모델의 성능을 평가하고 Y_pred라는 변수에 선언

❻ 모델 변수.score(x_train, y_train)을 사용하여 소수점 둘째 자리까지 표현하는 확률 출력

max_iter는 model.fit()에서 최대 시도 횟수를 뜻한다. 1000으로 설정되어 1000번 시도하게 된다. 디폴트로 100이 설정되어 있으며, 기본 세팅을 그대로 사용시 데이터가 복잡하여 실행되지 않는다.

Code 함수1

```
def train_logistic_model(x,y):
  # 모델 정의
  model = LogisticRegression(max_iter=1000)
  # Train / Test셋 분리
  x_train, x_test, y_train, y_test=
           train_test_split(x,y,test_size=0.2)
  # 모델 학습
  model.fit(x_train,y_train)
  # 모델 테스트 셋을 예측
  Y_pred = model.predict(x_test)
  print('---'*5 + 'train_test_split 20/80')
  # 스코어 출력
  print('Logistic Regression' ,
        round(model.score(x_test, y_test) * 100, 2))
  print('---'*5)
  return model
```

두 번째 함수는 특정 데이터를 입력하고, 그 데이터에 대한 생존 확률을 구해주는 함수로 predict_survival_prob라는 이름의 함수를 정의해 보자.

❶ predict_survival_prob(model,x) 라는 함수를 정의

❷ 모델변수.predict_proba(x)를 사용하여 특정 데이터에 대한 생존 확률 출력

Code 함수2

```
def predict_survival_prob(model, x):
  print('---'*5 + 'printing survival probablity')
  print('By Logistic Regression probablity of survival ',
         np.round(model.predict_proba(x)[:,1]*100,2))
  print('---'*5)
```

다음은 예측하고자 하는 목표인 survived 가 y이고, 나머지는 feature로 데이터를 분리해 보자.

Code

```
x = titanic.drop('survived', axis=1)
y = titanic.survived

print(x)
print(y)
```

Result

```
     pclass  sex  age  fare  embarked  title  solo
0         3    0    1     7         0      2     0
1         1    1    2    71         1      3     0
2         3    1    1     7         0      1     1
3         1    1    2    53         0      3     0
4         3    0    2     8         0      2     1
..      ...  ...  ...   ...       ...    ...   ...
886       2    0    1    13         0      4     1
887       1    1    1    30         0      1     1
888       3    1    1    23         0      1     0
889       1    0    1    30         1      2     1
890       3    0    1     7         2      2     1

[891 rows x 7 columns]
0      0
1      1
2      1
3      1
4      0
      ..
886    0
887    1
888    0
889    1
890    0
Name: survived, Length: 891, dtype: int64
```

정의한 함수 train_logistic_model()로 훈련시키고 정확도를 확인해 보자. 훈련데이터와 테스트 데이터는 80:20로 분리했으며, 정확도는 78.21로 나타냈다.

Code

```
model = train_logistic_model(x, y)
```

Result

```
---------------train_test_split 20/80
Logistic Regression 78.21
---------------
```

첫 번째 인덱스의 데이터로 예측한 값을 확인해 보자. 첫 번째 인덱스 데이터는 1등급, 남자로 17~32이하의 나이 그룹의 청년이며, 솔로가 아닌 사람으로 생존했음을 확인할 수 있다. predict(x.iloc[1])로 예측한 결과도 생존으로 나타났다.

Code

```
print(x.iloc[1], y.iloc[1])
```

Result

```
pclass       1
sex          1
age          2
fare        71
embarked     1
title        3
solo         0
Name: 1, dtype: int64 1
```

Code

```
model.predict([x.iloc[1]])
```

Result

```
array([1])
```

아래 그림은 타이타닉 실존 인물들이다.

이는 https://www.encyclopedia-titanica.org/titanic-survivors/ 사이트에서 타이타닉 실존 인물들 데이터를 확인할 수 있다.

Name	Age	Class/Dept	
ABBOTT, Mrs Rhoda Mary 'Rosa'	39	3rd Class Passenger	
ABELSETH, Miss Kalle (Karen) Marie Kristiane	16	3rd Class Passenger	
ABELSETH, Mr Olaus Jørgensen	25	3rd Class Passenger	

참조: Encyclopedia Titanica

우리는 모델을 테스트하기 위해 위의 사이트에서 실존했던 인물들의 데이터를 사용해서 확인해 보자.

ABBOTT, Mrs Rhoda Mary 'Rosa' 39 3rd Class Passenger

가족과 함께 Southhampton에서 탑승했고, 티켓값은 20.5였던 것을 확인할 수 있다. 칭호는 Mrs이므로 3으로 인코딩해서 예측해 보면 아래 코드와 같다. feature는 3등석, 여자(1), 39세 (age_band 2), 20유로, embarked(southhampthon), solo여부(0), 칭호(title:Mrs(3))이다. 생존확률은 37.36%로 나타났다.

Rhoda Mary 'Rosa' Abbott

Home / Titanic Survivor / Mrs Rhoda Mary 'Rosa' Abbott

Rhoda Mary 'Rosa' Abbott

Mrs Stanton Abbott (?Rosa ?Rhoda), 35, of Providence, Rhode Island, was the wife of Stanton Abbott, a former middleweight champion of England, but had separated from him in early 1911. She was of medium height, had a dark complexion, and long, dark hair. Mrs Abbott supported herself and her sons Rossmore (16) and Eugene (13) by sewing. She was also a soldier in the Salvation Army.

Code

```
test_input = [[3,1,2,20,0,3,0]]
predict_survival_prob(model, test_input)
```

Result

```
---------------printing survival probablity
By Logistic Regression probablity of survival  [37.36]
---------------
```

퀴즈 본인의 데이터로 생존률을 출력해 보자.

● 분류 모형의 평가

정확도외 모델 평가 방법은 아래와 같다.

- 정확도(Accuracy) : 예측이 맞은 것의 비율 (True를 True라, False을 False이라 맞춘 비율)
- 정밀도(Precision) : True라고 예측한 것 중 실제 True의 비율
- 재현율(Recall) : 실제 True 중 True라 예측한 것의 비율
- F1 Score : 정밀도와 재현율의 조화평균

◆ Confusion Matrix

구분		예측값	
		Positive	Negative
실제값	Positive	a	b
	Negative	c	d

평가 방법	계산
정확도(Accuracy)	(a+d)/(a+b+c+d)
오분류율(Error rate)	(b+c)/(a+b+c+d)
민감도(Sensitivity) or 재현율(recall)	a/(a+b)
특이도(Specificity)	d/(c+d)
정밀도(Precision)	a/(a+c)
F 값	2 * ((정밀도*재현율)/(정밀도+재현율))

아래 코드는 타이타닉 생존 여부를 로지스틱 회귀 모델로 예측하고 분류모델을 평가하는 전체 코드이다.

Code

```
from sklearn.metrics import confusion_matrix, accuracy_score,
                           precision_score, recall_score, f1_score
from sklearn.metrics import roc_auc_score
# 로지스틱 회귀 모델을 객체화 선언
model = LogisticRegression()
#훈련데이터와 테스트 데이터 분리
x_train, x_test, y_train, y_test = train_test_split(x,y,test_size=0.2)
# 모델 학습
model.fit(x_train,y_train)
# 예측 값
pred=model.predict(x_test)
#예측 정도
pred_proba = model.predict_proba(x_test)[:,1]

# 위에서 만든 평가 수행 함수를 사용!!
confusion = confusion_matrix( y_test, pred)
accuracy = accuracy_score(y_test , pred)
precision = precision_score(y_test , pred)
recall = recall_score(y_test , pred)
f1 = f1_score(y_test,pred)
print('Confusion Matrix')
print(confusion)
print(f'정확도: {accuracy:.4f}, 정밀도: {precision:.4f},
                      재현율: {recall:.4f}, F1: {f1:.4f}')
```

Result

```
Confusion Matrix
[[92 15]
 [21 51]]
정확도: 0.7989, 정밀도: 0.7727, 재현율: 0.7083, F1: 0.7391
```

4.5 비지도학습-군집

군집(Cluster)은 비슷한 특징을 가진 데이터들의 그룹을 의미한다. 군집 분석은 정답을 모델 훈련단계에 사용하지 않는 것이 지도학습의 분류(classification)와 다른 점이다. 그러나 데이터의 특징에 따라 서로 다른 그룹으로 묶으므로 지도학습의 분류와 비슷한 결과를 얻을 수 있다. 군집이 필요한 영역은 생물학에서 종을 분류하거나 평소와 다른 오류, 위험, 고장, 범죄, 사고 등의 이상 탐지에 사용될 수 있다. 즉, 분류 기준이 없는 상태에서 데이터 속성을 고려해 스스로 N개의 소그룹으로 그룹핑(Clustering)하는 분석법이다. 유사성이 높은 대상 데이터를 묶고, 서로 다른 그룹에 속한 데이터 개체간의 이질성을 계산하는 과정을 거친다. 군집 분석은 목표 그룹이 정해져 있지 않기 때문에 군집 분석의 방법에 따라 결과가 차이가 날 수 있다. 따라서 평가의 기준을 정하는 것이 중요한 과제 가운데 하나이다.

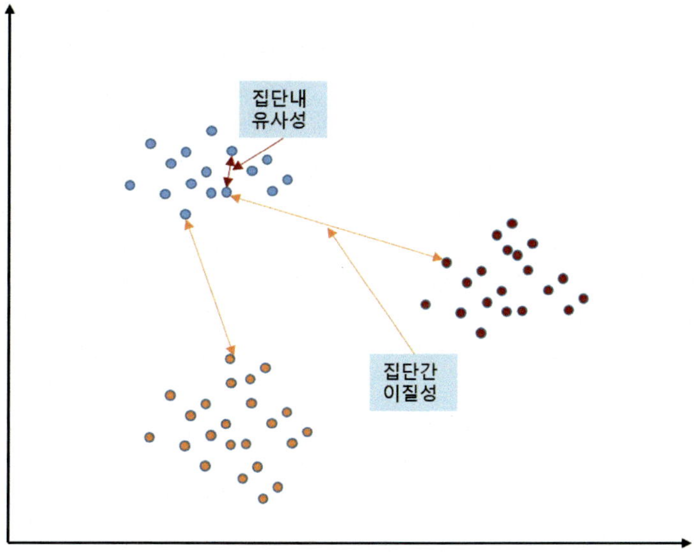

▲ 군집분석 예

이 책에서는 군집 분석 방법 중 가장 널리 사용되는 k-means알고리즘을 사용한다. 비슷한 특성을 가진 데이터를 군집으로 만드는 방법은 유사도를 이용하여 그룹을 나누는 것이다. 유사도를 측정하는 방법은 여러 가지지만 그중 데이터 사이의 거리를 측정하는 방법이 가장 단순하고 쉽다. 데이터간의 거리를 기반으로 유사도(similarity)를 측정하여 거리가 가까우면 같은 그룹, 거리가 멀면 다른 그룹으로 정하면 된다. 거리가 가까울수록 유사성이 크고, 거리가 멀수록 유사성이 적다.

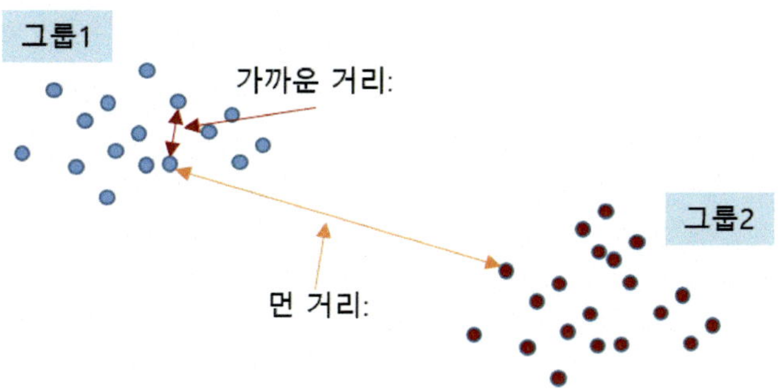

▲ 군집의 방법

◆ 클러스터링의 평가 방법

군집의 목적은 클래스의 구분이 없는 데이터를 그룹으로 묶어 클래스를 부여하는 것이다. 지도학습에서는 클래스 개수가 정해져 있지만 비지도학습에서는 몇 개의 그룹으로 설정할 것인지가 중요한 문제이다. 클러스터를 몇 개로 나누어야 효율적인지를 평가하는 방법은 오차제곱합(SSE: Sum of Squared Error)을 이용한다. SSE는 모든 데이터들의 거리를 구한 후 오차를 계산한다. 아래 그림에서 SSE_1의 그룹의 중심은 C_1이고 x_i는 데이터이다. 그룹1의 데이터는 총 4개의 데이터가 있고 x_1에서 x_4까지의 거리 제곱을 구하여 전부 더한다. SSE_2 역시 같은 방법으로 모든 데이터간의 거리의 제곱의 합을 구한 후 각 그룹의 SSE_i를 모두 더한 값이 오차 제곱합(SSE)가 된다.

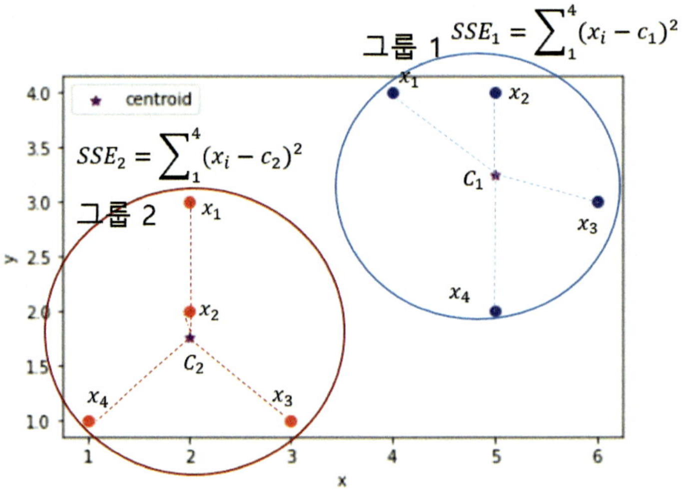

k값의 변화에 따라 SSE를 계산하면 SSE값이 급격히 줄어드는 부분이 발견된다. 이를 엘보 포인트(elbow point)라고 하며, 이때의 k값이 최적의 클러스터링의 개수가 된다. 아래 그림은 x축은 k로 클러스터의 개수이며, y축은 클러스터의 수에 따른 SSE를 나타낸다. 위의 그래프의 최적의 클러스터의 개수는 2임을 알 수 있다.

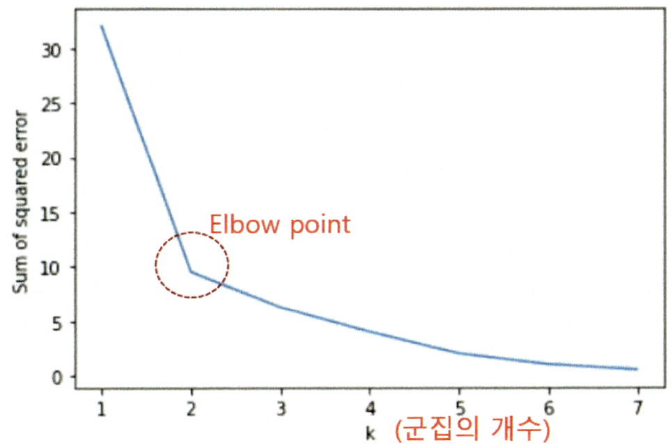

◆ k–Means(k–평균)알고리즘

k-Means는 군집 분석에서 가장 많이 사용하는 알고리즘이다. k는 데이터에서 클러스터의 수를 의미하고, means는 중심(centroid)와 같은 클러스터의 데이터와의 거리의 평균을 의미한다. k-Means 알고리즘은 아래 순서도와 같이 4단계로 나눈다.

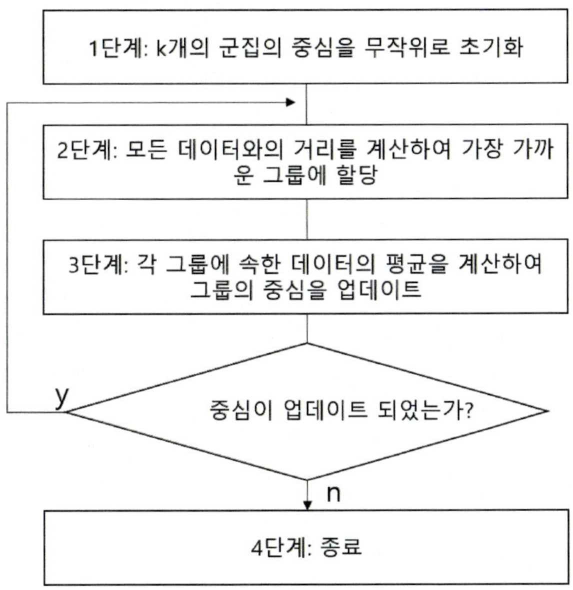

1단계에서는 두 중심의 좌표를 무작위로 초기화 한다. 데이터는 총 8개로 x,y로 아래 표와 같고, 초기 상태의 그래프이다.

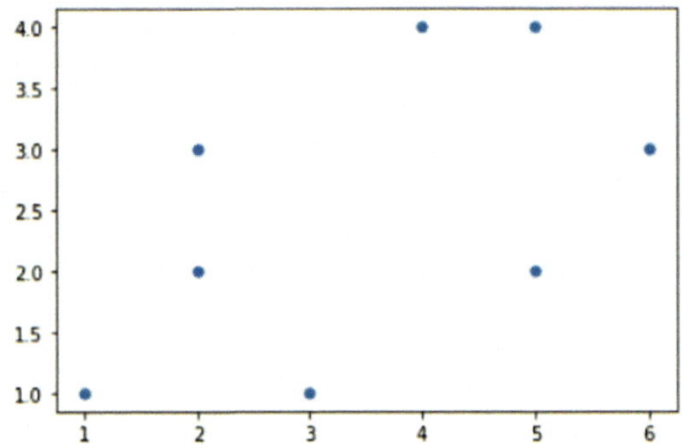

no	x	y
1	1	1
2	2	2
3	2	3
4	3	1
5	4	4
6	5	2
7	5	4
8	6	3

2개의 클러스터를 랜덤하게 C_1, C_2 중심 좌표로 표현하여 그래프로 나타내면 다음과 같다.

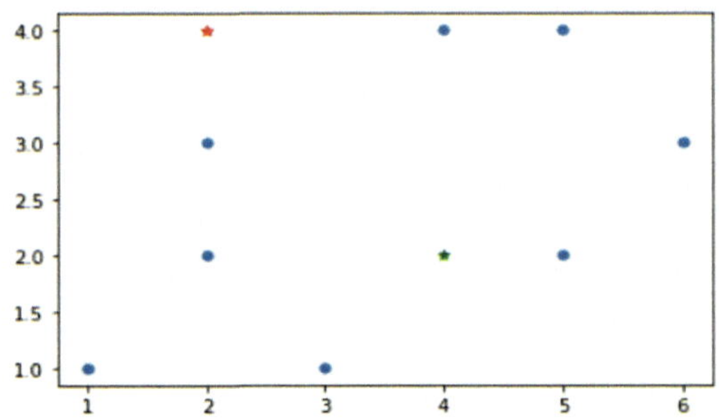

클러스터 중심	x	y
C_1(red)	2	4
C_2(green)	4	2

2단계, 현재의 중심 좌표를 기준으로 거리를 계산하고, 가까운 거리로 클러스터링한다. 이때 거리계산은 유클리디안 거리를 이용한다.

유클리디안 거리 계산 예시: $d(X_1, C_1) = \sqrt{(2-1)^2 + (4-1)^2} = \sqrt{10} \fallingdotseq 3.2$

데이터(x,y)	$d(X,C_1)$	$d(X,C_2)$	클러스터링
$X_0(1,1)$	3.2	3.2	C_1
$X_1(2,2)$	2.0	2.0	C_1
$X_2(2,3)$	1.0	2.2	C_1
$X_3(3,1)$	3.2	1.4	C_2
$X_4(4,4)$	2.0	2.0	C_1
$X_5(5,2)$	3.6	1.0	C_2
$X_6(5,4)$	3.0	2.2	C_2
$X_7(6,3)$	4.1	2.2	C_2

3단계, C_1에 속한 데이터의 평균과 C_2에 속한 데이터의 평균을 계산하여 각 그룹의 중심(centroid)을 업데이트한다.

$$C_1 = (\frac{1+2+2+4}{4}, \frac{1+2+3+4}{4}) \fallingdotseq (2.25, 2.5)$$
$$C_2 = (\frac{3+5+5+6}{4}, \frac{1+2+4+3}{4}) \fallingdotseq (4.75, 2.5)$$

중심을 업데이트하고 다시 유클리디안 거리를 구해서 클러스터링 결과를 갱신한다.

$X_3 \rightarrow C_1$, $X_4 \rightarrow C_2$로 결과가 갱신되었다.

데이터(x,y)	$d(X,C_1)$	$d(X,C_2)$	클러스터링
$X_0(1,1)$	2.0	4.0	C_1
$X_1(2,2)$	0.6	2.8	C_1
$X_2(2,3)$	0.6	2.8	C_1
$X_3(3,1)$	1.7	2.3	C_1
$X_4(4,4)$	2.3	1.7	C_2
$X_5(5,2)$	2.8	0.6	C_2
$X_6(5,4)$	3.1	1.5	C_2
$X_7(6,3)$	3.8	1.3	C_2

C_1에 속한 데이터의 평균과 C_2에 속한 데이터의 평균을 다시 계산하여 각 그룹의 중심(centroid)을 업데이트한다. 이때 중심이 변경되었다.

$$C_1 = (\frac{1+2+2+3}{4}, \frac{1+2+3+1}{4}) \fallingdotseq (2, 1.75)$$
$$C_2 = (\frac{4+5+5+6}{4}, \frac{4+2+4+3}{4}) \fallingdotseq (5, 3.25)$$

다시 계산된 중심(centroid)과의 거리를 계산 후 클러스터링을 갱신하면 아래 표와 같다.

데이터 (x,y)	$d(X,C_1)$	$d(X,C_2)$	클러스터링
$X_0(1,1)$	1.3	4.6	C_1
$X_1(2,2)$	0.3	3.3	C_1
$X_2(2,3)$	1.3	3.0	C_1
$X_3(3,1)$	1.3	3.0	C_1
$X_4(4,4)$	3.0	1.3	C_2
$X_5(5,2)$	3.0	1.3	C_2
$X_6(5,4)$	3.8	0.8	C_2
$X_7(6,3)$	4.2	1.0	C_2

4단계, 그룹을 할당 후 유클리디안 거리로 클러스터링을 했을 경우 변동사항이 생기지 않았다. C_1에 속한 데이터의 평균과 C_2에 속한 데이터의 평균을 다시 계산하였지만 중심이 변경되지 않았으므로 종료한다. 따라서 최종 클러스터링의 결과는 아래 그래프와 같다.

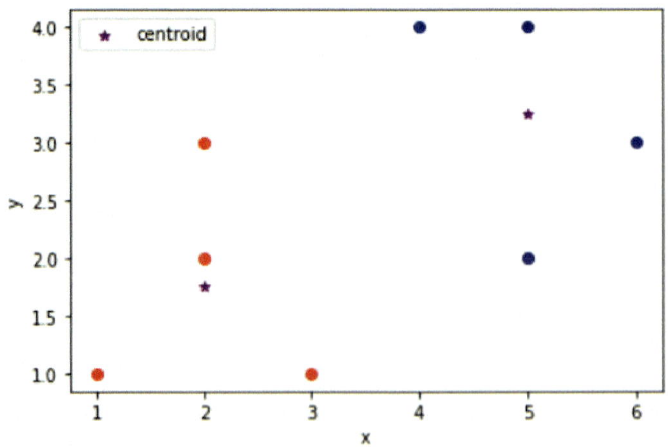

◆ 실습

● 문제 정의

k-means Clustering에 대해 살펴보자.

– 데이터(make_blobs)

sklearn.datasets에서 제공하고, 모든 방향으로 같은 성질을 가지는 가우시안 정규분포를 이용해 가상 데이터 생성한다. 일반적으로 클러스터링용 가상 데이터를 생성하는데 사용한다.

make_blobs 함수의 인수

- n_samples, n_features, centers, cluster_std, center_box
- n_samples : 표본 데이터 수, 기본값 100
- n_features : 독립 변수 수, 기본값 20
- centers : 클러스터 수 혹은 중심, 기본값 3
- cluster_std: 클러스터 표준 편차, 기본값 1.0
- center_box: 클러스터 바운딩 박스(bounding box), 기본값 (−10.0, 10.0))

make_blobs 함수의 반환값

- X : [n_samples, n_features] 크기의 배열
- y : [n_samples] 크기의 배열

make_blobs()함수를 이용해 클러스터링 가상 데이터를 생성해 보자. 데이터의 수는 150개, feature의 개수는 2, 중심수는 3개, 클러스터 표준편차는 0.5, 교재와 같은 결과를 보려면 random_state값을 같이 하면 된다. 생성된 x, y 데이터의 모양을 출력해 보면 x는 150 X 2로 2차원 배열(numpy. ndarray)이고, y는 150개의 요소를 1차원 배열(numpy. ndarray)이다.

Code

```
from sklearn.datasets import make_blobs

x,y=make_blobs(n_samples=150, n_features=2, centers=3,
               cluster_std=0.5, shuffle=True, random_state=0)
print(f"x.shape:{x.shape}, y.shape:{y.shape}")
```

Result

```
x.shape:(150, 2), y.shape:(150,)
```

● 초기 Data 시각화

생성된 초기 데이터를 시각화해 보자. 군집 분석을 하기에 아주 좋은 가상 데이터가 생성된 것을 확인할 수 있다. 하지만 클래스가 구분되어 있지 않다. 따라서 비지도 학습에서는 몇 개의 군집으로 설정할 것인지는 중요한 문제이다.

Code

```
import matplotlib.pyplot as plt
plt.scatter(x[:,0], x[:,1], marker='o', s=30)
plt.grid()
plt.show()
```

Result

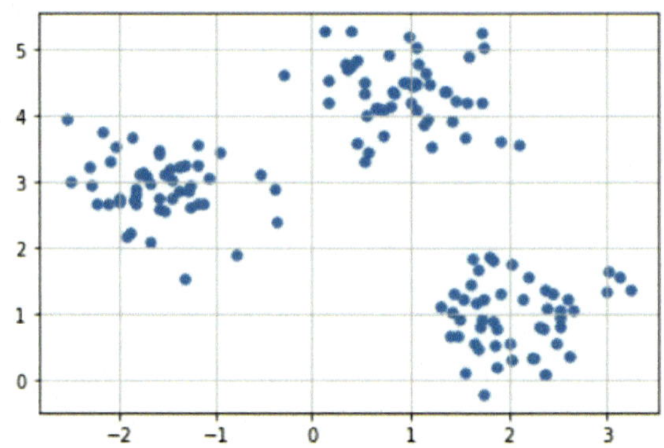

● Kmeans Clustering

군집 분석을 위한 라이브러리를 불러온후 초기 클러스터 중심을 임의로 할당한다.

Code

```
from sklearn.cluster import KMeans
#초기 클러스터 중심: 랜덤 할당
init_centroid="random"
```

클러스터(cluster) 개수를 3으로 임의로 설정한고, 랜덤하게 설정한 초기 클러스터 중심으로 모델을 학습하고, 예측값을 pred에 저장한다. 교재와 같은 결과를 보고 싶을 경우 random_state 값을 같게 설정하면 된다.

Code

```
kmodel=KMeans(n_clusters=3, init=init_centroid,
              random_state=0)
pred=kmodel.fit_predict(x)
```

학습된 결과를 시각화해 보자. 할당된 클러스터의 값에 따라 노란색, 초록색, 파란색으로 예측된 값을 산점도를 표현하고, 중심값을 빨간색 별(★)로 시각화해 보자.

Code	<pre>plt.scatter(x[pred==0,0],x[pred==0,1],marker='o',s=50,
	            c='yellow', label='cluster1')
	plt.scatter(x[pred==1,0],x[pred==1,1],marker='s',s=50,
	            c='green', label='cluster2')
	plt.scatter(x[pred==2,0],x[pred==2,1],marker='v',s=50,
	            c='blue', label='cluster3')
	plt.scatter(kmodel.cluster_centers_[:,0],
	            kmodel.cluster_centers_[:,1],
	            marker='*',s=80, c='red', label='center')
	plt.legend()
	plt.grid()
	plt.show()</pre>

Result	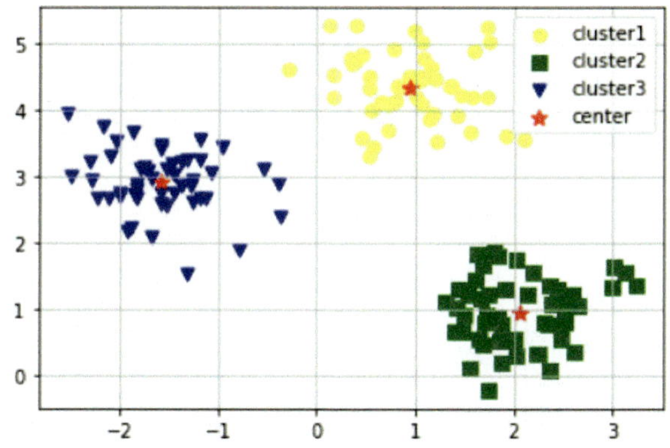

n-Clusters를 알기 위한 방법

클러스터를 몇 개로 나누어야 효율적인지를 평가하는 방법은 오차제곱합(SSE: Sum of Squared Error)을 이용한다. SSE는 모든 데이터들의 거리를 구한 후 오차를 계산한다. 이를 기반으로 엘보 플롯을 그려보자. 클러스터 수의 범위는 1~11까지의 범위를 가지고 반복 실행한다. intertia_속성을 구하고 sse리스트에 추가한다. 이를 토대로 엘보 그래프를 그려 보자. 실행 결과를 살펴보면 Cluster수가 3일 때 엘보포인트가 나타나는 것을 볼 수 있다. 따라서 Cluster를 3으로 설정하는 것이 효율적임을 시각화를 통해 알 수 있다. 엘보우 기법은 클러스터 내 오차 제곱합이 최소가 되도록 클러스터의 중심을 결정해 나가는 방법이다. 클러스터의 개수가 3일 때 팔꿈치 부분이므로 최적의 클러스터 개수는 3으로 결정된다. 최소 오차 제곱의 합은

62.84이다.

Code

```
def elbow(x):
    sse=[]
    for i in range(1,11):
        km=KMeans(n_clusters=i, init='k-means++',random_state=0)
        km.fit(x)
        sse.append(km.inertia_)
    print(sse[3])
    plt.plot(range(1,11), sse, marker="o")
    plt.axvline(x=3, color="r")
    plt.axhline(y=sse[3],color='r')
    plt.xlabel("Number of Cluster")
    plt.ylabel("sse")
    plt.show()
elbow(x)
```

Result

```
62.8406176854222
```

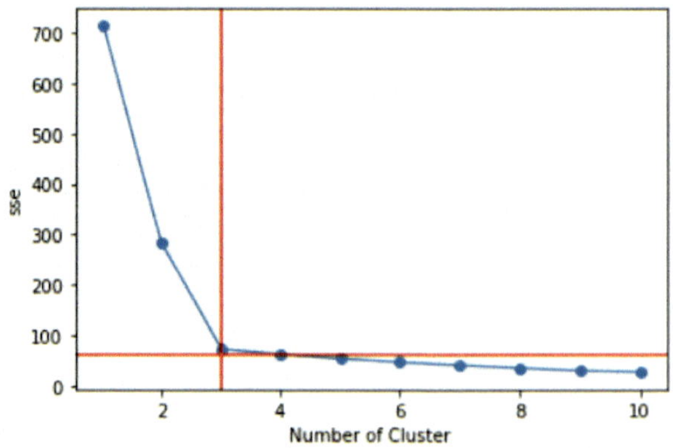